超監視社会

私たちのデータはどこまで見られているのか?

DATA and GOLIATH: The Hidden Battles to Collect Your Data and Control Your World

ブルース・シュナイアー BRUCE SCHNEIER／池村千秋 訳

To Karen: DMASC

This translation published under license with the original publisher W.W .Norton & Company, Inc. through Japan UNI Agency, Inc., Tokyo

超監視社会　私たちのデータはどこまで見られているのか？〈目次〉

はじめに 8

第1部 私たちの超監視社会 27

第1章 情報化時代の「排ガス」 28

どれだけの量のデータが発生しているのか？ 36

第2章 監視されるデータ 40

監視のコストは下がっている 45／大量監視時代の到来 50／監視は見えないところで進む 53／監視はつねに自動的におこなわれる 58

第3章 分析されるデータ 62

過去にさかのぼる監視 66／人間関係を明らかにする 69／ある行動を取った人物をすべて洗い出す 70／別々のデータをつなぎ合わせる 74／匿名の壁が突き破られる 78

第4章 監視ビジネス 84
インターネットでおこなわれる監視 86／「無料で便利」という魅力 91／データブローカー・ビジネス 94／パーソナライズド広告 97／新しい中間業者の台頭 103

第5章 国家の監視と統制 111
国家がおこなうハッキング 126／国家がおこなうサイバー攻撃 130／グローバルな監視ネットワークの誕生 133

第6章 官民監視パートナーシップ 137
国家と組むサイバー兵器メーカー 141／政府が企業のシステムを破る 145

WHAT'S AT STAKE

第2部 なにが脅かされるのか？ 153

第7章 政治的自由と正義 154

データによる糾弾 155／国家による検閲が萎縮効果を生む 159／異論を抑え込み、社会の変化を妨げる 164／なし崩しに広がる秘密主義 167／権力の乱用 171／インターネット上の自由を制約する 178

第8章 公平で平等なビジネス 181

監視に基づく差別 182／フェイスブックの監視に基づく操作 190／知らぬ間のプライバシー侵害 195

第9章 企業の競争力 199

政府の監視活動がビジネスにもたらすコスト 202／企業の監視活動がビジネスにもたらすコスト 206

第10章 プライバシー 208

その場限りで消えない会話？ 211／アルゴリズムによる監視 214／個人の特定と匿名性 218

第11章 安全 223

テロリストと犯罪者からの安全 224／インターネットにおける攻撃と防御 232／暗号化の効果 237／脆弱

性の蔓延 240／インターネットのセキュリティを弱める 242

WHAT TO DO ABOUT IT

第3部 超監視社会への対抗策 251

第12章 原則 252

安全とプライバシー 253／監視より情報セキュリティのほうが大切 255／透明性の拡大 258／監督と責任 263／レジリエンスをもたせた設計 266／すべての人が運命共同体 268

第13章 国家に関する提案 271

秘密を減らし、透明性の拡大を 272／監督機能の拡大と強化 275／内部告発者を守れ 282／標的の絞り込みと司法機関の承認を 284／ほぼすべての脆弱性を修正せよ 287／製品や手続きのセキュリティを弱体化させない 289／監視とスパイ行為を区別する 292／サイバー空間における軍の役割を制限する 294／NSAを解体せよ 297／サイバー主権運動と戦う 298／「共有地」への寄与を 300

第14章 企業に関する提案 303
企業にプライバシー漏洩の責任を負わせる 305／データの利用を規制する 309／データ収集も規制する 312／個人に自分のデータへの権利を与える 317／データ収集とプライバシー問題を可視化する 321／情報の受託者責任を確立する 324／新しいビジネスモデルを後押しする 326／政府による監視と戦う 328／新しい「マグナ・カルタ」を 333

第15章 私たちができること 336
監視に対する防御をおこなう 337／政府による監視を助ける 347／味方と敵を選ぶ 349／政治的変革を呼びかける 352／諦めない 356

第16章 新しい社会規範 358
恐怖を再考する 360／プライバシーを再考する 365／すぐに行動する 369／ビッグデータの二律背反 373

謝辞 379

私たちがSFの世界に生きていると言われてもピンと来ない人は、手元の携帯電話を見てほしい。オシャレで、カッコよくて、想像を絶するくらい高性能な携帯電話――それは生活に欠かせない道具、そこにあるのが当然の存在になっている。地球上のどこにいても、それをポケットから取り出せば、地球上のどこにいる人とも話せる。これは、ごく自然な日常の光景に思えるかもしれない。

しかし、毎朝、携帯電話をもって家を出るとき、あなたは暗黙のうちに携帯電話会社との取引に応じている。いつでもどこでも携帯電話をかけたり、受けたりできる代わりに、携帯電話会社に居場所をつねに把握されることを受け入れているのだ。契約書にそのように明記されているわけではないが、サービスの仕組みを考えると必然的にそうなる。

いままで、そんなことは考えたことがなかった人も多いだろう。でも、まんざら悪い取引ではないと感じたかもしれない。携帯電話は素晴らしい道具だし、そのサービスは、携帯電話会社があなたの居場所を知らなければ実現しないからだ。しかし、それは、携帯電話会社があなたを監視下に置くことを意味する。

監視は、きわめてプライベートな面にまで及ぶ。あなたの携帯電話は、あなたがどこに住み、どこで働いているかを追跡している。週末や夜[1]をどこでよく過ごすかも監視するし、バーで何時間飲むか、車のスピードをどれくらい出すかも監視する。近くにいる人の携帯電話もすべて追跡されているので、あなたが誰と一緒にいるか、誰とランチに出かけるか、そして誰と寝るかも筒抜けだ。データが十分に蓄積されれば[2]、あなたの日々の行動をあなた自身よりも正確に説明できるようになる。人間の不確かな記憶に頼らずにすむからだ。

2012年、ある研究チーム[3]は、人々が24時間後にどこにいるかを20メートル以内の範囲で予測することにも成功した。

携帯電話が登場するまで、こうしたことを知るためには私立探偵に尾行させるしかなかった。そんなやり方は、もう時代遅れだ。あなたのポケットのなかの携帯電話がすべて勝手にやってくれる。確かに、そのデータを実際に誰かが見るとは限らない。しかし、その気になれば、いつでもデータを見られるのだ。

あなたの位置情報には、非常に大きな価値がある。その情報を欲しがる人は多い。たとえば、警察だ。携帯電話の位置情報は、さまざまな面で犯罪捜査の役に立つ。[4] 特定の携帯電話の所在地[5]を知ることもできるし、それがどこを移動してきたかを知ることもできる。あるエリアに所在する携帯電話すべてのデータを集めて、いつ誰がそこにいたかを明らかにすることも可能だ。すでに、警察はこのような形で携帯電話のデータを捜査に活用しはじめている。[6]

政府は、携帯電話の位置情報を脅しと社会統制に利用できる。２０１４年、ウクライナ政府[7]は、ある時点で首都キエフのある場所に居合わせた携帯電話の所有者たちに、ジョージ・オーウェルのディストピア小説『１９８４年』も真っ青のメッセージを送った――「親愛なる利用者殿、貴殿は騒乱の参加者として登録されました」。

専制国家だけではない。２０１０年、アメリカ・ミシガン州警察[8]は、労働組合の抗議活動が予想される場所の近くで使用されている、すべての携帯電話の情報を入手しようとした。その際、令状を取ろうとすらしなかった。

携帯電話利用者をリアルタイムで監視するビジネスをおこなっている業界もある。企業は携帯電話を利用して、[9]あなたがお店のどの売り場にいるか、街でどのお店の近くにいるかを把握し、現在の居場所に応じて携帯電話に広告を送信するなどしている。携帯電話会社は、利用者の位置情報[10]をデータブローカーに売り、そうした業者は、料金を払う人には誰にでもそのデータを転売する。センス・ネットワークス社[11]のように、そうしたデータに基づいて1人ひとりのプロファイル（個人の性質や傾向）をまとめ上げる専門企業もある。

携帯電話データの供給源は、携帯電話会社だけではない。アメリカのベリント社[12]は、世界中の企業と政府に携帯電話追跡システムを販売している。公式ウェブサイトによれば、[13]同社は「顧客エンゲージメントの最適化、セキュリティ関連の情報収集および、詐欺、リスク、コンプライアンスに関して、実際の行動に役立つ情報を得るためのソリューションを提供する世界トップ企業」で、「180カ国以上、1万以上の組織」を顧客にもっているとのことだ。

イギリスのコブハム社[14]は、携帯電話に対して、呼び出し音が鳴らず、着信に気づかれない電話をかけるシステムを販売している。そうした「表面にあらわれない」電話をかけて、相手の携帯電話に特定周波数の電波を発信させることにより、携帯電話の所在場所を1メートル以内に特定するのだ。同社は、アルジェリア、ブルネイ、ガーナ、パキスタン、サウジアラビア、シンガポール、アメリカの政府に利用されていると胸を張る。[15] パナマで法人登記されているディフェンテック社[16]は、「ネットワークや通信会社、そして標的となる人物に知られずに……世界中のあらゆる携帯電話番号を特定、追跡できる」システムを販売している。この売り文句は、はったりではなさそうだ。通信専門家のトビアス・エンゲル[17]は2008年、ハッカー関連のイベントで同じことを実演している。いまは、犯罪者も同様のことをするようになった。

以上の位置特定はすべて、携帯電話のセルラーシステムを利用したものだ。そのほかに、まったく別の仕組みにより、もっと正確に位置を特定できるシステムもある。スマートフォンに搭載されたGPS（全地球測位システム）を利用する方法である。スマートフォンのさまざまなアプリに位置情報を提供しているのがGPSだ。地図アプリの「グーグル・マップ」や、タクシー配車サービスの「ウーバー」、レストランなどのレビューサイトの「イェルプ」のように、サービスを提供するために位置情報を用いているケースもあれば、ゲームアプリの「アングリーバード」のように[18]、データを販売するためだけに位置情報を集めているケースもある。

位置情報の収集は、あなたにもできる。「ハロー・スパイ」[19]というアプリを誰かのスマートフォンに密かにインストールすれば、その人の居場所を追跡できる。ティーンエージャーの子どもが心配でならない母親にとって絶好のアプリだが、妻やガールフレンドを虐待[20]する男にとっても便利な監視道具になりかねない。この種のアプリで従業員を監視[21]している企業もある。

アメリカの国家安全保障局（NSA）とイギリスの政府通信本部（GCHQ）も、位置情報を監視の手段として用いている。NSAは、携帯電話が接続する基地局、ログインするWi-Fiネットワーク、GPSデータを用いるアプリなど、さまざまな経路[22]から携帯電話の位置情報を取得する。NSA内の2つのデータベース、暗号名「HAPPYFOOT」と「FASCIA」には、世界中の端末の位置情報がごっそり記録されている。NSAはこれらのデータベースを使って対象者の居場所を追跡したり、誰と接点があるかを調べたり、ドローン（無人航空機）で攻撃する場所を決めたりしている。

NSAは、携帯電話の電源が切られていても[23]居場所を特定できると言われている。

以上に挙げたのは、あなたが持ち歩く携帯電話から取得される位置情報に関連した監視活動だけだ。これは、いま実行されている監視活動のごく一部にすぎない。あなたが日々使うコンピュータは、きわめてプライベートな個人データをひっきりなしに生成し続けている。たとえば、あなたがなにを読み、なにを観て、なにを聴くかもそうだし、誰となにを話すかもそうだ。ネット検索でなにを調べるかに反映される範囲では、あなたの頭のなかも明らかになる。要するに、私たちは監視の黄金時代[24]に生きているのである。

サン・マイクロシステムズ（現在はオラクルに吸収合併されている）のスコット・マクネリー[25]CEOは1999年にすでに、「どっちみち、プライバシーはゼロだ。それを前提に行動するしかない」と言い切っている。監視に対してどのような態度を取るべきかという指南としては、賛同できない。しかし、監視から逃れてプライバシーを守ることが日に日に難しくなっているという認識は、そのとおりだ。

「監視」というのは、政治的にも情緒的にも重い言葉だ。しかし、本書ではあえてこの言葉を用いたい。アメリカ軍の定義[26]によれば、監視とは「体系的観察」を意味する。以下で述べるように、電子的手段を用いた今日の監視は、まさしく体系的観察にほかならない。私たちは、政府と企業の両方に対して丸裸なのだ。政府や企業が私たちの私生活をのぞき見る能力は、これまでになく高まっている。

あなたはさまざまな企業と取引を結び、サービスを無料で利用する代わりに、プライバシーを差し出すことを繰り返している。グーグルのエリック・シュミット会長と、同社のシンクタンクであるグーグル・アイデアズのジャレッド・コーエン所長の2013年の共著『第五の権力――Googleには見えている未来』（邦訳・ダイヤモンド社）に、この点を説明したくだりがある。[27] 彼らのメッセージを私なりに翻訳すると、あなたのデータをすべて差し出せば、あなたが見たい広告を表示し、ネット検索や電子メールなどさまざまなサービスを無料で提供しましょう、ということになる。

人がこうした取引に応じる最大の理由は、利便性だ。人間は社交する動物だと言われる。ほかの人とコミュニケーションを取ることほど、強力で充実感を味わえる経験はない。そして、デジタルな手段ほど、迅速で手軽なコミュニケーションの方法はないのだ。では、政府に対しては、どうしてプライバシーへのアクセスを認めるのか？

それは、テロリストが怖いから、子どもを狙う誘拐犯が怖いから、麻薬密売人が怖いから、そのほか目下猛威を振るっている悪者たちのことが怖いからだ。NSAは、こうした脅威を理由に大量監視を正当化している。[28] データをすべて手渡せば、不安を取り除いてやろう、というわけだ。

問題は、私たちにとってこれが割のいい取引でもなければ、フェアな取引でもないことだ。少なくとも現状の仕組みでは、そう言わざるをえない。私たちは、この取引をあっさり受け入れすぎている。自分がなにに同意したかもよく理解していない。

現実はこうだ。今日のテクノロジーは、政府と企業に大量監視を実行する強大な力を与えている。そうした大量監視には、危険がついて回る。それは、人種、宗教、階級、政治信条など、あらゆる要素に基づく差別への道を開く。そして、私たちがなにを見るか、なにをできるか、ひいては、なにを述べるかをコントロールする道具にもなる。しかも、私たちは取得されたデータを取り戻せず、取引から離脱することも事実上できない。実効性のある抑制と均衡のメカニズムもない。大量監視は、私たちの安全を弱め、自由も弱める。これらの危険から私たちを守ろうにも、テクノロジーがいまほど進歩する前につくられたルールでは、救いようがなく不十分だ。この状況は改めなくてはならない。それも、いますぐに手を打つ必要がある。

本書は、以上のような問題を3部構成で論じる。

第1部では、私たちが生きている監視社会の実態を説明する。第1章では、私たちが日々の生活を送る中で、どのような個人データを生み出しているかを見ていく。それは、携帯電話の位置情報だけではない。私たちは、携帯電話の通話内容、電子メール、携帯メール、閲覧したウェブページやオンラインバンキングに関する情報をはじめ、さまざまなデータを生成しながら生きている。ほとんどの人は、自分たちの行動すべてがコンピュータといかに一体になっているかを知らず、電子データを記録・保存するコストが大幅に下がった結果、私たちの生み出す大量のデータを際限なく保管できるようになったことにも気づいていない。「匿名」のはずのデータから個人を特定することがきわめて簡単なことも、大半の人は理解していない。

第2章では、これらのデータを用いてどのように監視が実行されるかを論じる。監視は、あらゆる場で、人間が介在せず、すべて自動的に、そしておおむね目に見えない形で進む。こうして、網羅的《ユビキタス》大量監視が実行されるのだ。

私たちは、企業や政府によるデータの収集の側面にばかり目が行きがちだ。しかし、それでは問題を正しく理解できない。本当に重要なのは、どのようにデータが処理され、互いに関連づけられ、分析されるかだ。しかも、個人単位ではなく、全員のデータが集約・分析されるという点も見落とせない。網羅的大量監視は、単なる大量の個人監視とは根本的に異なるものなのだ。現在、そうした監視が空前の規模で実行されている。それが第3章のテーマだ。

監視データの多くは、私たちが顧客もしくはユーザーとして関わる企業によって収集される。第4章では、監視のビジネスモデル、とくにパーソナライズド広告（ターゲティング広告）について論じたい。私たちのデータで金儲けをしようとする巨大なデータブローカー業界が形成されており、個人データが本人も知らないところで、本人の同意も得ずに売り買いされている。その原動力になっているのは、新しいコンピューティングのモデルだ。そのモデルの下では、私たちのデータがクラウドに蓄えられ、iPhoneのようにメーカーの厳しい管理下にある端末によってアクセスされる。その結果、企業が私たちの最もプライベートな情報を入手し、支配する力はかつてなく強まっている。

第5章は、政府による監視に話題を転じる。世界各国の政府は、国民を監視し、国の内外でコンピュータへの侵入を実行している。政府は、すべての人を監視することを望む。テロリストや犯罪者を見つけるため、そして国によっては、政治活動家や反体制活動家、環境保護活動家、消費者運動家、さらには自由な思考をする人たちをあぶり出すためだ。本書では、主としてアメリカのNSAについて論じる。CIA（中央情報局）とNSAの元職員であるエドワード・スノーデンが2013年に暴露した内部文書により、世界で最も実態が明らかになっている監視機関だからだ。

企業と政府はいずれも、私たちのデータを手に入れたいという飽くなき欲求をいだいている。第6章では、この両者がどのように手を結んでいるかに光を当てる。この「官民監視パートナーシップ」とでも呼ぶべき関係は非常に強力だ。それは、監視が蔓延している最大の要因であり、今後の改革を阻害する要因にもなるだろう。

以上の点は、自分が関わりをもつ企業や、暮らしている国の政府を信頼できたとしても憂慮すべき問題だ。そこで第2部では、網羅的大量監視が生み出すさまざまな（互いに関連のある）弊害を指摘したい。

第7章では、政府による監視が生む弊害を論じる。国民に対する政府の歯止めなき大量監視を容認することがいかに危険かは、歴史が繰り返し実証しているとおりだ。具体的には、差別と統制、言論の自由と思想の自由への委縮効果、この種のことにつきものの権力乱用、民主主義と自由の喪失が起こりうる。インターネットは、世界で自由を拡大する原動力になる可能性をもっているが、私たちは世界中で政府による監視を容認しているために、そのチャンスをふいにしている。

第8章のテーマは、企業による歯止めなき監視の弊害だ。企業は、インターネット上で私たちが集う「場」をコントロールしており、そうした場で私たちが生み出す情報を分析し、利益を得ようとしている。私たちは企業にあらゆる個人データを握らせる結果、企業が私たちをカテゴリーわけし、私たちの行動を操作することを許している。そうした操作は、おおむね私たちに見えないところで、規制をほとんど受けずに実行されている。テクノロジーがさらに進歩すれば、いっそう強力な操作が実現するだろう。

網羅的監視の弊害はまだほかにもある。第9章では、主にアメリカ企業がこうむる経済的損害を見てみよう。NSAや同局と連携する機関による監視に対して、世界各国の国民が自衛しはじめると、アメリカ企業のビジネスに悪影響が及びかねない。インターネットはグローバルなプラットフォームだ。ドイツやブラジルなどの国が国民のデータを守るために障壁を築けば、政府の監視を容認している企業、とくにアメリカ企業のビジネスは大きな打撃を受ける。

第10章は、プライバシーを失うことの弊害を論じる。旧東ドイツの秘密警察シュタージやチリの独裁者アウグスト・ピノチェトに始まり、グーグルのエリック・シュミットにいたるまで、監視を正当化したがる人たちは、「隠すことがなければ、恐れる必要はない」という古い格言を持ち出す。これは、プライバシーの価値をあまりに矮小化した危険な考え方だ。プライバシーは、人間に欠かせないものであり、世界との関わり方を自分で決める能力の核を成す要素だ。プライバシーを奪われれば、人間としての尊厳も奪われる。その点では、私服警官が尾行するか、コンピュータのアルゴリズムが一挙一動を追跡するかの間に違いはない。

第11章は、監視が安全に及ぼす影響がテーマだ。政府の大量監視は安全の強化につながると説明されることが多い。テロを防ぐのに有効だというのだ。しかし現実には、大量監視がテロ対策を成功に導いた実例はない。むしろ、安全を蝕《むしば》んでいる実例がある。網羅的大量監視を実行するためには、インターネットのセキュリティを弱める必要があり、その結果として、敵対国の政府や犯罪者、ハッカーに対する脆弱性を高めてしまうのだ。

第3部では、政府や企業の監視から自分を守るために、私たちがどうすべきかを論じる。問題が複雑なだけに、対策も一筋縄ではいかない。細部に注意を払わなくてはならない場合も多い。しかし、技術面と政策面の具体的な提案に入る前に、第12章では、指針となる8つの基本原則を示す。

続く2つの章では、具体的な対策を提案する。第13章は政府、第14章は企業に関する提案だ。ここに挙げた提案のなかには、具体的なものもあれば、そうでないものもあるし、すぐに実践できるものもあれば、理想論的な性格が強いものもある。しかし、いずれも重要なことであり、どれか1つでも欠ければほかの対策も実を結ばない。

次の第15章では、私たち1人ひとりが個人レベルでできることに光を当てたい。いくつかの実践的な対策を示したあと、政治的行動を呼びかける。今日の世界では、テクノロジーが政治を凌駕《りょうが》することもあれば、政治がテクノロジーを凌駕することもある。必要なのは、この両者を協調させることだ。

最後の第16章では、社会全体としてすべきことを論じる。第13章と第14章で示す提案のほとんどは、監視とプライバシーに関する私たちの意識を変えなければ実行に移せない。社会が改革を求めない限り、法制度の本格的な改革は実現しないからだ。もちろん、医学の研究や教育の改善など、社会に恩恵をもたらすためにデータを集約することには、大きな価値がある。私たちは社会全体としてそうした恩恵に浴すると同時に、弊害を最小限にとどめる方法を見いださなくてはならない。この点は、本書で論じるすべての問題の根底にあるテーマだ。

本書では幅広いテーマを取り上げるので、どうしても記述が駆け足になる。より掘り下げた情報を知りたい読者のために、注に挙げた参考文献が役立つだろう。注は、ウェブサイト（英文 www.schneier.com/dg.html、和文 巻末ページ参照）に掲載した。

本書の記述は、アメリカに大きく偏ったものになっている。事例の多くはアメリカのものだし、提案の大半はアメリカに最もよく当てはまる。1つには、私がよく知っている国がアメリカだからだが、理由はそれだけではない。アメリカは、問題点が浮き彫りになっている国であり、状況を改善するためにとりわけ大きな役割を果たせる国でもあるのだ。

私は、セキュリティとテクノロジーの分野で経験を積んできた人間だ。セキュリティ関連のテクノロジーが人間にどのような影響を及ぼし、人間がそうしたテクノロジーにどのような影響を及ぼすかをテーマに、執筆活動を長く続けてきた。情報化時代に監視が強まった過程も目の当たりにしてきたし、新しい時代に頭をもたげはじめた脅威や不安要素の数々も見てきた。そして、セキュリティについて考えたり、社会全般の問題をセキュリティの観点から考えたりしてきた。そうした視点のおかげで、問題点とその解決策について独特の結論に達することができたと思う。

私は、そしてこの本は、けっして反《アンチ》テクノロジーの立場に立っているわけではない。インターネットは、そして情報化全般は、社会にきわめて大きな恩恵をもたらした。それは今後も変わらないだろう。私は反監視というわけでもない。私たちの行動をコンピュータが把握できるようになったことで、生活は大きく様変わりした。既存の製品やサービスに革命的変化が起きたり、まったく新しいビジネスが生まれたりしたのだ。捜査機関もきわめて重要な武器を手にした。そのほかの面でも、監視は世界中の人々にさまざまな形で役立っており、それは遠い将来まで続くに違いない。

しかし、監視は現に脅威を生む。それにもかかわらず、問題が十分に議論されているとは言い難い。監視がじわじわと拡大している状況に対して、私たちは受け身の対応しか取ってこなかった。自分がどのような取引をしているのかを考えようとすらしない（取引の中身が明快に説明されていないことがその原因なのだが）。テクノロジーが変化すると、私たちはおおむね、それをそのまま受け入れてきた。それも無理はない。変化の速度があまりに速いため、新しいテクノロジーがもたらす影響や、それがもつ意味を十分に検討できていないのだ。

こうして、私たちは気がつけば、監視社会に生きていた。監視社会は、こっそり忍び寄ってきたのである。

状況を変えることは不可能ではない。しかし、変化を起こすためには、私たちが積極的に行動しなくてはならない。まずは、個人データについて結んでいる取引の見直しを求めて声を上げてもいいだろう。私たちは、新しいテクノロジーとの付き合い方を主体的に選ばなくてはならない。どのようなテクノロジー・インフラを望むのか、それをどのような価値観に基づいて築きたいのかを考えなくてはならない。[29] 個人データを社会に役立てることとプライバシーを守ることとの間で、適切なバランスを見いださなくてはならない。自分たちがいだいている不安についてよく考え、利便性と引き換えに、どこまでプライバシーを放棄するのかを決めなくてはならない。過剰な監視がもたらす弊害の数々について、深く理解しなくてはならない。

そして、私たちは反撃を始めなくてはならない。

第1部

私たちの超監視社会

THE WORLD WE'RE CREATING

第1章 情報化時代の「排ガス」

私たちが「排出」するデータは、すべて合わせると莫大な量になる。2010年の時点で、人類が1日に生み出すデータの量は、歴史の始まりから2003年までに生み出したデータの累計の総量を上回っていた。2015年には、年間のデータ量が76エクサバイトを超すと予測される。

コンピュータは、ひっきりなしにデータを生み出している。データを出入力するだけでなく、あらゆる作業の副産物としてデータを生成するのだ。通常の動作の一環として、みずからがおこなうことをつねに記録しているのである。コンピュータが把握し、記録している情報の量は、あなたが認識しているより多い。

たとえば、ワープロソフトは、あなたが書いた文書の記録を残している。どのような草稿をつくり、それをどのように修正したかが記録されているのだ。「セーブ（保存）」の操作をすれば最新版の文書が保存されるが、新しいデータを記録するためにハードディスクのスペースを空ける必要が出てくるまで、更新前の文書も消去されない。しかも、ワープロソフトは、頻繁にデータを自動保存するよう設定されている。私も使っている「MS-ワード」は、20分おきに自動保存をおこなう。「ワード」は、文書の作成者と、たいていは文書を修正した人物も記録している。

パソコンをインターネットに接続すれば、あなたが生むデータは一挙に増える。閲覧したウェブサイト、クリックした広告、入力した言葉などのデータだ。あなたのパソコン、アクセスするウェブサイト、ネットワーク上にある多くのコンピュータがすべてデータを生み出す。使用ブラウザは、あなたがどのようなソフトウェアを使い、それがいつインストールされ、どの機能が利用可能にされているかといったデータをウェブサイトに送信する。多くの場合、これだけの情報があれば、あなたのパソコンをほかのパソコンから完全に見わけることが可能だ。[1]

私たちは最近ますます、家族や友人、同僚、はたまたちょっとした知り合いとコミュニケーションを取る際、電子メールや携帯メール、それにフェイスブックやツイッター、インスタグラムその他、その時々に流行しているソーシャル・ネットワーキング・サービス（SNS）やメッセージアプリを用いるようになった。このようなテクノロジーを駆使した人付き合いは、副産物としてデータを生む。これらのサービスは、単に右から左へとデータを受け渡すだけではない。あなたとほかのユーザーに関するデータを発生させるのだ。

自分で意識しているかは別にして、あなたは町を出歩くときもデータを生成している。あなたが持ち歩く携帯電話は、最寄りの基地局を基準に、つねにあなたの現在地を特定している。携帯電話会社があなた個人の居場所に特段の関心をもっているわけではない。しかし、あなた宛ての電話をつなぐために、携帯電話の所在地を把握する必要があるのだ。

携帯電話を使えば、あなたはさらに多くのデータを生む。電話をかけたり受けたりした相手の電話番号、やり取りした携帯メールの内容、通話の継続時間などである。スマートフォンを使っているなら、小型パソコンを常時持ち歩いているのと同じことだ。アプリを使えば、そのたびにデータが生み出される。それどころか、アプリを使っていなくてもデータが発生するケースもある。それに、あなたのスマートフォンには、おそらくGPS機能[2]が搭載されているだろう。その場合は、基地局だけに頼るよりも詳細な位置情報が把握される。精度は、基地局が600メートル程度なのに対し、GPSは半径5～8メートル程度だ。

お店で物を買えば、あなたはさらにデータを生む。レジは、1つのコンピュータだ。あなたがいつ、なにを購入したかという情報を記録する。そしてそのデータは、小売企業のシステムに送られる。現金で支払わなければ、クレジットカードの情報も購入データと結びつけられる。そのデータはカード会社に送られ、一部のデータは翌月のカード請求書に載ってくる。

あなたが訪れる小売店には、監視カメラが設置されているかもしれない。銀行のATM（現金自動預け払い機）を利用するときも、あなたは監視カメラに撮影されている。自宅を一歩出れば、さまざまな建物や車道、歩道、公共の場でカメラに行動を記録されるのだ。

運転すれば、やはりデータが発生する。最近の自動車[3]にはコンピュータが積まれていて、あなたがどのくらいスピードを出しているか、どのくらい強くペダルを踏むか、どのようにハンドルを操作しているかなどのデータを生成している。そうしたデータは、車載の「ブラックボックス」[4]に自動的に記録され、事故が起きたときに原因究明に役立てられる。最近は、コンピュータを使ってタイヤの空気圧を監視するシステムも搭載されている。自動車を整備業者に持ち込むと、整備士はまずこれらのデータをすべて確認し、問題の有無をチェックする。一方、いま開発されつつある自動走行車[5]は、1秒間に1ギガバイトのデータを生む可能性がある。

写真を撮っても、あなたはデータを発生させる。デジタル写真には、撮影日時と場所（多くのデジタルカメラはGPS機能を搭載している）、カメラの機種、レンズの種類、撮影条件に関する情報、そのカメラに固有の個別識別番号などの情報が埋め込まれている[6]。デジタル写真をウェブ上で公開するとき、こうした情報が入ったまま[7]にしている人も多い。

昔とは時代が変わったのだ。

新聞、ラジオ、テレビの時代には、情報を受け取っても、その事実が記録されることはなかったが、いまはインターネットでニュースや娯楽を得る時代だ。昔はもっぱら相手と直接対面して会話したものだが、その後、電話が登場し、いまでは携帯メールや電子メールが当たり前になっている。お店に出向いて現金で買い物するのが当然だった時代は過去のものになり、いまはクレジットカードを使い、オンラインでショッピングができる。

昔は現金で鉄道の切符を買い、有料道路の料金所や路上のパーキングメーターでも現金で支払いをしていた。いまは、高速道路の電子料金収受システム[8]のように、クレジットカードによる自動支払いが普及している。タクシーも昔は現金払いだったが、クレジットカードが使えるようになり、最近はスマートフォンでウーバーやリフトなどの配車サービスにアクセスしてタクシーを呼び、支払いもスマートフォンですむようになった。この種のサービスを利用すれば、支払いのデータに加えて、どこで乗り降りしたかというデータも発生する。今日では、ひと握りの例外を別にすれば、私たちが経済活動をおこなうあらゆる場と友人と関わるほとんどの場に、コンピュータが入り込んでいる。

先日、わが家の冷蔵庫の修理を頼んだとき、修理業者は冷蔵庫を制御するコンピュータを交換した。私はそのとき、自分が思い違いをしていたことに気づいた。私たちのキッチンにあるのは、コンピュータつきの冷蔵庫というより、食品を冷やすコンピュータと言ったほうがいい。このように、私たちの身のまわりのものは、ことごとく「コンピュータ」になっている。電話は、通話ができるコンピュータだ。自動車はハンドルとエンジンのついたコンピュータで、オーブンはラザニアを焼けるコンピュータ、カメラは写真を撮るコンピュータだ。そして、ペットや家畜にまでコンピュータチップが取りつけられるようになった。私の飼いネコは、日がな1日、陽だまりで昼寝するコンピュータ、といったところだ。

2014年にグーグルに30億ドルを超す金額で買収されたネスト社は、インターネットに接続するサーモスタット[9]（温度自動調節装置）を発売している。このスマート・サーモスタットは、利用者の行動パターンに合わせ、その時々の電力需給状況にも対応して室温を調節する商品だ。その機能を果たすためには、電力使用量を記録するだけでは十分でない。部屋の温度や湿度、照明の明るさ、そして室内の人の動きも記録する必要がある。サーモスタットだけではない。スマート冷蔵庫[10]は食品の消費期限を把握し、スマート・エアコン[11]はエネルギー効率を最大限高めるために利用者の好みを学習する。こうした動きは、今後も続く。ネスト社は、煙・一酸化炭素感知器[12]もすでに売り出しており、さらに多くの家庭用センサーも準備している。ほかにも、スマート家電の開発に取り組んでいる企業は多い。エネルギー消費量と温室効果ガス排出量を削減するためのスマート・グリッド[13]（次世代送電網）を構築しようと思えば、このようなスマート家電が不可欠だ。

私たちは健康を改善するために、自分の身体のデータを収集・分析することも始めている。「フィットビット」や「ジョウボーン」などのウェアラブル型活動量計は、覚醒時と睡眠時の活動についてデータを集め、それに基づいてエクササイズの習慣や睡眠パターンを分析する機器だ。この種の機器は、あなたがセックスをしていれば[14]、それも見抜いてしまう。体重や食事内容など、機器に与えるデータが増えるほど[15]、わかることは増える。言うまでもなく、あなたが機器に与えたデータはすべて、インターネット上で閲覧できる。

インターネットに接続して、さまざまな身体データを収集・報告する医療機器も増えている。[16]血圧、脈拍、呼吸、体温、心理状態、脳の活動を常時測定するのだ。そのような機能をもつのは、そのための専用の機器だけではない。[17]最新のスマートフォンにも、きわめて精密なモーションセンサーが搭載されていて、身体データを収集できる。一方、遺伝子解析のコストが下がり続ける中、自分の遺伝子データを調べて、分析にかける人も増えはじめた。23アンドミー社[18]のように、顧客から得た遺伝子データをもとに、病気に関係している遺伝子を突き止めようとしている企業もある。新しい治療法を開発して、大きな利益をあげようというのだ。これらの企業は、個々の顧客のニーズに合わせたマーケティング（パーソナライズド広告）[19]を実践するために遺伝子データを利用する可能性にも期待を寄せている。いずれは、保険会社[20]がこうしたデータを購入し、それをもとにビジネス上の決定をくだす時代が来るかもしれない。

個人が自分に関するデータを大量に生み出す時代へ——そのトレンドの究極の形態はライフログだろう。個人が自分の生活をつねに記録し続ける行為のことだ。いつ友達と会話し、ゲームを楽しみ、映画を観たかなど、みずからの行動を記録するためのスマートフォン・アプリ[21]が登場している。しかし、これはほんの序章にすぎない。やがては、動画[22]でも記録が残されるようになるだろう。グーグルが開発したメガネ型端末「グーグル・グラス[23]」は、その目的で使える可能性をもった最初のウェアラブル型端末だが、ほかのメーカーも追随しつつある。

以上に挙げたような最新技術は、インターネット・オブ・シングズ（ＩｏＴ）[24]と呼ばれる。あらゆるものがインターネットと結びつく仕組みのことだ。ＩｏＴが普及すれば、環境センサーが空気中の有害物質の濃度を測定したり、スマート在庫管理システムが無駄の削減によりコスト抑制を実現したりするようになる。スマート・シティ[25]、スマート歯ブラシ[26]、スマート電球[27]、そしてスマートな敷石[28]に、スマートな薬ビン[29]、スマートな衣服[30]……。ありとあらゆるものに、インターネットと結びついたコンピュータが埋め込まれる時代がやって来る。[31] 現在、地球上でインターネットに接続している機器の数[32]は、100億台と推計されている。すでに世界の総人口を上回っているが、この数字は2020年までに300億台に達するとの予測もある。空騒ぎ[33]の感はあるし、どのような機器が役に立ち、どのような機器が役に立たないかはまだなんとも言えない。それでもはっきりしているのは、この種の機器がデータを、それも膨大な量のデータを生み出すということだ。私たちの身のまわりにある物体が、言ってみればインターネットの目となり、耳となる[34]のだ。

ありとあらゆる物体がインターネットと接続するようになれば、プライバシーに及ぶ影響は計り知れない。そうしたスマート機器は、温室効果ガスの排出量を減らす反面、人々が自宅でどのように行動し、どのように過ごしているかというデータを大量に吐き出す。町にスマート信号[35]が設置されれば、自宅外の行動も記録されるようになる。カメラの高性能化[36]と小型化も進むだろう。大手軍需企業のレイセオン社[37]は、ワシントンDCと近くのメリーランド州ボルチモアの上空に小型飛行船を飛ばし、地上と水中と空中の「ターゲット」（主に車両）を追跡できるかどうかの実験も始めている。

私たちは日々、何百台ものコンピュータと関わりをもっている。近い将来、その数は何千の単位に膨れ上がる。そして、そのコンピュータの1つひとつがデータを生む。そうしたデータのなかで、レストランで注文したメニュー、夕方のジョギング中の脈拍数、最後に書いたラブレターの文面など、明らかに人の好奇心をそそるようなものはほんの一部にすぎない。多くは、

「メタデータ」と呼ばれるタイプのデータだ。

メタデータとは、データについてのデータのこと。コンピュータシステムが稼働するために用いるデータ、またはコンピュータシステムが稼働するのに付随して発生するデータである。

携帯メールの場合、メールの文面はデータだが、メールを送受信したメールアカウントの情報、メールがやり取りされた日時の情報は、すべてメタデータとなる。電子メールの場合も同様だ。[38] メールの文面はデータで、送信者と受信者の情報、経路指定データ、メッセージの容量などのデータは、すべてメタデータである（電子メールの件名をどちらに分類すべきかは、議論がわかれている）。デジタル写真なら、写っている画像はデータで、撮影日時、撮影条件、カメラの個別識別番号、GPSによる撮影場所の位置情報などはメタデータだ。メタデータは退屈で味気なく見えるかもしれないが、本書で述べるようにきわめて重要な意味をもつ。

膨大な量のデータが生成されているのは、誰かの悪意ある行動の結果とは限らない。ほとんどの場合は、コンピュータを活用することの当然の副産物としてデータが発生する。それが今日のテクノロジーの仕組みなのだ。データは、情報化時代の「排ガス」と言ってもいいだろう。

どれだけの量のデータが発生しているのか？

大ざっぱに計算してみよう。あなたのノートパソコンは、おそらく500ギガバイトくらいのハードディスクを搭載している。それとは別に、2〜3テラバイト（1テラバイト=1024

ギガバイト）の外づけハードディスクも購入しているかもしれない。勤務先の社内ネットワークに蓄えられているデータは、その1000倍以上に達しても不思議でない。そのくらいの量のデータを表現するためには、ペタバイトという単位が使われる（1ペタバイト＝1024テラバイト）。もっと大きな単位も存在する。1024ペタバイトは1エクサバイト、1024エクサバイトは1ゼタバイト、1024ゼタバイトは1ヨタバイトだ。わかりやすく言えば、1エクサバイトは、5000億ページ分の文書に相当する[39]データ量である。

私たちが「排出」するデータは、すべて合わせると莫大《ばくだい》な量になる。2010年の時点で、人類が1日に生み出すデータの量[40]は、歴史の始まりから2003年までに生み出したデータの累計の総量を上回っていた。2015年の1年間[41]にインターネット上を行き交うデータの量は、76エクサバイトを超すと見られている。

発生するデータの量の多さを考えると、自分に関するデータが保管されて利用される心配などないと思うかもしれない。膨大な量のデータをすべて保存することなどできないし、そもそもそれだけのデータを選りわけ、そこから意味のある情報を引き出すことなど不可能、というわけだ。確かに、昔はそうだった。コンピュータが登場して間もない時期、データのほとんど、とくにメタデータの大半は間違いなく、生まれるそばから捨てられていた。データを片端から保存しようとすれば、記憶媒体の容量を食いすぎるからだ。しかし、コンピュータに関わるあらゆるコストが下落し、いまは、10年前には保存・処理することが非現実的だったような大量のデータを簡単に扱える時代だ。2015年の時点[42]で1ペタバイトのデータをクラウドに保管するのに必要なコストは、年間10万ドルと見られている。２０１１年の１００万ドルから90%減だ。こうした変化に後押しされて、保存されるデータの量は増え続けている。

　ツイッターの誕生以降に投稿されたツイートをすべて保存するには、高性能のノートパソコンを１台買うくらいの予算[43]があればおそらく十分だ。アメリカで１年間に交わされる音声通話の音声データをすべて保存[44]するのに必要な容量は、３００ペタバイトに満たない。費用は、３０００万ドル足らずですむ。動画でライフログを常時記録する場合、データの量は１人当たり年間７００ギガバイト。アメリカ人全員のデータを残すとすれば、年間２エクサバイトだ。そのためにかかる費用は、現時点で２０００万ドル。大きな金額ではあるが、実現不能な数字ではない。しかも、コストは年々下がる。２０１３年、国家安全保障局（ＮＳＡ）は、ユタ州ブラフデールに巨大なユタ・データセンター[45]を完成させた。同センターは現時点で世界第３の規模[46]のデータセンターで、ＮＳＡはこれを皮切りに、さらにいくつかのデータセンターの建設を予定している。詳細は不明[47]だが、専門家によれば、ユタ・データセンターは約12エクサバイトのデータを保存できるという。この施設に費やされた予算は、すでに14億ドル[48]に達した。一方、グーグルは、世界全体[49]で15エクサバイトのデータを保存できる体制をもつ。

　保存できるデータ量が増えているというのは、個人レベルでも見られる傾向だ。私が保存している過去の電子メールは、１９９３年までさかのぼる。私にとって、電子メールの履歴は頭脳の一部と言ってもいい。それは、自分の記憶そのものだ。過去の電子メールを検索しない週は、１週たりともない。何年か前に一度訪れたレストランのことを調べたり、誰かが教えてくれた雑誌記事の情報を探したり、前に会った人の名前を確認したり。あとで自分に注意喚起するために、自分宛てに電子メールを送ることもしょっちゅうだ。帰宅後にすべきことのリストを送るのはもちろんのこと、数年先に思い出したくなるかもしれない情報も送信する。そうした電子メールのデータを調べるのは、私という人間を観察するのと同じことだ。

昔は、過去の電子メールを丁寧に仕分けしていた。まず、保存するものと消去するものをわけ、残すものは、人名、企業名、プロジェクト名などを基準に何百ものフォルダーに分類して保存していた。しかし2006年、私はそれをやめた。いまは、すべての電子メールを分類せずに保存している。電子メールを削除したり分類したりするより、すべて保存しておいて検索するほうが手っ取り早いからだ。

膨大な量のデータが保存される時代に、個人のプライバシーはどのような影響を受けるのか？　その答えを知りたければ、オーストリア人の法学生、マックス・シュレムス[50]の経験を見ればいい。シュレムスは2011年、欧州連合（EU）の法律に基づき、フェイスブックに対して、同社が自分について保存しているデータをすべて開示するよう求めた。すると、フェイスブックは、1200ページあまりのPDFファイルを収録したCD-ROMを提出[51]した。そこには、フェイスブック上の交友関係に関する情報やニュースフィードに流れてくる情報に始まり、過去にクリックした写真やページ、それに閲覧した広告すべての情報まで記録されていた。フェイスブックは、これらのデータすべてを活用していたわけではない。しかし、どれを保存するかを決めるより、すべてを保存するほうが簡単だと判断していたのだ。

Data as a By-product

第2章 監視されるデータ

私たちがなにを検索したのかは、すべてグーグルに筒抜けだ。2010年、グーグルのCEOを務めていたエリック・シュミットはこう認めている。「私たちは、あなたがいまどこにいるかを知っている。これまでどこにいたかも知っている。いまなにを考えているかもだいたい知っている」

政府と企業は、私たちがデジタル化された人生を生きる過程で生み出す大量のデータを収集、保管、分析している。多くの場合、本人はそのことを知らず、ましてやそれに同意してもいない。政府と企業は、集めたデータをもとに、私たちについてなんらかの結論を導き出す。本人としては異論があるかもしれないが、その分析結果は、私たちの人生にきわめて大きな影響を及ぼす場合がある。好むと好まざるとにかかわらず、私たちは大量監視の下に置かれている。

国家安全保障局（NSA）の秘密を暴露した人は過去にも現在にもいたが、NSAの監視活動について私たちが現在知っていることの多くは、エドワード・スノーデンの内部告発によるものだ。[1] NSAの契約企業の職員だったスノーデンは、同局のさまざまな監視活動に関する何万点もの文書を携えて2013年に香港に渡り、一部のジャーナリストを選んで文書を提供した。私は一時期、ジャーナリストのグレン・グリーンウォルドとガーディアン紙のチームに協力して、そのなかの技術的な資料の分析をおこなったことがある。

スノーデン文書に基づいて報じられた最初のニュースは[2]、NSAがどのようにアメリカ国民すべての携帯電話の通話記録を収集しているかに関するものだった。アメリカ政府の弁明の1つは[3]、収集されたデータが「メタデータにすぎない」というものだ。通話内の言葉を記録しているわけではなく[4]、双方の電話番号、通話の日時、通話時間数を記録しているだけだ、というのである。この主張は、このあとも決まり文句のように繰り返されることになる。この説明を聞いて不安が和らいだ人も少なからずいたようだが、安心はできない。ある人のメタデータを集めるとは[5]、その人を監視下に置くことにほかならないからだ。

頭のなかで具体例を思い浮かべるといい。あなたが私立探偵を雇い、誰かを盗聴させたとしよう。その場合、探偵は標的の人物の自宅や職場や自動車に盗聴器を仕掛け、電話の通話やパソコンの中身を調べ、通話や通信の内容について詳細な報告書を作成して、あなたに提出する。では、私立探偵にその人物の監視を依頼したら、どうなるか？　あなたは、中身こそ違っても、同じくらい詳しい報告書を受け取ることになる。その人物がどこを訪れ、どういう行動を取り、誰とどれくらい会話したか、誰に手紙を書き、なにを読み、なにを買ったかといった情報が上がってくる。このようなデータがメタデータだ。

要するに、盗聴は会話の中身を明らかにし、監視はそれ以外のあらゆる情報を明らかにするのである。電話利用に関するメタデータだけでも、[6]非常に多くのことがわかる。通話のタイミングや長さ、頻度がわかれば、相手との親密さの度合い（親友なのか、仕事相手なのか、それともその中間なのか）が推し量れる。どのような題材や人物に関心があり、どういうことを重要と考えているのかも——それがどんなにプライベートなことでも——浮き彫りになる。メタデータは、言ってみれば、私たちの人物像を知るための窓口だ。[7]それは、ある時点である人に起きていることを詳細に映し出すのである。[8]

スタンフォード大学の研究チーム[9]は、約５００人の被験者の電話通話に関するメタデータを数カ月間調べた。すると、そのデータから、被験者たちのきわめて私的なことがらまで推測できた。推測の精度は、研究チームの事前の予想を超えていた。研究結果の一部を紹介しよう。

- 被験者Ａは、地域の複数の神経科患者団体、専門性の高い薬品を扱う薬局、珍しい病気の重症化を予防する疾病管理サービス、再発性多発性硬化症患者だけが用いる薬品に関するホットラインと電話で話していた。
- 被験者Ｂは、ある有力病院の心臓専門医と長時間話し、医学研究所に短い電話をかけ、薬局からの電話を受け、不整脈監視装置のデータを報告する電話窓口に短い電話をかけていた。
- 被験者Ｃは、ＡＲ系半自動小銃専門の銃砲店にたびたび電話し、このタイプの半自動小銃を製造しているメーカーの顧客サービスセンターにも短い電話をかけていた。
- 被験者Ｄは、３週間で、ホームセンター、鍵店、水耕栽培用品店、喫煙具店に連絡していた。

●被験者Eは、ある日の早朝に姉妹に長時間電話をかけた。2日後には、地元の家族計画協会に数回電話。2週間後、短い電話をさらに数回。そして1カ月後に、最後の電話を1回かけた。

明らかに、この5人はそれぞれ、再発性多発性硬化症の患者、心臓病の患者、半自動小銃の所有者、自宅でマリファナを栽培している人物、人工妊娠中絶を受けた女性だ。それが短い期間の電話通話のメタデータからわかってしまうのである。

電話だけでなく、ネット検索の履歴も、プライベートな情報を浮き彫りにし、監視に役立つ場合がある（これをデータとみなすべきか、メタデータとみなすべきかは、議論がわかれる。NSAは、検索ワードが検索結果のurlの一部を成していることを理由に、メタデータだと主張する）[10]。私たちはネット検索をするとき、検索エンジンに嘘はつかない。友人や家族や恋人以上に、検索エンジンには本音をさらけ出す。自分が思うとおりのことを、できる限り明確な言葉で入力するのだ。グーグルは、私たちがどのようなアダルト動画を検索し、どの元恋人をいまも気にしていて、なにを恥と感じ、どんな不安や秘密を抱えているかを知っている。もしグーグルがその気になれば、誰が精神疾患を心配し、脱税をもくろみ、政府の個々の政策への抗議活動を計画しているかを突き止められる。グーグルは妻以上に私の頭の中身を把握していると、私は昔よく言ったものだが、現実はそのさらに上を行く。グーグルは、私以上に私の頭のなかを知っている。私と違って、過去に私が考えたことを正確に、そして永遠に記憶し続けられるからだ。

私は、グーグルの「オートコンプリート」機能を使って、簡単な実験をしてみた。オートコンプリートとは、ユーザーが検索ワードを入力している途中で、検索したい言葉を予測して検索窓に示す機能のことだ。ほかのユーザーたちの過去の検索内容が予測の手がかりになっている。私が「should I tell my w」[11]と入力すると、よく検索されている言葉として「should I tell my wife I had an affair（妻に浮気を打ち明けるべきか）」と「should I tell my work about dui（飲酒運転を会社に打ち明けるべきか）」が提案された。もしそれをクリックすれば、そのことをグーグルに知られてしまう。[12]このように、なにを検索したかはすべてグーグルに筒抜けなのだ。

２０１０年、グーグルのＣＥＯを務めていたエリック・シュミットはこう認めている。[13]「私たちは、あなたがいまどこにいるかを知っている。これまでどこにいたかも知っている。いまなにを考えているかもだいたい知っている」

Ｇメールのアカウントをもっている人は、自分でチェックできる。過去にログインしたあらゆる時点の検索履歴を見られるようになっているのだ。アカウントを作成したときまで、何年もさかのぼって確認できる。チェックすれば、きっと驚くだろう。そのデータが浮き彫りにする情報は、日記帳の記載以上にプライベートなものに違いない。ユーザーには、自分の広告設定（グーグルが想定する人物像）を編集することは認められているが、記録されたくない情報を削除する権利は与えられていない。

プライベートなデータやメタデータの供給源はほかにもある。たとえば、あなたの購買記録は、あなたがどういう人間かを大いに物語る。ツイッターの書き込みを見れば、[14]あなたが朝何時に起き、夜何時に寝るのかがわかるし、ＳＮＳの「友達」リストやメールソフトのアドレス帳[15]には、あなたの政治的傾向や性的指向が映し出されている。電子メールのヘッダー[16]からは、あなたの仕事や社交、恋愛で誰が重要な存在なのかを推察することが可能だ。

データはコンテンツ（内容）、メタデータはコンテキスト（文脈）と位置づけることもできる。ときにメタデータは、データ以上[17]に私たちのプライバシーをありありと描き出す。不特定多数の人の情報を集める場合は、とくにメタデータが威力を発揮する。特定の個人を監視するなら、会話や電子メール、携帯メールのコンテンツのほうが重要かもしれないが、国民全体を監視下に置く場合は、メタデータのほうがはるかに有意義で重要で有益だ[18]。

「メタデータは、その人の生活のすべてを確実に映し出す。十分な量のメタデータが手に入れば、コンテンツはいらない」と、NSAの元法律責任者であるスチュアート・ベイカー[19]は言ったことがある。2014年には、NSAとCIAの長官を歴任したマイケル・ヘイデン[20]がこう述べている――「我々は、メタデータに基づいて人を殺している」。

現実問題としては、データとメタデータをいつもはっきり区別できる場合ばかりではない。いずれも、私たちに関するデータであることに変わりはない。

監視のコストは下がっている

昔、監視は莫大な手間とコストがかかった。だから、重要なときしか監視はなされなかった。警察が容疑者を追跡したり、企業が請求のために詳細な購買記録を入手したりするような場合だ。もちろん、例外的なケースがなかったわけではない。たとえば、共産主義体制下の旧東ドイツ[21]では、常軌を逸した被害妄想に陥っていた政権が1700万人の国民を監視するために、10万2000人の秘密警察を動員していた。秘密警察職員1人で166人を監視していた計算になる。民間の情報提供者も含めれば、1人で66人を監視していた。

企業による監視は、以前は必要最小限のデータだけを集めていたが、いまはできるだけ多くのデータをかき集めるようになっている。企業が顧客のデータを集めるのは、最近始まったことではない。しかし昔は、あまり多くの情報は集めておらず、収集した情報も必要な期間しか保管していなかった。たとえば、クレジットカード会社が収集していたのは、請求に必要な取引情報だけ。小売店は顧客の情報をほとんど集めておらず、通販会社は顧客の名前と住所、あとはせいぜい簡単な購買履歴くらいしか記録していなかった（購買履歴は、誰をカタログ送付リストに残しておくべきかを判断するために使われた）。グーグルですら、初期にはいまと比べ物にならないほどわずかなデータしか集めていなかった。監視データの収集・保管に大きなコストがかかった時代には、企業は最小限のデータだけ集めてよしとしていたのだ。

しかし近年、コンピュータテクノロジーのコストは目を見張るほど下落している。これは非常に好ましいことだ。そのおかげで、私たちがコミュニケーションを取り、自分の意見を表明し、情報にアクセスすることがいっそう安価に、そして簡単になった。しかしそれは、監視のコストが小さくなるという結果ももたらした。コンピュータテクノロジーの進歩にともない、企業はビジネスで関わりをもつ人物すべてについて、昔より多くの情報を収集できるようになった。データの保存に要するコストが下がって、昔より多くのデータを、より長期間保存する道も開けた。そして、ビッグデータの分析ツールが強力になったことで、大量の情報を保管することが大きな利益を生むようにもなった。こうした変化を背景に、監視に基盤を置くビジネスモデルが出現している。この点については、第4章で論じたい。

一方、政府による監視も、必要最小限の人物のデータを収集することから出発し、いまではできるだけ大勢の人物のデータを集めるように変わってきている。監視が人間の手作業でおこなわれ、莫大なコストがかかった時代には、よほど強い必要性がなければ監視はできなかった。当時は、令状制度が警察の監視活動に枠をはめ、予算上の制約と暴露のリスクが情報機関の監視活動の足枷《あしかせ》になっていたのだ。監視は特定の個人を標的に実行され、その人物についてのみ、できるだけ多くの情報が収集された。対象者以外の情報の収集を最小限にとどめるという厳しいルールも存在した。たとえば、アメリカ連邦捜査局（FBI）がギャングのメンバーの電話を盗聴する場合、妻や子どもが電話口に出たときは盗聴と録音を打ち切ることになっていた。

しかし、テクノロジーが進歩して監視のコストが下がると、政府は監視の対象を広げていった。NSAは、選別した個人だけでなく、当時のソ連政府、中国の外交使節団、左翼団体など、規模の大きな集団も監視できるようになった。また、法律の変更により、FBIは、対象者の通信機器ごとに令状を取得しなくても、あらゆる通信機器を盗聴できるようになった。追尾盗聴[22]（ロービング・ワイヤタップ）と呼ばれる手法である。最終的に、アメリカの情報機関は全国民を監視し、監視データを何年も保管することが可能になった。こうした変化は、情報機関が警戒する対象が変わったことと密接に関係している。情報機関は、特定の外国政府に対するスパイ活動を継続する一方で、幅広い市民を対象とする大量監視も拡大させてきた。国に危害を及ぼす恐れのある人物をあぶり出すことが狙いだ。この点については、第5章で論じる。

このような状況の下、企業の監視活動と国家の監視活動が目指すものが近づいてきた。両者とも、すべての人のすべてのことを知りたいと考えている。そして、動機は異なるが、監視に用いる手法も同じだ。[23] 第6章で述べるように、この点は、政府と企業の間で強力な監視パートナーシップが形成されている主たる理由である。

監視のコストが下がっていることは、一般市民でも安価にスパイグッズを入手できるようになったことからも明らかだ。先頃、旅客機に乗ったとき、アメリカ国内便の全座席に置かれている通販カタログ『スカイモール』をなんの気なしに見てみたところ、隠しカメラと隠しマイクのついたペンが80ドルで売られていた。証拠を残したい会話をこっそり記録する道具だ。ほかには、隠しカメラ内蔵の時計つきラジオ（100ドル）や、壁掛け式の人感センサー警報装置に見せかけたカメラもカタログに載っていた。いずれも、常時録画する設定にもできるし、侵入者を感知したときだけ録画する設定にもできる。他人のスマートフォンを入手できれば、そのなかのデータをすべて見られるというグッズも売られていた[24]（iPhoneにも、アンドロイドOSのスマートフォンにも対応）。「削除されたメールも読めます。写真や、アドレス帳や、通話履歴や、カレンダーに記入したスケジュールや、アクセスしたウェブサイトも知ることができます。それだけではありません。GPSデータを確認すれば、持ち主が過去にどこにいたかもわかります」とのことだ。これでたったの120ドルである。

　別の小売業者では、キー・ロガー（キーボード・ロガー）[25]と呼ばれるソフトウェアも扱っている。コンピュータを入手できれば、このソフトウェアにより、キーボードでなにが入力されたかを知ることができる。金額は50ドルに満たない。他人の携帯電話の通話内容を知るための通話傍受ソフトウェア[26]は、1000ドルで買える。1000ドル出せば、カメラを搭載したドローン[27]を買い、それを遠隔操作して隣家を盗撮することもできる。

　以上に挙げたのは、すべて一般消費者向けの商品だ（国や州によっては、違法とされているものもある）。プロ向けの監視機器[28]も、より安価に、そしてより高性能になっている。監視コストの下落により、警察を取り巻く状況は一変した。誰かを徒歩なり車なりで密かに尾行するには、1カ月にざっと17万5000ドルの費用がかかる。尾行するエージェントの人件費がその中心だ。それに対し、容疑者の車に発信器を取りつけたり、偽の携帯電話基地局装置を設け、容疑者の携帯電話から位置情報を引き出したりできれば、費用は月に約7万ドルですむ。基本的にエージェント1人ですべてをこなせるからだ。GPS受信機を容疑者の車に仕込めれば、費用は一挙に月額約150ドルまで下がる。これは、主に受信機をこっそり取りつける際にかかる費用だ。携帯電話会社から位置情報の提供を受ければ、費用はもっと抑えられる。携帯電話大手のスプリント[29]は、捜査機関に月額30ドルの手数料しか請求していない。

　監視手法によるコストの差を生むのは、限界費用の違いだ。尾行により監視をおこなうとき、2人を監視するためには、1人の場合の2倍の費用がかかる。それに対し、携帯電話基地局や

GPSによる監視なら、コストはほぼシステム構築の費用（固定費用）だけですむ。システムさえ築けば、監視対象を1人増やすためにかかる費用（限界費用）はゼロに近い。監視対象を2人、10人、1000人と増やしても、費用はほとんど増えないのだ。たとえば、アフガニスタンのすべての音声通話情報を収集・分析できる電話盗聴システムを設計・構築すれば（NSAは、アメリカ兵を簡易爆弾から守るためにそうしたシステムの導入を支援した）、ほかの国で同様の電話盗聴システムを導入することは非常に簡単だし、コストも少なくてすむ。

大量監視時代の到来

監視テクノロジーの価格下落がもたらした結果は、監視コストの低下だけではない。監視活動の性格も様変わりさせた。コストが安くなったことにより、これまでより大量の、はるかに大量の監視が実行されはじめたのだ。2012年、アメリカ連邦最高裁判所の判決により、[30]FBIは、監視対象者の自動車に取りつけていた3000個のGPS監視機器について令状を取得するか、装置の電源を切るかの選択を迫られることになった。テクノロジーによる自動化が実現していなければ、そもそも3000台もの自動車を監視することは不可能だっただろう。FBIには、そんなに大勢の要員がいないからだ。しかし、携帯電話が普及した今日は、すべての人を常時追跡することも可能になっている。

大量監視の手段として、自動車のナンバープレート読み取り装置もよく用いられるようになった。いくつかの企業は、自動車ローン滞納者の自動車ナンバーをデータベース化している。そうした企業にデータを送信してデータベースと照合することを目的に、ルーフにカメラを載せて道路を走り、ほかの車のナンバープレートを絶えず読み取っている自動車がある。それは、ローン滞納者探し専門業者の自動車だったり、レッカー車だったりする。ローン滞納者の自動車の強制回収[31]（リポゼッション）はうま味のあるビジネスなので、参入する人が多い。そうした人たちすべてがデータベースにデータを供給し、そこにデータが蓄積されていく。カリフォルニア州リバモアのビジラント・ソリューションズ社[32]は、25億点のデータをデータベースに記録しており、毎月7000万点のペースでデータを増やし続けている。このデータベースには、走行日時とGPSの位置情報も記録される。

この種の業者は、離婚弁護士や私立探偵[33]にもデータを売っている。警察にもリアルタイムでデータを提供するケースがある。警察はそれにより、州間ハイウェーの入り口や料金所、国境検問所、空港の駐車場などでみずから読み取ったナンバープレートのデータを補っているのだ。目的は、盗難車や、逮捕状の出ている逃亡犯、交通違反の罰金未納者を見つけることだ。

一方、FBIはすでに州の運転免許データベース[34]を身元照合に利用しているし、国土安全保障省はこれらのデータを一本化して全国規模のデータベース[35]をつくりたいと考えている。イギリスでは[36]、政府が国中に固定カメラを設置し、同様のシステムを運営している。このシステムは、ロンドン[37]の渋滞税制度（渋滞緩和のために、市内の特定地区への乗り入れに課金する制度）の実施や、車検を受けていない自動車の特定に利用されている。

自動顔認識技術[38]でも、ナンバープレート読み取りと同様のことが起きるだろう。最初のうち、民間のカメラが集めたデータは、保釈中に行方をくらました人間を見つけて報奨金を得ようとする人たちに利用される可能性が高い。しかしそのうちに、ほかの用途にもデータが販売されたり、政府にデータが提供されたりするようになるだろう。ＦＢＩはすでに[39]、５２００万人の顔をデータベース化しており、高性能の顔認識ソフトウェアをもっている。ドバイの警察[40]は、オーダーメイドの顔認識ソフトウェアとグーグル・グラスを組み合わせて、自動的に容疑者を発見することを目指している。町のなかに十分な台数のカメラが設置されれば、警察官はデスクを離れずに人物や車両を追跡できるようになる。

これが大量監視である。それは、コンピュータとネットワーク、オートメーションの力がなければ不可能だった。ひとことで言えば、「あの車を追いかけろ」ではなく、「すべての車を追いかけろ」というのが大量監視だ。警察は、特定の容疑者を尾行することなら昔からできたが、市内のいたるところに監視カメラやナンバープレート読み取り装置が設置され、顔認識ソフトウェアが実用化されれば、あらゆる人を追跡することが可能になる。犯罪の容疑者だろうと、そうでなかろうと、すべての人を監視対象にできるのだ。

警察は昔、固定電話回線に電話番号記録装置を取りつけて、容疑者が電話した相手の電話番号を記録していた。この方法は、時間も費用もばかにならない。しかし、ＦＢＩが電話会社にデータの提供[41]を求めることが可能になって、国内のすべての人の通話先データを入手する道が開かれた。実際、ＦＢＩはこの方法でデータを手に入れている。

2008年、ウェイズ社（2013年にグーグルが買収）がスマートフォン向けのカーナビ・アプリを発表した。アプリを利用しているドライバーたちの現在位置を追跡して、渋滞状況をリアルタイム[42]で把握することにより、ユーザーが目的地に最も速く到達できるルートを案内しようというものだ。誰だって渋滞は避けたい。渋滞している道路からドライバーを遠ざけられれば、社会全体にも恩恵がある。渋滞の悪化が避けられるからだ。しかし、私たちはその恩恵と引き換えに、どれだけのデータを譲り渡しているか自覚しているだろうか？

監視は見えないところで進む

いまあなたが本書の電子書籍版をアマゾンの「Ｋｉｎｄｌｅ[43]」で読んでいれば、そのことはアマゾンに把握されている。アマゾンは、あなたがいつ読みはじめ、どれくらいのスピードで読み進めているかも知っている。一気に全部読み通したのか、毎日数ページずつ読んでいるのかも知っているし、途中を飛ばして先に結論を読んだか、一度読み終わった箇所にまた戻って読み直したか、どこかのページに長くとどまったかも知っている。最後まで読まずに放り出せば、それもアマゾンに知られてしまう。文章にマーカーを引けば、それもアマゾンの知るところとなる。しかし、キンドルがあなたの読書習慣に関するデータをアマゾンに送っているという警告は発せられない。ライトが点灯したり、注意喚起のメッセージが表示されたりはしないのだ。それは、ひっそりと、そして絶え間なく続く[44]。

オンライン上の電子的監視の場合、私たちは現実世界ではけっして容認しないような強烈な監視を受け入れている。それは、監視が目に見えない、もしくは大々的に公表されていないからだ。オンライン上の電子的監視は、警備員が来訪者にIDカードの提示を求めたり、有料道路の料金所でナンバープレートを撮影したり、ATMがカードと暗証番号を要求したりするのとは話が違う。これらのいずれのケースも[45]（IDカードの場合は、警備員がカードをコピーするなりして写し取れば）監視データが生成されるが、少なくとも監視は私たちの目に見えるところで実行されている。私たちは、監視されていることを十分に認識しているのだ。

大半の電子的監視は、そうではない。それは、私たちに見えないところで実行されている。ほとんどの人は気づいていないが、オンライン上で新聞を読めば、どの記事を読んだかが記録される。オンラインショッピング・サイトをのぞけば、どの商品を買い、どの商品の情報を見たうえで購入を見送ったかも記録される。電子決済システムを利用すれば、買い物の履歴が記録される。そして、携帯電話を持ち歩けば、つねに居場所が追跡される。

ニュースサイトの「バズフィード」は、ユーザーに関して大量のデータを収集している。その多くは、旧来のインターネット上のトラッキング（追跡）により得られているが、情報の供給源はそれだけではない。バズフィードは、ユーザーを楽しませるために多くの質問コーナー[46]を用意している。なかには、プライバシーに立ち入った問いもある。たとえば、「あなたはどれくらい恵まれている？」という質問コーナーでは、資産状態の詳細や雇用の安定性、余暇の過ごし方、精神の健康度などを尋ねている。なんと200万人を超す人[47]がこれらの問いに回答した——バズフィードがデータを保存していることも知らずに。同様に、「ウェブＭＤ」[48]などの医療情報サイトも、ユーザーがどのページを検索して読んだかというデータを集めている。

収集されているのは、ネット検索の履歴や、電子メール、電話、オンラインチャット、その他の電子的通信手段の記録だけではない。紙の手紙も追跡されている。アメリカ郵便公社は、郵便隔離コントロール・追跡プログラムの下、郵便物の外観（表と裏）を写真撮影している。対象は、アメリカでやり取りされるすべての郵便物だ。その数は年間約１６００億点[49]。そのデータは捜査機関に提供される。ほかの政府機関にもデータが渡っていると見て間違いない。

リアルの世界では、監視機器の小型化が進み、昔に比べて目立たなくなっている。町を１日歩くだけで、何百回も監視カメラに撮影される都市もある。カメラの存在がはっきり見えるケースもあるが、天井の照明やＡＴＭに埋め込まれたカメラは目に見えにくい。ましてや、１ブロック先の超高解像度カメラで撮影されていれば、気づくことは難しい。ドローン[50]もますます小さく、目に見えにくくなっている。すでに昆虫くらいのサイズのものが登場しており、いずれは埃《ほこり》の粒子くらい小さなものも出てくるだろう。

こうした画像収集システムに、個人識別ソフトウェアを組み合わせれば、常時自動監視の仕組みができあがる。カメラで撮影した人物を識別する最も簡単な方法である顔認識技術[51]は、年々進化している。２０１４年には、生身の人間よりも正確な識別能力をもった顔認識アルゴリズム[52]が登場した。顔認識以外の個人識別テクノロジーの開発も進んでいる。目を機器に近づけなくても虹彩《こうさい》の識別[53]ができるテクノロジーや、歩容《ほよう》による個人識別システム[54]などがその例だ。

ほかの方法による監視も密かにおこなわれている。RFID（無線個体識別）技術を利用した非接触型ICカード[55]が財布に入っていれば、それが追跡に用いられる可能性がある。小売店のなかには、[56]来店客のスマートフォンのMACアドレスとブルートゥースID（これらは、基本的に端末ごとの固有の番号だ）をこっそり追跡している店もある。どの棚の前[57]を歩いたか、どの商品の前で立ち止まったかなどを知ることが狙いだ。公的なイベント[58]では、非接触型ICカードとスマートフォンの両方を利用して監視がおこなわれる場合もある。

2014年、家電見本市「コンシューマー・エレクトロニクス・ショー（CES）」で、自動車大手フォード・モーターの幹部がこんなことを述べた。「私たちは、誰が法を犯したかを知っています。いつ違反したかもわかっている。私たちは、みなさんの車にGPSを搭載しているので、みなさんの行動を把握しているのです」

この発言は、驚きと衝撃をもって受けとめられた。フォードが自社製の自動車のオーナーたちを常時監視下に置いているとは、誰もが初耳だったからだ。フォードはただちにこの発言を撤回[59]したが、同社が自動車オーナーたちの行動についてデータを集めているのではないかとの憶測が強く残った。[60]はっきり言えるのは、アメリカ会計検査院[61]（GAO）の報告書によれば、自動車メーカーとカーナビメーカーがユーザーの位置情報を大量に収集しているということだ。

テラヘルツ波を用いたレーダー[62]は、人が隠しもっている武器や、厚さ20センチのコンクリート壁の反対側にある物体も検知できる。電話での会話を「聞く」ことができるカメラ[63]も開発されている。話している人のそばにある物体（たとえばポテトチップスの袋など）の振動を把握し、それを手がかりに会話の中身を探り当てるのだ。NSAは――おそらくほかの政府機関も――人々のスマートフォンを遠隔操作して[64]マイクをオンにして、周囲の声や音を盗み聞きする能力ももっている。

最近は、体臭による個人識別システム[65]の開発も進められている。キーボード入力のスタイル[66]による個人識別を試みている企業もあるし、文章のスタイル[67]による個人識別を目指す研究もおこなわれている。企業と政府は、何千万点もの声紋も収集[68]している。これもリアルタイムの個人識別に利用できるデータだ。

未来の世界では、あなたが店に入った瞬間[69]に、店員に名前と住所と所得水準を知られるようになる。広告看板[70]もあなたが何者かを把握し、あなたが広告にどのような反応を示したかを記録する。スーパーマーケットの棚[71]は、あなたがいつもなにを買っていて、どうすればもっと多く買わせられるかを知っている。あなたの自動車[72]は、いま誰が乗り、誰が運転していて、どのような交通違反を犯しているかも知っている。SFの世界の話に感じられるかもしれないが、これが未来の世界だ。

監視が目立たなくなればなるほど、私たちはそれを気にしなくなる。そして、監視が個人のプライバシーに深く踏み込めば踏み込むほど、それは私たちの目から隠される。事務職への採用前に薬物検査をすると言われれば、拒絶する人が多いだろう。しかし、多くの企業は採用候補者全員の徹底した身元調査を実施している。買い物の最中に100人の市場調査員につきまとわれてメモを取られれば、プライバシーの侵害だと騒ぐ人でも、オンライン上で何百社もの企業に――関わりをもったことのない企業や、名前を聞いたこともない企業の場合もある――監視されることにはそれほど抵抗を感じない。

将来振り返れば、今日《こんにち》はある意味で特別な時代だったということになるだろう。現時点では、監視システムの多くは目に見えている。本人確認が要求される場面は珍しくなくなったが、そのときはＩＤカードを提示する。監視カメラもいたるところに設置されているが、カメラがあるのは見える。しかし遠くない将来、監視システムが隠されて、私たちが知らないうちにもっと監視される時代になるかもしれない。

監視はつねに自動的におこなわれる

私たちは、徹底した自動的監視の対象にされている。監視から逃れようと最大限の努力を払っても、それは避けられない。他人と関わりをもてば、その他人が監視されているからだ。

私は、フェイスブックに投稿したり、誰かに友達申請したりしたことは一度もない。そもそも、仕事上のフェイスブックページはともかく、個人アカウントはもっていない。それでも、私はこの会社にデータを集められている。フェイスブックは、ユーザーでない人の個人データ[73]もデータベースに蓄えているのだ。フェイスブックにアクセスしたあと、「いいね！」ボタンを設置しているウェブページにアクセスすれば、つねにデータを取得される。フェイスブックは、写真のタグづけを手がかりに、おそらく私の交友関係もおおよそ把握[74]している。データブローカーから情報を購入し、その情報とみずから集めた情報を照合している可能性もある。同社は、私の友達や「いいね！」ボタンがあるウェブページを通じて、私を監視できるのだ。

私はグーグル検索を利用しないようにしている。[75]それでも、グーグルは、私のウェブサイト閲覧履歴のデータを大量に集められる。多くのウェブサイトがアクセス解析のために「グーグル・アナリティクス」を用いているからだ。グーグルは、そうしたウェブサイトを通じて私を追跡できる。ブラウザのさまざまなブロック機能[76]を使い、グーグルの追跡を妨げようと試みてはいるが、グーグルのテクノロジーは、私のプライバシー保護の仕組みをかいくぐってくる。

私はグーグルの「Gメール」も使わない。地域のインターネット接続業者の電子メールアカウントを使い、やり取りした電子メールはすべて自分のコンピュータに保管している。それでもグーグルは、私が送受信した電子メールの約3分の1[77]を取得している。連絡を取り合う相手の多くがGメールを利用しているからだ。「@gmail.com」というアカウントだけの話ではない。実は、多くの組織がグーグルの電子メール・ホスティングサービスと契約し、独自ドメインでGメールを利用しているのだ。アップルも、iPhoneのデータのバックアップを取った人たちを通じて、世界中のWi－Fiパスワードのデータベースを築いている。わが家のWi－Fiネットワークのパスワードもアップルに知られているはずだ。私の交友関係のデータも、多くの企業の手に渡っている。友人や仕事関係者の多くがアドレス帳のバックアップを残すために、クラウドサービスを利用しているからだ。また、私の姉妹がみずからの遺伝子情報を公開すれば、私の遺伝子情報も半分が公になる。

ほんの数人にだけ明かしたはずの情報が世界に向けて公開され、監視データとして利用されてしまうケースもある。誰かがパーティーで友達の写真を撮り、ほかの友人たちが見られるようにフェイスブックに投稿したとしよう。この場合、投稿者が公開範囲を限定する設定をしない限り、写真はすべてのユーザーに公開される。もちろん、それだけでは、誰かがその写真を見つけることは難しい。しかし、その写真が自動顔認識システムによって個人名をタグづけされ、検索エンジンのデータベースに納められれば、話は変わってくる。ここまでくれば、検索エンジンの画像検索で写真にたどり着くのは簡単だ。

私は日々、誰かの設置した監視カメラに頻繁に映っている。ロンドン、シカゴ、メキシコシティ、北京など、警察が市内の隅々にまで[78]監視カメラを設けている町もあれば、ニューヨークのように、大半が民間の監視カメラという町もある。最近のテロ事件では、２００５年のロンドン地下鉄爆破テロの容疑者は政府の監視カメラにより特定され、２０１３年のボストン・マラソン爆弾テロの容疑者は民間の監視カメラで特定された。[79]

監視カメラの映像は、ほぼすべてがデジタルデータだ。映像のデータは、カメラのなかに保存されるだけのケースも多い。その場合は、新しいデータが記録されると、古いデータから順に消去されていく。しかし次第に、映像をインターネット上で確認し、いくらでも保存できるケースが増えている。インターネット上で誰でも映像を検索できる場合も多い。

自分の日常を動画で記録する人が多くなれば、カメラに映ることを避けるのはいっそう難しくなる。それを防ぐための法制度を設けるなどしない限り、そうならざるをえない。自分の目に入るものを動画で記録する人が増える時代には、あなたはいつも誰かの動画に記録され、自分で記録を取ろうと取るまいと、つねにどこかに行動の記録が残るようになる。よく言われるように、多くの人が予防接種を受ければ、予防接種をしない人も感染リスクの縮小という恩恵に浴せる。この集団免疫と呼ばれる現象に似た図式だが、多くの人がみずからの生活を記録する時代になったとき、ほかの人たちが得るのは恩恵ではない。その逆だ。

哲学者のジェレミー・ベンサム[80]は18世紀後半、効率的な刑務所の設計として「パノプティコン（一望監視施設）」という円形の監獄を考案した。建物の中心に監視塔を設け、まわりに独房を放射状に配する設計だ。看守は囚人を常時監視できるが、囚人から看守の姿は見えないようにする。囚人は、自分が監視されているかわからないので、監視されているという前提でいつも行動し、管理に従う、という発想である。このパノプティコンという言葉は、インターネット内外での個人データの大量収集の比喩[81]として用いられるようになった。

インターネット上ではとくに、監視が常時おこなわれているのが現実だ。私たち誰もがつねに監視[82]されていて、収集されたデータは永久に保管される。これが情報化時代の監視国家の姿だ。そこでは、ベンサムが想像もしなかったくらい効率的な監視が実現している。

第3章

分析されるデータ

カーネギー・メロン大学の研究チームは、公共の場に置いたカメラの前を通りがかった人の個人データをリアルタイムでディスプレーに表示することに成功した。通行人の画像を顔認識ソフトウェアやフェイスブック上で公開されたタグづけされた写真データベースなどと照合しただけである。

2012年にニューヨーク・タイムズ紙に載った記事は、企業が顧客データを分析し、広告に利用している実態を浮き彫りにしている。記事によれば、大手スーパーのターゲット社は、女性客の購買パターンをもとに妊娠しているかを判断し、妊娠中の女性に妊婦向け商品の広告や割引クーポンを送っていた。ミネソタ州ミネアポリスの男性は、10代の娘に妊婦向けのクーポンを送ってきた店舗に抗議したが、あとになって、データ分析どおり、娘が本当に妊娠していたことが判明したという。[1]

あらゆるデータをごっそり集めて保存し、そこから価値のある情報を引き出す取り組みは、データマイニングと呼ばれる。そのために用いられる膨大な量のデータの集積がビッグデータ[2]

だ。ターゲット社のような企業は、顧客ごとにピンポイントの広告を送るために、データマイニングを実行している。2008年と2012年のアメリカ大統領選では、バラク・オバマ陣営[3]が同様の目的で徹底したデータマイニングをおこなった。自動車メーカーは、私たちの自動車のデータを分析して製品を改良し、地方自治体は、道路沿いに設置したセンサーからのデータをもとに道路の状態を把握している。私たちの遺伝子情報は、さまざまな医学研究のためにデータマイニングされているし、フェイスブックやツイッターなどの企業も、私たちのデータをデータマイニングして広告に生かしたり、社会科学研究[4]のために提供したりしている。

ここに挙げた用途のほとんどは、データの2次利用だ。つまり、データが収集されたそもそもの目的とは違う。ビッグデータとはそういうものなのだ。データを片端から保存しておけば、いつか有益な使い道が見つかるだろうという発想である。

ビッグデータの1つの価値は、そこから推測を導き出せる点にある。それは、直接的な場合もあれば、間接的な場合もある。直接的な推測としては、たとえばある人の1年間の詳細な所在地データを入手できれば、お気に入りのレストランがどこか推測できるだろう。電話したり、電子メールを送ったりする相手のリストがあれば、交友関係を推し測れる。アクセスするウェブサイトのリストや購入した書籍のリストがあれば、興味の対象をうかがい知れる。

間接的な推測としては、たとえば購入した食品のリストがあれば、民族や年齢、性別、ことによると宗教まで推測できる可能性がある。病歴や飲酒習慣の有無もわかるかもしれない。マーケティング関係者は、結婚や旅行、マイホーム購入、出産など、大きな出費をともなうイベントが近い人を見わけるのに役立つパターンをつねに探している。ビッグデータから引き出せるパターンを捜査機関が捜査の手がかりや裁判の証拠に用いている国もある。

フェイスブックは、どの「いいね！」[5]ボタンを押したかというデータをもとに、ユーザーの人種、性格、性的指向、政治的なイデオロギー、配偶者や恋人の有無、薬物常用の有無を言い当てられる。あなたが婚約を発表する前[6]にそれを察知し、同性愛者であること[7]を明かす前にそれを把握できるのだ。フェイスブックの更新情報の通知機能により、あなたが知らないうちに、そして同意もしていないうちに、性的指向を他人に知られてしまう[8]場合もある。国によっては、同性愛者だと知られれば、難しい立場に立たされる。へたをすると、命を奪われかねない。[9]

実際は、データに基づく推測が誤っているケースも多い。誰でも経験があるように、1人ひとりのユーザーに合わせて表示されるはずのオンライン広告にほとんど興味を引かれないときもある。しかし、自分の関心に合った広告が表示されて、薄気味悪く感じるときもある。[10]たいてい、私たちはそうした広告を不愉快に思う。テレビで痔薬や恋人紹介サービスのCMを見るのとはわけが違う。テレビCMは、みんなが同じものを見ている。それと異なり、自分が過去にインターネット上で書いたことや興味を示したものごとに基づいて、自分を狙い撃ちにした広告[11]が表示されれば、プライバシーにもっと深く踏み込まれている気分にさせられる。

ここには、興味深い二律背反の関係がある。

私たちが好んで他人に知らせるデータが、他人には知られたくない情報を導き出す手がかりになりうるのだ。多くの人は、割引や興味をそそられそうな新製品の案内と引き換えに、購買パターンの情報をスーパーマーケットにいそいそ提供するが、自分が妊娠中だと言い当てられたくはない。また、大規模なデータベースがつくられれば、大規模なデータ窃盗や詐欺がついて回る。これも、私たちが望まないことだ。

コンピュータが私たちのデータを根こそぎ集めて、そこから推測を導き出すプロセスは、人間がデータをもとに推測をおこなうプロセスとはだいぶ異なる。私たちは、人間がデータを分析するのと同じように、コンピュータもデータを分析するものと思いがちだが、そうではないのだ。コンピュータと人間では、もっている強みと弱みが違う。

コンピュータは、人間のようには抽象的な推論ができないが、人間よりはるかに速く大量のデータを処理できる(したがって、コンピュータは、会話のデータよりメタデータを処理するほうが得意だ)。コンピュータの性能は向上し続けており、いまも18カ月に2倍のペースでコンピュータの処理能力は改善している。それに対し、人間の脳のサイズはずっと変わっていない。コンピュータはすでに定量データの処理で人間を大きく凌駕しており、今後もさらに性能が向上していくだろう。

データマイニングは、いま注目のテクノロジーと言っていい[12]。ブームが加熱し、それに乗っかろうとする人も多い。今後どのような研究が可能なのか、どのくらいの可能性を秘めているのかは、未知数だ。それでも、はっきりしているのは、データマイニング・テクノロジーが進歩し続けており、ビッグデータからいっそう目を見張る結論を引き出せるようになりつつあることだ。

過去にさかのぼる監視

大量監視データのマイニングにより可能になったことの1つは、過去に時間をさかのぼった監視だ。[13] 旧来の監視の手法では、現在と未来のことしか把握できない。「あいつを尾行しろ。次にどこに行くか調べるんだ！」という発想だ。しかし、あらゆる人の過去の監視データをデータベース化していれば、できることが広がる。「あいつの位置情報のデータベースを調べて、これまでどこを訪れたか確認しろ！」だの、「あいつの先週の通話内容を聞いてみよう！」ということが可能になる。

こうしたことは、昔からある程度は可能だった。政府があらゆるデータを集めるのは、いまに始まったことではない。マッカーシズムの赤狩り時代のアメリカ政府は、選挙時の支持政党登録の記録や雑誌の定期購読の記録、友人、隣人、親戚・家族、同僚の証言を通じて、人々のデータを収集していた。しかし、いまは規模がまるで違う。監視側が過去へさかのぼれるタイムマシンを手にしたかのようだ。収集できるデータがより網羅的になり、データ収集・保管のコストがはるかに安くなったうえに、最新技術により、過去のデータの緻密な分析が可能になっている。

近年、クレディ・スイスやスタンダード・チャータード・バンク、BNPパリバなどの大手金融機関が相次いで、アメリカの法律に違反して金融制裁対象国に送金していたことを認めた。これらの企業は、財務省外国資産管理室（OFAC）による監視と探知（アルゴリズムを用いておこなう）をくぐり抜けるために、取引データを意図的に改変していたという。こうした不正の摘発[14]も、過去の膨大な量の取引データと従業員の通信記録を分析することによってはじめて可能になったものだ。

過去のデータを蓄えておけば、新しい分析技術が登場したときに改めて調査をおこなえる場合もある。いま遺伝子データからわかることは限られているが、10年たてば技術に大きな進歩があるかもしれない。自転車ロードレースの最高峰ツール・ド・フランスのドーピングスキャンダルで似たようなことが起きている。過去に採取した血液サンプル[15]を最新技術で検査したところ、ドーピングの蔓延が明るみに出たのだ。

国家安全保障局（NSA）は、膨大な量の過去のデータを保管している（詳しくは第5章で論じる）。2008年の時点で、NSAの「XKeyscore[16]」プログラムは、人々のやり取りする電子メールの内容を3日間、インターネット上のあらゆる活動に関するメタデータを1カ月間、日常的に保管していた。「MARINA[17]」プログラムでは、インターネットの閲覧履歴を1年間記録しており、「MYSTIC[18]」プログラムでは、バハマなどの国ですべての音声通話を記録することができた。NSAは、アメリカの音声通話すべてのメタデータ[19]も5年間保管している。

以上に挙げた保管期間は、あくまでもデータが生データの状態にある場合の話だ。NSAの分析官がデータベースに触れれば、保管期間は延長される。データベースを検索して、あなたのデータがヒットした場合は、そのデータは無期限に保管されることになる。あなたがデータを暗号化していれば[20]、やはりそのデータは無期限に保管される。あなたが特定のキーワードを使用していた場合も、データの保管期間は無期限となる。

ＮＳＡがデータをどれだけの期間保管するかは、プライバシーへの配慮よりも、データ保管能力に左右される。ＮＳＡは、集めている携帯電話の位置情報をすべて保管するために、保管能力を強化する必要に迫られたこと[21]があった。今後、データ保管のコストが下落すれば、データがこれまでより長期間保管されるケースが増えるだろう。ＮＳＡがユタ州ブラフデールに巨大なデータセンターを建設したのも、それが狙いだ[22]。

ＦＢＩ[23]も私たちのデータを保管している。ＦＢＩは２０１３年、合法的な捜査の一環として、「フリーダム・ホスティング」というウェブサイト上にあるデータすべてのコピーを入手した。そこには、過去の電子メールのデータも含まれていた。データのほぼすべてはその捜査と無関係だったが、ＦＢＩはデータを丸ごと保管し、別の事件の捜査のために解析した。ＮＳＡやＦＢＩだけではない。ニューヨーク州[24]は、自動車のナンバープレートの読み取りデータを少なくとも5年間、もしかすると永久に保管している。

フェイスブックの利用履歴、ツイッターへの書き込み、ナンバープレートの読み取りデータなど、どのようなデータも、原則として永久に保管される可能性がある。収集した企業や政府機関が削除を決めない限り、データはずっと残るのだ。２０１０年の時点で、携帯電話会社はたいてい90日から18カ月にわたり携帯メールのメタデータを保管していたが、ＡＴ＆Ｔ[25]はその期間が突出して長く、7年間だった。

人間関係を明らかにする

大量監視データがあれば、人間関係を明らかにすることもできる。2013年、NSAがすべてのアメリカ人の電話通話のメタデータを集めていることが明るみに出たとき、「ホップ・サーチ」という捜査手法が話題になった。この手法は、理屈の上ではコンピュータの登場前から可能だったが、現実的には大量監視の時代になってはじめて実現したものだ。

NSAがアリスという女性に関心をもっているとしよう。NSAはアリスのデータを収集し、それに続いてアリスが連絡を取っている人物すべてのデータを収集し、その人たちが連絡を取っている人物すべてのデータも収集し、さらにその人たちが連絡を取っている人物すべてのデータも収集する。ここでは、最初の標的であるアリスから3回のホップ（跳躍）をへた人物まで調べられている。NSAは、最大で「スリー・ホップ[26]」先まで調査していた。

ホップ・サーチの狙いは、人間関係を明らかにし、陰謀をあぶり出すことにある。この捜査で監視対象者の連絡先として浮上する大多数は、潔白の人物だったり、誰もが電話をするような通話先[27]（留守番電話サービスや宅配ピザ業者やタクシー会社など）だったりする。データから意味のある結論を引き出すためには[28]、こうした連絡先を除外しなくてはならない。

NSAの文書によれば[29]、2013年のある1日の「継続中の監視対象者」は11万7675人を数えた。その1人ひとりが連絡を取る人数を控えめに見積もり、複数の監視対象者の連絡相手として重複して浮上する人の数を多めに考えても、監視された人の数は軽く2000万人を超えただろう[30]。誰がその監視対象になっても不思議でない。「6次の隔たり」という言葉でよく表現されるように、私たちの大半は、人間関係をたどれば、世界の誰から出発しても、せいぜい6人くらい介するだけでたどり着けてしまう。2014年、バラク・オバマ大統領[31]は、あるプログラムでNSAが集めた電話通話のメタデータから出発するホップ・サーチを「ツー・ホップ」先までに限ることを決めたが、それ以外のデータに関しては制限を設けていない。

さまざまなメタデータは、人間関係を明らかにする上で大きな威力を発揮する。ほとんどの人はインターネットを通じて社交しており、その人の人間関係はインターネット上にあらわれる[32]。人間関係の把握は、フェイスブックも試みていることだ。フェイスブックにアクセスしているとき、フェイスブック上でまだ友達になっていない知人を「知り合いかも？」とズバリ言い当てられて、背筋が寒くなった経験は誰もがあるだろう。それに、フェイスブックがとりわけ大きな成功を収めている広告プログラム[33]の1つは、あるページや商品に「いいね！」をした人だけでなく、その人の友達や、その友達にも広告を表示するプログラムだ。

ある行動を取った人物をすべて洗い出す

すべての人のデータを集められれば、ある行動を取った人物をすべて洗い出すことが可能になる。あるゲイバーの常連客や、あるテーマに関する情報を読んだ人物、特定の政治信条の持ち主をすべて把握できてしまう。企業は、この種のことを日常的におこなっている。大量監視データをもとに、特定の属性をもった人物を売り込み先としてリストアップしたり、あるテーマについて文章を発表したことがある人を探して採用候補者を見つけたりしているのだ。

要するに、氏名やＩＤナンバー、電話番号などの個人特定情報以外を手がかりに、人探しができるのである。たとえば、グーグルは広告ビジネスのために[34]、特定のキーワードですべてのＧメールのデータを検索し、そのキーワードが含まれる電子メールをやり取りしていた人物をリストアップしている。同じようなことは、ＮＳＡもやっている[35]。「アバウト検索」と呼ばれるものだ。簡単に言うと、すべての人の通信内容を対象に、特定の人名やキーワード、ときには特定のフレーズで検索をおこなう。

アリスのデータや、アリスからツー・ホップ、スリー・ホップ以内にいる全員のデータを調べるだけでなく、あらゆる人の通信内容のデータベースを検索して、アリスの名前に言及しているものを探すのだ。個人名がわかっていなくても、場所の名前やプロジェクトの名称、ある人物が用いていた暗号名などをもとに検索をかけることもできる。たとえばＮＳＡは、主だったインターネット・プライバシー保護ツールと匿名性保護ツールについて検索した人物[36]を把握しようとしている。

詳しいことは明らかになっていないが、ＮＳＡは、電話のやり取り以外[37]で結びつきのある人もホップ・サーチの対象にする場合がある。標的となっている人物と同じ場所[38]にいたり、同様の通話パターンを示したりする人も対象にされるかもしれない。このような捜査が可能になったのは、すべての人のデータが手に入るようになったからだ。

大量監視データを活用すれば、氏名不詳者の素性も特定できる。ある晩にあるレストランにいて、3日後の午後にある駅にいて、その翌朝にある水力発電所にいた人物の素性を知りたいなら、すべての人の携帯電話の位置情報を記録したデータベースを検索して、3つの時点にこの3つの場所にいた該当者をリストアップすればいい。

異常な行動を取った人物をあぶり出すことも可能だ。NSAは携帯電話データを活用して、次のようなことをしている。

1　携帯電話の位置情報をもとに、標的の人物と居場所が重なり合う人たち[39]を特定する。NSAがアリスという人物に関心をもっているとしよう。その場合、ボブがある晩アリスと同じレストランにいて、1週間後に同じコーヒーショップにいて、1カ月後に同じ空港にいれば、監視システムは、ボブがアリスの知人かもしれないという注意喚起をする。ボブとアリスが電子的手段で連絡を取り合っていなくても、である。

2　アメリカ国外にいる情報機関工作員が所持している携帯電話[40]の所在地を追跡し、その近辺にたびたび所在する携帯電話がないかを調べる。工作員が尾行されていないか確認するためだ。

3　携帯電話のメタデータを総ざらい[41]して、電源が入れられてしばらく使われたのち、電源が切られてそのまま使われていない電話を特定する。そして、そのような携帯電話に関して、電話の使用パターンをもとに、同じ人物が順次使用したと思われる電話を割り出す。これは、監視の目をくぐり抜けようとする人物が使用したプリペイド式携帯電話（「バーナー・フォン」と呼ばれる）を特定するためだ。

4 誰が携帯電話の電源を切り、[42]どれくらいの時間その状態にしていたかというデータに基づいて、同じ場所で同じ時間に電源を切っていた人たちを特定する。秘密の会合を突き止めるのが狙いだ。

携帯電話の位置情報を使って、ウクライナ政府が反政府集会の参加者を特定し、ミシガン州の警察が労働組合の抗議活動予定地の近辺にいた人物をすべて洗い出そうとしたことは、別の章で述べたとおりだ。ＦＢＩは、ほかに手がかりがなくても、[43]携帯電話の位置情報だけをもとに、ある人物の用いた携帯電話を特定している。

ある意味で、企業も似たようなことをしている。マーケティングの一環として、「ジオフェンシング」というテクノロジーにより、店舗のそばにいる携帯電話利用者を明らかにし、その人に向けて広告を送信しているのだ。たとえば、プレイスキャスト社[44]は、スターバックスやＫマート、サブウェイといった企業の依頼を受けて、アメリカとイギリスで１０００万人に位置情報連動型の広告を配信している。マイクロソフト[45]もナインス・デシマル社と手を組んで、一部の自社店舗から10マイル（約16キロ）以内にいる人たちに広告を送っている。一方、センス・ネットワークス社[46]は、携帯電話の位置情報から個人の立ち回り先を把握し、それに基づいてその人のプロファイル（個人の性質や傾向）を描き出している。

別々のデータをつなぎ合わせる

自動車ナンバープレートの読み取りデータを集めているビジラント・ソリューションズ社[47]は、そのほかの自動車特定のためのアルゴリズム、顔認識システム、ほかのデータベースの情報と組み合わせることで、自社が収集したデータの増強を計画している。実現すれば、ナンバープレート読み取りデータだけの場合より、はるかに強力な監視プラットフォームができあがる。どんなに膨大な量のナンバープレート読み取りデータをかき集めても、そこまで充実した監視体制は築けない。

大量監視について報じられるときは、データ収集の側面ばかりが論じられ、複数のデータの関連づけ[48]という側面が見落とされがちだ。大量監視の下では、ある人物に関する異なるデータが集約されて、その人物についてなんらかの推論が導き出されていることを忘れてはならない。将来、高性能のカメラを搭載した安価なドローンが大量に空を飛ぶだけではない。カメラを搭載したドローンと、顔認識ソフトウェア、そしてタグづけされた写真を大量に収録したデータベースが組み合わさり、人物の自動的な特定が可能になるだろう。顔認識ソフトウェアが写真のデータベース（写真は、運転免許証やフェイスブック、新聞記事、卒業アルバムなどから収集する）を参照し、個人を特定するのだ。しかも、そうした人物特定情報がほかの膨大な数のデータベースと照合されるようになり、それらのデータすべてを永久に保管することも可能になる。網羅的監視は、このように、いくつもの大量監視データが結びつけられることによって実現するのである。

私は、ロンドンの公共交通機関で使う非接触型ICカードの「オイスター・カード」[49]をもっているが、クレジットカード機能は利用せず、面倒でも現金でカードに入金し、自分の素性が知られないようにしている。それでも、ロンドンを訪れた人物とその来訪日が記されたリスト（航空会社やクレジットカード会社、携帯電話会社、インターネット接続業者などが情報をもっているはずだ）と、オイスター・カードの利用情報を照らし合わせれば、カードの利用者が私だと特定できてしまうだろう。過去何回ものカード利用日とロンドン来訪日がすべて完全に一致する人物は、おそらく私1人だけだ。つまり、私としてはロンドンの地下鉄《アンダーグラウンド》を隠密裏に動いているつもりでも、すべてが把握されている可能性があるのだ。

エドワード・スノーデンは、アメリカのNSAに相当するカナダの政府機関であるカナダ通信安全保障局（CSEC）の興味深い調査プロジェクトを暴露している。それは、監視を逃れようとしている人物をあぶり出すうえで、さまざまなデータを照合することがいかに有効か[50]を浮き彫りにするものだ。

あるとき、「トレードクラフト・デベロッパー」というオシャレな肩書きをもつCSECの研究員が2週間分のインターネット上の個人特定データを入手した。主として、さまざまなウェブサイトにログインした人物のユーザーIDのリストである。この研究員は、多くのワイヤレスネットワークのIPアドレスと所在地を集めたデータベースもすでにもっていた。この2つのデータベースを突き合わせれば、ワイヤレスネットワークからログインした人物のユーザーIDを、ワイヤレスネットワークの所在地と結びつけられる。

それをもとに、人物の居場所を突き止めることが可能だと、研究員は考えた。監視対象者のユーザーIDがわかっていれば、その人物が空港なりホテルなりのワイヤレスネットワークを利用した際に注意喚起がなされるように設定し、その人物の移動経路を把握できる。また、いくつかの日時にそれぞれ特定の場所を訪れたことがわかっている人物の素性を特定することもできる。

過去に3度、それぞれ別の場所の公衆電話から氏名を名乗らずに電話してきた人物がいたとしよう。電話の日時と公衆電話の場所はわかっている。この場合、その人物がスマートフォンを持ち歩いていて、それが自動的に近くのワイヤレスネットワークにアクセスしていれば、問題の日時に問題の場所でネットワークにログインしたスマートフォンのユーザーIDを洗い出すことにより、おそらくその人物を特定することが可能だ。かなりの確率で、すべてに該当するユーザーIDを1つに絞り込めるだろう。

カーネギー・メロン大学の研究チーム[51]も同じようなことをしている。公共の場にカメラを設置して、通行人の画像を撮影する。そして、顔認識ソフトウェアを利用して、フェイスブック上で公開されているタグづけされた写真のデータベースとその画像を照合する。さらに、それにより判明した氏名でほかのデータベースの情報を検索する。これをすべて同時におこなうことによって、カメラの前を通りかかった人物の個人データをリアルタイムでディスプレーに表示することに成功した。スマートフォンのカメラ機能やグーグル・グラスのような機器を使えば、多くの人がこのテクノロジーを簡単に利用できるようになるかもしれない。

さまざまなデータを結びつけることは、簡単な場合もあれば、難しい場合もある。携帯電話は、氏名およびクレジットカード情報と結びついているので、データの照合が簡単だ。それに対し、電子メールアドレスは、（本人や通信相手がメール本文で名前に言及していなければ）氏名と結びついているとは限らない。イニシエート・システムズ社のように、複数のデータを照合するためのソフトウェア[52]を政府機関と民間企業に販売する企業も登場している。企業は、人々のオンライン上の行動と現実世界での行動も照合するようになった。たとえばフェイスブックは、アクシオムやイプシロンといったデータブローカーと組んで、人々の小売店での購買行動のデータ[53]をオンライン上のプロファイルに反映させようとしている。

さまざまなデータを照合できれば、可能なことは大きく広がる。たとえば、病院のカルテがなくても、人の健康状態を把握できるようになるだろう。クレジットカードとスーパーマーケットのポイントカードのデータを見れば、ある人がどのような食品やアルコールを購入し、どういう店で外食したかがわかる。スポーツジムの会員になっているかも、薬局でどのような市販薬を買っているかもわかる。スマートフォンのデータがあれば、ジムに通っている頻度を、活動量計のデータがあれば、ジムでの運動のレベルを知ることができる。ウェブサイトのアクセス履歴を見れば、どのような医学用語を検索したかもわかる。エグザクト・データ社[54]のような企業は、そうした手法により、オンライン上で恋人を探している人や、ギャンブルをしている人、不安や失禁、勃起不全（ＥＤ）に悩まされている人のリストをつくり、販売している。

匿名の壁が突き破られる

強力な組織が電子通信インフラの多くの部分で通信傍受をおこない、さまざまな監視データを照らし合わせれば、素性を隠そうとしている人物の正体を突き止められる場合も多い。実例を4つ紹介しよう。

1　多くのアメリカ政府機関とアメリカ企業へのサイバー攻撃に関与した中国軍のハッカー[55]たちの素性が特定された。サイバー攻撃に用いたのと同じ機器を用いて、フェイスブックにアクセスしていたためだ。

2　世界の多くの政府機関や企業のネットワークにサイバー攻撃を仕掛けたとされるハッカー集団「ラルズセック」の幹部ヘクター・モンセガー[56]が2011年、素性を特定されてFBIに逮捕された。モンセガーは、ほとんどの場合は万全なセキュリティ対策を講じ、素性を隠すために匿名のリレーサービスを使って通信していたが、一度だけミスを犯した。オンラインチャットでうっかり漏らした情報により、愛車が映ったユーチューブの動画が発見され、そこからフェイスブックのアカウントも突き止められてしまったのだ。

3　CIAの長官を務めていたデーヴィッド・ペトレアスと不倫関係にあったポーラ・ブロードウェル[57]という女性も、慎重に身元を隠していた。ペトレアスと連絡を取り合うために匿名のメールアカウントを開設し、そのアカウントには自宅のネットワークからアクセスせず、もっぱらホテルなどのネットワークを利用していたのである。しかし、FBIがそのアカウント発の嫌がらせメール事件を捜査した際、アカウントが利用された複数のホテルの宿泊者データを調べたところ、そのすべてに共通する名前としてブロードウェルが浮上した。

4

ハッカー集団「アノニマス」のメンバー[58]「w0rmer」は、アメリカの捜査機関のウェブサイトをハッキングした疑いで捜査当局から追われていた。この人物は匿名でツイッターを利用していたが、そのアカウントの投稿でリンクを張ったウェブサイトに、女性のバストの写真が載っていた。調べてみると、その写真はiPhoneで撮影されたもので、写真に記録されたGPSデータにより、撮影地がオーストラリアのある家だと判明した。また、「w0rmer」の名義で投稿された別の写真から、この人物が「ヒジニオ・オチョア」という名前も用いていることがわかった。警察がオチョアのフェイスブックページを見つけたところ、オーストラリア人のガールフレンドがいることが明らかになった。そのガールフレンドの写真とバスト写真の女性が同一人物だと確認できたことで、警察は、オチョアが「w0rmer」だと断定し逮捕した。

網羅的監視が実行されている状況では、インターネット上で匿名性を守り通すことは不可能に近い。せっかく匿名でオンラインサービスを利用していても、一度でもプライバシー保護機能を作動し忘れたり、自分の素性に結びつくリンクをクリックしたり、素性に関わる言葉を入力したりすれば、永久にあなたの名前がそのアカウントと結びつけられてしまう。強い意志に基づいた捜査で狙い撃ちにされれば、専門的な訓練を受けた情報機関の工作員でもプライバシーと匿名性を守ることは難しい。そこまで徹底したセキュリティ対策は、誰にも実行できないのだ。高度な訓練を受けていたイスラエルの暗殺チーム[59]でさえ、ドバイの市内に張り巡らされた監視カメラ網の画像により、たちまち身元を特定された。

なかには、きわめて大勢の人間のデータが出回っているので、素性を特定される可能性は乏しいと考える人もいる。言ってみれば、大量のデータの大海のなかに身を隠せるという発想だ。ほとんどのデータは素性と結びついていないと思っている人も多い。しかし、こうした考えは甘い。データ匿名化のテクニック[60]の大半は破られる。驚くほどわずかな情報を手がかりに、身元を明らかにできるのだ。

オンラインサービス大手のアメリカ・オンライン[61]（ＡＯＬ）は２００６年、65万７０００人のユーザーの３カ月間にわたる検索データを公開した。検索件数は、合計２０００万件に達した。そのデータを研究者に役立ててもらおうという意図だった。その際、ＡＯＬはユーザーのプライバシーを守るために、氏名を通し番号に差し替えた。「ブルース・シュナイアー」に「６０８４２９」という番号を割り振るといった具合だ。しかし、ＡＯＬは驚かされることになる。研究者たちは、１人ひとりの検索履歴に含まれるさまざまな要素をつなぎ合わせることにより、個々の番号の主の氏名を突き止めてしまったのだ。

ＤＶＤレンタルと映像ストリーミング配信をおこなうネットフリックス社[62]は２００８年、50万人のユーザーによる１０００万点の映画レーティングのデータを匿名化したうえで公開した。その目的の1つは、ユーザーへの映画推薦のシステムを改善するためのアイデアを公募することにあった。しかし研究者たちは、匿名のはずのユーザーを特定することに成功した。ネットフリックスの匿名データにおけるレーティング評価および投稿日時のデータと、「インターネット・ムービー・データベース（IMDb）」で公開されているレーティングおよび投稿日時のデータと照らし合わせたのだ。

特殊なケースだと思うかもしれない。しかし、複数のデータを照合する余地があるケースは、あなたが思っているよりも多い。[63] たとえば、電話利用記録の匿名データは、カタログ通販業者の電話注文データベースと照合することにより、ある程度まで非匿名化できる。アマゾンに投稿されるカスタマーレビューも、匿名のクレジットカード購買データを非匿名化するのに役立つケースがあるかもしれない。

コンピュータ科学者のラターニャ・スウィーニーが1990年のアメリカ国勢調査の匿名データを調べたところ、人口の87％（2億4800万人のうち2億1600万人）は、5ケタの郵便番号と性別、生年月日がすべて同じ人が自分以外に1人もいない。約半分の人[64]は、郵便番号までわからなくても、居住している市や町などの名前と性別、生年月日だけで、1人に絞り込める。2000年の国勢調査データをもとに、同じ結論を導き出した研究者たち[65]もいる。

ユーザーのネット検索データをもっているグーグルなら、匿名で公開されたオンラインショッピング購買データを非匿名化できるかもしれない。医学用語の検索データを参照すれば、匿名で公開された医療データも非匿名化できる可能性がある。逆に、詳細な顧客データと購買データを保持している小売業者は、大規模な検索エンジンの検索データの一部を個人特定できても不思議でない。複数の企業のデータベースを手中に収めているデータブローカーなら、データベースの情報の大半を非匿名化できるかもしれない。

家系図サイトやその他のデータと照らし合わせて、匿名の遺伝子データの主を特定[66]することも実現している。1930〜40年代に実施されたアメリカ人の性行動に関する調査をまとめた「キンゼイ・レポート」のデータすら[67]、安全とは言えない。この調査では協力者の匿名性を守るために細心の注意が払われたが、ラケル・ヒルという研究者は2013年、調査協力者の97%以上を個人特定できると発表した。

驚いた人も多いかもしれないが、個人を特定するのに必要なデータの数は、一般に考えられているより少ない[68]。私たちがみんな似たり寄ったりなのは確かだが、1人ひとりは唯一無二の存在でもある。大ヒット映画の上位100本を除けば、私たち1人ひとりが観る映画のリストはきわめて個性的だ。同じことは、読書やオンラインショッピング、電話の使用、ネット検索にも言える。誰と関わりをもっているかによっても[69]、個人を特定できる場合がある。位置情報により個人を特定できることも明らかだ。携帯電話の位置情報を通じて1日24時間・週7日の所在地がわかれば、いとも簡単にその人の素性を突き止められる。というより、そこまで大量のデータは必要ない。アメリカ人の95%は、4件の所在地・所在日時情報[70]だけで氏名を特定されるという。

すぐ思いつくような対抗策では、こうしたことを防げない。企業はデータを匿名化するために、一部のデータを取り除いたり、時間情報を変更したり、氏名と差し替えた通し番号にわざと誤りを挿入したりしている。しかし、この種の措置[71]は、データの非匿名化の手間をほんの少し増やす効果しかない。

そのため、個人特定情報（PII）の概念に基づく個人情報保護の規制[72]は効果がない。たいていは、氏名やアカウント情報など、個人を直接特定できる情報を個人特定情報と位置づけ、特別の規制を課すことがおこなわれる。しかし、ここまで述べてきたように、大量のデータがあれば、そこから個人を特定することが可能だ。たとえ匿名のデータでも、あなたに関する情報が多く入手されればされるほど、あなたは個人特定されやすくなる。

私たちはおおむね、サービスを利用している企業のプライバシー・ポリシー以外に、とりたてでプライバシー保護のためにテクノロジーや数学的手法を駆使していない。しかし、前述のように、データを扱う企業が氏名を通し番号に差し替えたところで、効果は限られている。その程度の対策では、データが収集され、ほかのデータと照合され、活用されることを防げない。それに、私たちはどうしても、匿名の――その「匿名性」は脆いものなのだが――データと自分の氏名を結びつけるような行動を取ってしまう。

誰もがつねに私たちのデータを集めている網羅的監視の時代に、匿名性を守ることは非常に難しい。匿名性を保護するためにもっと強力な手法を考案するか、さもなければ、匿名性そのものを諦めるしかない。

第4章 監視ビジネス

私たちが利用するシステムは、サービスの提供と引き換えに私たちを監視する。最近は、これがインターネットの成り立つ仕組みとなる。無料のサービスを利用するとき、あなたはオンラインサービスの顧客ではなく、商品なのだ。アル・ゴアはそうした状況を「ストーカー経済」と呼んだ。

携帯電話の機能の充実ぶりには、目を見張るものがある。最近は、携帯電話で時間がわかるので、腕時計をする人がめっきり減った。たいていカメラ機能もついているので、カメラを持ち歩く必要もない。

アンドロイドOSのスマートフォンで使える無料懐中電灯アプリ「ブライテスト・フラッシュライト・フリー」[1]は、カメラフラッシュやその他のさまざまな使い方ができる便利なアプリだ。ユーザーがダウンロードサイトに寄せたレビューによれば、ハロウィーンの夜に子どもたちが近所を回ってお菓子をもらうときにも役に立つとのことだ。しかし、このアプリには、ユーザーの知らない機能が1つ搭載されていた。ユーザーの位置情報を収集[2]していたのである。

そのデータは、広告業者に販売されていたという。

　問題は、これだけにとどまらない。このアプリをリリースしたゴールデンショアズ・テクノロジーズ社のプライバシー・ポリシーは――実際に読む人がどれだけいるかはともかく――積極的にユーザーをあざむいていた。収集した一切の情報を利用する旨は記していたが、情報を第三者に売却するとは述べていなかったのである。また、ユーザーは利用する前にライセンス規約――これもほとんどの人は読まない――への「同意」をクリックするものとされているが、このアプリは、ユーザーが同意する前から位置情報の収集と送信を始めていた。

　2012年にこの事実が暴露[3]されたとき、5000万人のユーザーは強いショックを受けた。アメリカ連邦取引委員会[4]（FTC）も対応に乗り出し、ゴールデンショアズ社に詐欺まがいの手法を是正させ、収集済みのデータの削除を命じた。しかし、同社が制裁金を科されることはなかった。アプリが無料だったためだ。

　もし、政府が国民全員に追跡装置の携帯を義務づける法律をつくったらどうなるか？　ただちに憲法違反だと言われるだろう。そのくせ、私たちはどこへ行くときもスマートフォンを持ち歩く。もし、地域の警察が住民に対して、新しい友達ができるたびに報告するよう求めれば、みんないっせいに反発するだろう。ところが、私たちはフェイスブックに交友関係を逐一報告している。もし、情報機関が会話と通信の内容をすべて提出するよう要求してくれば、みんなそれを拒むだろう。それなのに、私たちはその種の情報を電子メールサービス業者や携帯電話会社、SNS業者、インターネット接続業者に提供する。

このように、いまおこなわれている監視の大多数は民間企業によって実行されている。それがまかり通っているのは、私たちが同意したものとされているからだ。しかし、私たちは十分な知識に基づいて同意を決めているわけではない。サービスの恩恵に浴したいから、あるいは、監視込みでサービスが提供されていて、実質的にそれを受け入れるしか選択肢がないから、というのが実情だ。序章で言及した「取引」とは、こうした関係のことである。

本章では主としてインターネット上の監視をテーマにするが、見落としてはならないことがある。それは、今日あらゆるものがインターネットと結びついているということだ（現時点でそうでないものも近い将来そうなる）。つまり、インターネットを監視するとは、インターネットと結びついた今日の世界全体を監視することと変わらないのである。

インターネットでおこなわれる監視

企業がインターネット上で監視をおこなう主たる目的は、データを広告に利用することだ。市場調査や顧客サービスのためという側面もあるが、それはあくまでも副次的な目的にすぎない。最大の目的は、あなたにもっと効率的に商品を売り込むことなのだ。

インターネット上の監視は、「クッキー」を用いて実行されてきた。ほのぼのした印象がある言葉だが、「永続的識別子」という専門的な呼び名のほうが実態をはるかに的確にあらわしている。クッキーは元々、監視の手段として生まれたものではない。ネット閲覧を円滑にするために考案されたものだ。ウェブサイトは本来、同じ人が時間を置いてまたアクセスしても同一人物と認識できない。それどころか、1回アクセスしたときに複数回クリックした場合も、同じユーザーがクリックしたと判別できない。この問題を解決するのがクッキーだ。クッキーはウェブサイトからユーザーのコンピュータに送信されるデータで、それぞれに固有の番号が割り振られている。ウェブサイトは、その番号で個々のユーザーを特定する。たとえば、あなたがアクセスしたオンラインショッピング・サイトがクッキーを用いていれば、あなたは2度目以降のアクセス時に、その都度「私は608431番の顧客です」などと名乗っていることになる。ウェブサイトは、その番号を手がかりにあなたのアカウントを参照して購入候補商品リストを保存し、次回のアクセス時に過去の購入内容を覚えておける。

しかし、企業はほどなく、自社以外のウェブサイトのページ上にもクッキーをセットできることに気づいた（この場合は、ウェブサイト所有者の承諾を得て、代金を支払っておこなう）。これが「サードパーティー（第三者）クッキー」だ。ダブルクリック社（2007年にグーグルが買収）のような企業がこれを用いて、ユーザーがあちこちのウェブサイトで取る行動を追跡[6]しはじめた。そして、その詳細な情報をもとに、1人ひとりのユーザーを狙い撃ちにした広告がウェブ上で表示されるようになった。特定の自動車の車種や特定の観光地、特定の病気の症状についてインターネットで調べると、その後しばらくは、さまざまなウェブサイトにアクセスするたびに、その自動車や観光地、症状に関係した医薬品の広告を見せられる。

この仕組みにより、ぞっとするくらい強力で網羅的な監視体制ができあがり、それが莫大な利益を生んでいる。あなたは、インターネット上のほぼすべての場で追跡されている。多くの企業とデータブローカーがあなたの行動を監視しているのだ。1つのウェブサイトを通して10社が監視をおこなっているケースも珍しくない。フェイスブックは、「いいね！」ボタンを置いているウェブサイトすべてであなたを追跡している（あなたがフェイスブックにログインしていようといまいと関係ない）。グーグルも同様に、「グーグル＋1」ボタンを置いているすべてのウェブサイトで、そして、アクセス解析のために「グーグル・アナリティクス」を利用しているすべてのウェブサイトであなたを追跡している。

あなたを追跡している企業のほとんどは[7]、おそらくあなたが名前を聞いたこともない会社だ。ルビコン・プロジェクト、アドソナー、クァントキャスト、パルス360、アンダートーン、トラフィック・マーケットプレイスなどである。どのような企業が自分を追跡しているか知りたければ、クッキーを監視するためのブラウザ・プラグイン[8]をインストールすればいい。きっと目を見張らされるだろう。ある記者は[9]、自分が36時間に105社の企業によってインターネット上の行動を監視されていたことを思い知らされた。一見すると人畜無害な辞書サイトの「ディクショナリー・ドット・コム」[10]も、2010年にユーザーのブラウザに200を超すクッキーをインストールしていた。

スマートフォンの状況も似ている。さまざまなアプリがユーザーを追跡[11]しているのだ。アプリは、あなたの位置情報を把握し、ときにはアドレス帳やカレンダー、ウェブサイトのお気に入り、検索履歴のデータも入手する。ラッパーのジェイZとサムスン社[12]は2013年、発売前のアルバムをアプリの形で無料配布した。このアプリは、スマートフォンにダウンロードすると、その端末を使うすべてのアカウントの情報、位置情報、通話相手の情報などにアクセスするものだった。また、前述したように、人気ゲームアプリの「アングリーバード」[13]は、ユーザーがゲームをプレーしていないときでも位置情報を収集している。

コムキャスト社のようなブロードバンド通信事業者[14]も、ユーザーを監視している。現時点では主に楽曲や動画の違法ダウンロードを監視しているが、ほかの目的でも監視がおこなわれる日は遠くないだろう。通信大手ベライゾン[15]はマイクロソフトなどとともに、ケーブルテレビ用のセットトップボックスに室内を監視する機能をもたせようとしている。そうやって得た情報をもとに、1人ひとりに有効な広告を表示することが狙いだ。

巨大な「ビッグ・ブラザー」[16]が私たちの一挙一動に目を光らせるというより、数知れない「リトル・ブラザー」たちがひっきりなしに告げ口をする時代が訪れようとしているのである。

今日のインターネット監視は、昔よりはるかに執拗だ。ここでは、ちょっとした軍拡競争が起きている。あなたが使うブラウザは（グーグルの「クローム」ですら）クッキーをブロックしたり、削除したりする機能が充実しており、多くのユーザーはその機能を「オン」にしている。よく利用されているブラウザ・プラグインとしては、「ドゥー・ノット・トラック・ミー（DoNotTrackMe）」などがある。こうした動きに対抗し、インターネット監視業界が考案したのが「フラッシュ・クッキー」だ。簡単に言えばクッキーに似た性格をもつファイルで、アドビシステムズの動画再生ソフトウェア「フラッシュ・プレーヤー」によってユーザーのパソコンに保存される。ブラウザのクッキーを削除しても消去されないことが特徴だ。フラッシュ・クッキー対策としては、ブラウザの機能拡張プログラムとして「フラッシュ・ブロック」をインストールすることが有効だ。しかし、インターネット上で個人を追跡する手段はほかにもある。[17]「エバークッキー」「キャンバス・フィンガープリンティング」「クッキーシンク」といった聞きなれない名前で呼ばれるテクノロジーがそうだ。この種の追跡テクノロジーを用いるのは、マーケティング関係者だけではない。２０１４年、ホワイトハウスのウェブサイトがみずからのプライバシー・ポリシーに違反してエバークッキーを使用していたことが明るみに出た。こうした監視を遮断する方法については、第15章で述べたい。

クッキー自体は個人の素性を明らかにするものではないが、企業はほかのデータと照合することで個人を完全に特定する能力を高めつつある。なにしろ、私たちは多くのオンラインサービスで「名前」を名乗っている。ユーザーネームを使うケースも多いが、最近はユーザーネームと本名が紐づけられやすくなっている。たとえば、グーグルは「実名ポリシー」[18]の下、本名でのサービス利用を強制しようとしたことがあった。グーグル・プラスへの登録時に本名を用いることを必須としていたのだ（２０１４年に方針を撤回）。フェイスブックもユーザーに実名登録[19]を求めている。また、クレジットカードでオンラインショッピングをすれば、そのたびに、その取引に関わっている企業が設定したクッキーと本名などの個人情報が結びつく。スマートフォンでウェブサイトを閲覧すれば、（たとえウェブサイト側がそれを意図していなくても）その閲覧履歴もスマートフォンの所有者と結びつけられる。

「無料で便利」という魅力

監視がインターネット・ビジネスの主たるビジネスモデルの土台になっている大きな理由は、2つある。1つは、私たちが「無料《フリー》」を好むこと、もう1つは、私たちが「便利」を好むことだ。私たちが好んでいると言っても、そうしたサービスを用いないという選択肢は事実上ない。監視を受け入れるか、サービスを利用しないかの二者択一になっている。それに、監視は目に見えない場所でおこなわれるので、私たちはそれを意識せずにすむ。法律がビジネスの手法の変化に対応できていないために、こうしたことが起きている。

1993年まで、インターネットは完全に非商業的な空間だった。その時代に、「無料」がオンラインの世界の常識になった。やがて、はじめて営利サービスが登場すると、どうやって収益を得るかが大きな議論になった。このとき、すぐに明らかになったことがある。投資やポルノなどごく一部の分野を別にすれば、人々はオンラインサービスにごくわずかな金額[20]すら支払わないということだ。そうなると、テレビと同様、有効な収益モデルは広告しかない。そして、広告の収益性を高めるためには、監視が効果的だ。全員に同じ広告を見せるより、1人ひとりに合わせた広告を見せるほうが高い広告料金を取れるからだ。こうして、サービスの提供と引き換えに私たちのデータを収集して、そのデータを販売し、あとで膨大な量の広告を見せるという、形の上では無料のシステムが生まれたのである。

無料であることは、私たちの心理に特別な影響[21]を及ぼす。多くの心理学研究によると、人は無料のものについて合理的な判断ができない。どうしても、無料であることの価値を過大評価する。その結果、無料のものを必要以上に消費し、他人もそれを消費するよう背中を押す。「無料」は、正常な費用対効果の判断[22]をできなくさせ、私的なデータをそれに見合わない価値しかないもののために譲り渡させるのだ。

プライバシーの価値を過小評価する傾向に拍車をかけているのが、プライバシーに不安がないかのように印象づける企業側の戦略だ。あなたはフェイスブックにログインする際、どれだけ多くの私的なデータを同社に見せることになるかを考えずに、友達とメッセージをやり取りしている。朝起きれば、1日を通してどれだけ多くの企業に自分を追跡させることになるかを知らずに、携帯電話をもって出かける。

インターネット企業は、ユーザーのプライバシーを減らすことにより、自社の本当の顧客に提供するサービスを向上させている。フェイスブックは、一貫してそれを実践してきた企業だ。[23]プライバシー・ポリシーを頻繁に更新し、ユーザーのデータをより多く入手できるようにし続けている。アカウントの初期設定もたびたび変更し、[24]ユーザーの名前と写真、ウォールへの投稿、投稿する写真、「いいね！」の情報などの公開範囲を広げていった。グーグルも似たようなことをしてきた。[25]2012年には、プライバシー・ポリシーを大幅に変更し、検索、Gメール、ユーチューブ（グーグルの傘下のサービスだ）、グーグル・プラスなど、すべてのサービスのデータを集約して、個々のユーザーごとに蓄えるデータを一本化した。

やや異色なのがアップル[26]だ。あくまでも消費者向け製品の販売をビジネスとしている同社は、自社のオンライン・ストレージ・サービス「iCloud」に保存された電子メールや携帯メール、カレンダー、アドレス帳、写真などをのぞき見るようと思えばできるが、それはやっていない。iTunesストアの購買データ[27]も、楽曲や動画の推薦のためだけに用いている。アップルは2014年後半以降、この点を他社との差別化要因として打ち出しはじめた。

　私たちがきわめて私的な情報を営利企業にいそいそ差し出し、監視の対象となることに甘んじるもう1つの理由は、利便性だ。監視を土台にしたサービスは有益だし、大きな価値がある。その点は、私も繰り返し指摘してきた。アドレス帳やカレンダー、写真や文書、その他すべてのデータにどのマシンからでもアクセスできれば、私たちは便利に感じる。

　多くの人が楽しんで利用している「Siri」や「グーグル・ナウ」のようなスマートフォン向けのパーソナル・アシスタント機能は、ユーザーの情報を多く把握していればいるほど性能が向上する。友達と遊びに行くときには、ソーシャル・ネットワーキング・アプリが便利だ。地図情報のグーグル・マップ、レストランなどのレビュー情報のイェルプ、気象情報のウェザー、配車サービスのウーバーなどのサービスは、ユーザーの現在位置がわかっているほうがうまく機能する。オンライン上のコンテンツをあとでまとめて読めるように保存しておけるポケットやインスタペーパーなどのサービスの便利さを知ると、自分がなにを読んでいるか知られることなど、些細な代償に思えてくる。人によっては、自分の関心に合わせた広告が表示されることすら、歓迎するかもしれない。これらのサービスでは、監視が大きな恩恵をもたらしていることは紛れもない事実だ。

私たちは、企業がユーザーのデータを収集し、それを自社のサービスの質を向上させるために用いるぶんには、とくに問題にしない。企業による監視に文句を言うとき、アマゾンのお薦め機能をやり玉に挙げる人があまりいないのは、そのためだ。アマゾンはひっきりなしに、あなたの購買履歴やほかのユーザーの購買履歴をもとに商品を推薦してくる。しかしこれは、データを集めたのと同じ文脈でデータを利用しており、すべてが透明だ。アマゾンはこれにより大きな収益[28]を得ているが、人々はおおむねそれを受け入れている。それに対し、自分の知らないところで、承諾もしていないのに、データが売買され、利用されると、人々はとたんに抵抗を感じる。

データブローカー・ビジネス

企業による顧客の監視は、インターネットが登場してから始まったわけではない。インターネット以前、監視データを生み出す源《みなもと》は主に4つあった。

第1は、企業の顧客データだ。これは、部品メーカーが得意先の注文内容と発注担当者を記録したり、衣料品店が顧客のサイズや好みの仕立て方を記録したり、航空会社やホテルが常連客の利用歴を記録したりすることから始まった。それがやがて本格的なデータベースに発展し、企業は、顧客とはじめて接点をもってから購入にいたるまでの全過程を追跡するようになった。小売店がポイントカードを発行して値引きをおこなうのも、購買記録を取るのが真の目的だ。

eillance

最近は、大小さまざまな企業向けの顧客管理（CRM）システムも販売されている。

第2は、ダイレクト・マーケティングだ。当初はもっぱらカタログ通販の形を取っていたので、企業はカタログを送る郵便代を無駄にしないために、自社商品を購入する可能性がある人を把握したい。そこで名簿が作成されたが、緻密なものにはなりえなかった。年齢・性別のデータや、雑誌の定期購読状況、関係企業の顧客リストくらいしか情報がなかったからだ。

第3は、信用調査機関だ。信用調査機関は、個人の信用情報について詳細なデータを収集し、その情報を銀行などに販売する。銀行はそのデータをもとに、ある人に融資するか、金利をどのくらいに設定するかを判断する。ただし、この方法は情報収集にかかるコストが比較的高いため、クレジットカードの発行やアパートの賃貸契約など、大きな損失が生じるリスクがある場合以外は利用しにくい。

第4は、政府だ。政府は、国民の莫大な個人データを蓄えている。出生届けや死亡届、運転免許証登録、有権者登録、さまざまな許認可などのデータをもっているのだ。企業は次第に、こうした政府のデータを入手したり[29]、購入したりできるようになってきた。

信用調査機関とダイレクト・マーケティング企業が以上の4種類のデータを集約することにより、アクシオム社[30]のような現代的なデータブローカーが出現した。データブローカーは、あなたが取引をした[31]企業から個人データを購入し、それをほかのデータと組み合わせて、あなたのことを詳しく知りたい企業に販売する。この動きを後押ししているのがコンピュータ化の波だ。あなたが生み出すデータが多ければ多い[32]ほど、大量のデータを収集され、より正確なプロファイルを把握される。

データブローカーが収集している情報の量と質[33]には驚かされる。氏名、住所、電話番号、電子メールアドレス、性別、年齢、配偶者の有無、子どもの有無とその年齢、教育水準、職業、所得水準、支持政党、所有している自動車の車種、自宅やその他の資産に関する情報などをごっそり蓄えているのだ。あなたがいつ、なにを購入し、どのように支払いをしたかという情報ももっているし、家族の離婚や死亡、病気に関する情報ももっている。あなたがインターネット上で取るすべての行動のデータ[34]も集めている。

データブローカーは、こうしたデータに基づいて、あなたをさまざまなマーケティング上のカテゴリーに分類[35]する。「遺産を相続しそうな人」や「高齢の親がいる人」のリストが欲しい企業や、「糖尿病に関心がある家庭」や「高齢者向けの商品・サービスへのニーズがある家庭」の住所を知りたい企業は、アクシオム社から情報[36]を購入できる。

インフォUSA社[37]は、病気を患っている高齢者や詐欺に騙されやすい高齢者のリストを販売してきた。テレトラック社は2011年、無担保の短期小口融資など非従来型のローンに申し込んだことがある人のリストを、そうした人たちに悪質な金融取引を売り込もうとする業者に販売した。エクイファクス社[38]は2012年、住宅ローンの返済延滞者のリストを低利ローン業者に販売した。2つのケースは金融関連の情報だったため、データブローカーが連邦取引委員会（FTC）から罰金を科された。

しかし、それ以外のほとんどの情報は野放し状態だ。

パーソナライズド広告

私たちが利用するシステム[39]は、サービスの提供と引き換えに私たちを監視する。最近は、これがインターネットの成り立つ仕組みとなる。無料のサービスを利用するとき、あなたはオンラインサービス業者の顧客ではなく、商品なのだ。[40]アル・ゴア[41]元アメリカ副大統領はこうした状況を評して、「ストーカー経済が出現している」と述べた。

従来の広告の宿命は、広告を見る人の大多数がその商品に関心がないことだった。ビールを飲まない人にビールの広告を見せても意味がないし、自動車に興味がない人に自動車の広告を見せてもほぼ無駄に終わる。それでも、消費者を選別して広告を見せる方法はなかったので、企業は手に入るデータでできる限りの対策を講じるしかなかった。市場を地域ごとにわけてアプローチしたり、潜在的顧客にメッセージを届けるために、どの雑誌やテレビ番組に広告を出すのが最善かを推測したりするのが精いっぱいだったのだ。消費者動向の追跡は、社会全体、もしくは非常に大ざっぱなカテゴリーごとにしか実行できなかった。これはあまりに効率が悪い。「広告費の半分が無駄遣いに終わっているのはわかっている。問題は、どちらの半分が無駄なのかがわからないことだ」というのは、アメリカ小売業界の大物だったジョン・ワナメイカーのものとされている有名な言葉だ。[42]

網羅的監視は、そうした状況を一変させる可能性をもっている。誰が芝刈り機を欲しがっていて、誰がEDに悩んでいるかがわかれば、適切なタイミングで適切な人物に向けて広告ができるようになり、広告費の無駄を減らせる[43]（実際、芝生の手入れを請け負っている[44]ある企業は、航空写真で庭の状態を見てセールス先を決めている）。１人ひとりの潜在的顧客ごとにさらに詳しいことがわかれば――その顧客がどのような売り文句に説得力を感じ、どのような画像に引きつけられるかなど――広告の効率はいっそう高まる。

　これは、政治広告にも言えることだ[45]。選挙戦の戦い方がすでに変わりはじめている。バラク・オバマ[46]が２００８年と１２年のアメリカ大統領選でビッグデータと個別マーケティングを活用して目覚ましい効果をあげると、党派を問わず、ほかの政治家たちの陣営もあとに続いた。データを用いて効果的[47]に資金集め活動をおこない、１人ひとりの有権者に合わせた最適なメッセージを送り、さらにその有権者が（データベースの情報に照らして、自候補に投票してくれると判断できれば）投票に行くようはたらきかけるのだ。

　民間企業が蓄えている監視データ[48]は、誤りだらけのケースも多い。しかし、正確でなくても、データは有益な場合がある[49]。３回に１回の割合で誤った人物に広告を見せてしまうとしても、それは十分に効果的な広告キャンペーンと言える。重要なのは、標的の絞り込みが完璧であることではない。これまでよりはるかに質の高い絞り込み[50]ができればいいのだ。

　２０１３年、ある研究チームは、ツイッター・ユーザーの居住地[51]をかなりの程度言い当てることに成功した。用いた手法は、ほかのユーザーとの類似性を分析するというものだ。もっとも、成功したといっても、すべて完璧に的中させたわけではない。58％の確率で居住都市を当てただけだ。それでも、多くの場合、広告主にとってはこれで十分役に立つ。

eillance

とは言うものの、多くのデータから判断すると、監視に基づいた広告の効果は、過大評価されているように見える。[52]もちろん、1人ひとりの消費者が欲しいと思っている商品の広告を見せることは有効な方法だ。購入を検討しているタイミングで広告を見せられれば、効果はとくに大きい。グーグルの「アドワーズ」は、まさにそれを狙っている。これは、ユーザーがグーグル検索を利用した際、検索結果の表示ページに関連商品の広告を掲載するサービスである。「この商品を買った人は、この商品も買っています」という小売業者の売り込みも、同様の意図によるものだ。しかし、このような広告は、最小限の監視だけで実行できる。

問題は、収集するデータをそれ以上増やすことにどの程度意味があるのかだ。この点は定かでない。ある人について多岐にわたる個人データを得ることには価値がある。その人が同性愛者だとか、もうすぐ結婚するとか、南国への旅行を計画しているとか、どのくらい所得があるかといった情報があれば、広告の役に立つ。しかし、自動車会社にとって、あなたがコンバーチブルよりSUV（スポーツユーティリティ車）に関心があるという情報は非常に有益なものだが、あなたがグリーンの車よりブルーの車が好きだという情報にそれほど大きな価値はない。あなたに子どもが2人いて、片方はまだチャイルドシートが必要だとか、交通事故で子どもを1人亡くしているといった情報の価値は、[53]さらに乏しい。販売店は、前者のケースでは車内の広いSUVを推薦し、後者のケースでは安全性を前面に押し出してセールスするかもしれない。しかし、その情報がもたらす新たなメリットはずっと小さい。それに、あまりに個人をピンポイントで狙い撃ちにしたような広告は、不気味に思われてそっぽを向かれかねない。[54]

この点に関しては、ロボット工学の分野に、参考になる考え方がある。私たちは、いかにもロボットらしいロボットと、人間とまったく同じに見えるロボットには抵抗を感じないが、人間にかなり似ているけれど完全に同じではないロボットは、不気味に感じるというのだ。日本のロボット工学者、森政弘は、「不気味の谷[55]」という言葉でそれを説明している。テクノロジー批評家のサラ・M・ワトソンによれば、広告にも同じことが言えるのかもしれない。私たちは、標的の絞り込みが粗い広告[56]と、個人データを把握されていることをほとんど感じさせない広告は受け入れるが、自分が誘導されようとしていると感じたり、自己イメージに反する広告を見せられたりすると、不気味に感じる。

私たちが慣れれば、反応は変わるだろう。現状では[57]、インターネット上で私たちにつきまとうような広告は不気味と思われる場合が多いが、なにを不気味と感じるかは相対的なものだ[58]。それは状況によって変わってくる。当該のテクノロジーにどの程度なじみがあるか[59]に左右される面も大きいだろう。私たちの感じ方が変わるだけでなく、不気味さを緩和する努力が払われる場合もある。たとえばグーグルは、検索結果のページに表示する広告として、どのような広告を受けつけないかという、長大で複雑な規約を定めている。不気味という印象をユーザーにもたせないためだ。業者のなかには、ユーザーが所定のリンク[60]をクリックすれば、どうして自分がその広告を見せられるのかを知ることができるようにしているケースもある。ユーザーの不安を和らげることが目的だ。

逆に、パーソナライズド広告であることを隠そうとする企業もある。第3章で述べたように、スーパーマーケットチェーン大手のターゲット社は、購買パターンから妊娠中と判断できた女性顧客に、妊婦向け商品の広告や割引クーポンを送っていた。このことが新聞で報じられたあと、同社はパーソナライズド広告の送り方を変更した。ただし、妊娠中と思われる女性への広告送信をやめたわけではない。一般的な商品の広告のなかに、妊婦向けの広告を混ぜ込んで送るようにしたのだ。この方法なら、[61] 顧客は自分が狙い撃ちにされていると感じず、広告を不気味に思わない、という計算だ。

監視に基づいた広告の価値を考えるうえで、見落とせないことがもう1つある。世界が広告で溢れ返るようになり、1つひとつの広告の価値が小さくなっているのだ。第1に、広告の量が増加しても、私たちが使えるお金の量が増えるわけではない。自動車メーカーはみな、あなたが買う1台の自動車から利益を得ようと競い合っている。したがって、あなたが見る自動車広告の数が10倍に増えれば、1つひとつの広告の価値は10分の1に減ることになる。広告をたくさん見たところで、あなたが買う自動車の数は1台のままだからだ。

第2に、広告の増加にともない、私たちは広告を遮断することが上手になってきている。1970年代半ばにビデオレコーダーが普及しはじめたとき、テレビCMを流す企業は、映像を早送りして見たときにどう見えるかに気を配った。多くの人は、録画したテレビ番組を見るとき、CMを早送りしていたからだ。インターネット広告は、ユーザーの関心を引きつけるために、さらに複雑な戦いをしてきた。初期のインターネット広告と言えば、ウェブページの上部に表示されるバナー広告のことだった。しかし、私たちがそれを無視するようになると、ページ中央に広告が表示されはじめた。それも無視されるようになると、広告を明滅させたり、動画を流したりする手法が用いられるようになった。最近は、ますます広告が目障りになっており、私たちは広告を排除する工夫をしはじめた。そのために「アドブロック・プラス」[62]という拡張機能をインストールした人は、５０００万人を超す。

インターネット広告につぎ込まれる資金の総額は増えているが、こうした状況ゆえに[63]、１つひとつの広告の価値は急速に下落している。そうなれば当然、広告主が私たちのデータに見いだす価値も小さくなる。数年前、消費者の詳細なプロファイルには大きな価値があったが、多くの企業やデータブローカーがそのデータをもつようになり、いまではありきたりの商品[64]にすぎない。２０１３年のレポートによると[65]、１人のユーザーがグーグルにもたらす価値は年間40ドル、フェイスブック、リンクトイン、ヤフーの場合はわずか6ドルだ。そこで、グーグルやフェイスブックなどの企業は、私たちに対して求めるデータの量を増やし続けてきた。広告主に提供できるデータを増やし、ライバルと差別化するためだ。

ひょっとすると、インターネット広告ビジネスはすでに天井を打ち[66]、今後は収益性が落ちていくのかもしれない。そうなれば、いずれは1つのビジネスモデルとして持続不可能になりかねない。もし広告バブルが弾け[67]、監視に基づくマーケティングの有効性が否定され、インターネット企業がユーザーへの課金など旧来のビジネスモデルに戻らざるをえなくなったとき、インターネットはどのような世界になるのか？　この問いの答えは、誰もわからないだろう。

新しい中間業者の台頭

インターネット黎明期によく言われたのは[68]、中間業者が淘汰されるということだった。新聞社に1日のニュースを収集・選別し、読みやすい紙面の形で提供してもらう必要はなくなり、読者が自分であちこちのウェブサイトの情報を見て、自分の読みたいものを読むようになる。専門業者がさまざまな「お宝」を買い集めて店に並べるまでもなく、売り手と買い手がオンラインオークションのイーベイを利用して[69]直接つながるようになる。音楽のプロモーションと販売[70]、航空チケットの販売[71]、そしてある種の広告の分野[72]にも同様の変化が訪れる。これらの業界のいわば「門番」型のビジネスモデルは、テクノロジーの非効率性が残っていてはじめて成り立つものであり、インターネットの登場で状況は一変する――。そう言われていたのだ。

この指摘は、今日の世界にいっそうよく当てはまる。空き部屋を貸したい人と旅行者をつなぐオンラインサービスのエアビーアンドビーは、個人が大きなホテルチェーンと競争する道を開いた。タスクラビットは、簡単な雑用の仕事をしたい人と、そういう仕事を依頼したい人がつながりやすくした。エッツィ、カフェプレス、イーベイは、フリーマーケットに取って代わっている。ジローやレッドフィンは不動産会社を、イートレードは投資顧問会社を、ユーチューブはテレビネットワークを中抜きした。クレイグズリストは新聞の求人広告を、ホットワイヤーやトラベロシティは旅行代理店を迂回することを可能にした。

これらの新しい企業は、店舗や新聞、タクシー会社など、既存勢力の牙城を突き崩したが、売り手と買い手の間の情報の流れをコントロールすることにより、みずからが強力な中間業者になりつつある。次第に目につきはじめているのは、旧来の中間業者と新しい中間業者による市場の争奪戦だ。アップルのiTunesストアは音楽業界と、アマゾンは出版業界と、ウーバーはタクシー業界と戦っている。勝利を収めつつあるのは、新しい中間業者のほうだ。

グーグルのエリック・シュミット[73]は、こう述べている。「グーグルやフェイスブック、アマゾン、アップルなど、現代のテクノロジーを土台にしたプラットフォームは、たいていの人が思っているよりも強力だ。……その力の源泉は、成長する力、とりわけビジネスの規模を拡大させるスピードの速さである。自然界のウイルスを別にすれば、これほど速く、効率的に、そして貪欲に規模を拡大させる能力をもっているものはほかにまずない。この性質がこれらのプラットフォームを築き、支配し、活用する人たちに、強い力を与えている」

シュミットが言おうとしているのは、情報の中間業者が必然的にもつ独占的性格のことだ。さまざまな経済的要因[74]がはたらいて、情報ビジネスではどうしても先行者が有利に、後発者が不利になる。人々は最も規模の大きなネットワークに加わろうとし、いったん加わったネットワークからほかに移ることは難しい。そのため、新しい中間業者は、追い落とされた旧来の中間業者より強大な力をもつことになる。

たとえば、グーグルは、アメリカのネット検索市場の3分の2[75]を支配している。フェイスブックのアカウント[76]をもつ人は、アメリカのすべてのネットユーザーの4人に3人近く。アマゾンは、アメリカの書籍市場の[77]30％、電子書籍市場の70％を制している。コムキャストのシェア[78]は、アメリカのブロードバンド通信市場の約25%だ。これらの企業は、経済的に強い立場に立っているために、私たちに大きな力を振るい、私たちを強く支配している。

このような企業は、市場で支配的地位を守り、利益をあげるために、私たちのデータを収集して利用している。オンラインオークションのイーベイが誕生した頃、売り手と買い手がイーベイのシステム外で連絡を取り合うことは簡単だった。ユーザーはたいてい、互いの電子メールアドレスを知ることができたからだ。しかし2001年、イーベイ[79]はユーザーの電子メールアドレスを表示しないようにした。2011年[80]には、商品情報に売り手の電子メールアドレスやウェブサイトのリンクを載せることも禁じた。翌2012年[81]には、ユーザー同士がイーベイのシステムを介さずに連絡を取ること自体を禁止した。すべて、ユーザーがイーベイ内で築いた関係を外部に移しにくくし、強力な仲介者としての自社の地位を強化するためだ。

次第に、企業は自分たちの力を利用して、ユーザーの行動に影響を及ぼしたり、ユーザーを誘導したりすることも始めた。広告で利益を得ているウェブサイト[82]は、ユーザーに少しでも長くサイトにとどまってほしいので、コンテンツの「中毒性」を極力強くしている。また、ユーザーがパーソナライズド広告の不表示を選択できるように[83]しているウェブサイトは少なく、そうしたサイトもそのような選択が可能なことをわかりやすく示していない。企業がこれらの手法を私たちの私的なデータと結びつけはじめると、いっそう油断ならない状況が生まれる。

私たちが頼っている多くのインターネット企業と私たちの関係は、旧来の企業と顧客の関係とは違う。そもそも、私たちはこれらの企業にとって顧客ではない。私たちは、企業が本当の顧客に売る「商品」なのだ。私たちとインターネット企業の関係は、商業的な関係というより、封建的な関係と言った[84]ほうがいい。企業が封建領主、私たちが家来や農民、ひどい場合には農奴だ。私たちは企業の農地でせっせと働いてデータという作物を生み出し、企業がそれをよそで売って儲けている。

もちろんこれは比喩だが、そのように見えることが多い。一部の人はグーグルに忠誠を誓い、Ｇメールアカウントをつくり、グーグル・カレンダーやグーグル・ドキュメントを用い、アンドロイドＯＳのスマートフォンを持ち歩く。別の一部の人はアップルに忠誠を誓い、ｉＭａｃ、ｉＰｈｏｎｅ、ｉＰａｄを買い、ｉＣｌｏｕｄの自動同期機能でコンピュータ上のデータすべてのバックアップを取っている。マイクロソフトにすべてをゆだねている人もいるだろう。また、電子メールをほとんど使わず、もっぱらフェイスブックやツイッター、インスタグラムを連絡手段にしている人もいる。私たちは、自分の好みで領主を選んだり、複数の領主に忠誠心を分散させたり、嫌いな領主を徹底的に避けたりすることはある。それでも、どの領主にもいっさい忠誠を誓わないで生きることは、次第に難しくなってきている。

こうした領主の下で生きることにより、私たちは多くの恩恵にあずかっている。すべて自力でやるより、誰かにデータを保管し、機器を管理してもらうほうがよほど楽だし、安全だ。私たちは、誰かが機器の構成とソフトウェアの管理、データの保存をしてくれることを歓迎する。[85]そして、いつでもどこでも、どの端末からでも電子メールを用い、フェイスブックにアクセスし、デジタルカレンダーを見たい。写真や文書のバックアップを残すときは、自分で管理するより、クラウド上のストレージ・サービスを利用したほうが便利だ。それに、たとえばアップルは、iPhoneアプリのダウンロードサイトであるアップストアからマルウェア（不正なプログラム）を排除することにかなり成功している。私たちはセキュリティ・アップデートとデータの保存が自動的におこなわれると助かるし、これらの企業に任せたほうが私たちのマシンをうまく守れる。そしてなにより、スマートフォンを紛失して買い換えたとき、ボタン1つでデータをすべて復旧できれば心底ほっとする。

このコンピューティングの新時代に、私たちはみずからのコンピュータ環境を自力で管理するものとは想定されていない。私たちは封建領主たちに身を任せ、その領主が正当な扱いをし、危険から守ってくれることを期待する。こうした状況が生まれた背景には、テクノロジーに関する2つの潮流がある。

1つは、クラウド・コンピューティング[86]の普及だ。今日、私たちのデータは自分のパソコン上で保存・処理されるわけではない。多くの別々の企業が保有するサーバー上で、それはおこなわれる。その結果、私たちは自分のデータに対する支配権を失った。それらの企業は、私たちのデータ（コンテンツとメタデータの両方）にアクセスし、あらゆる営利上の用途に用いることができる。企業は細心の注意を払って利用規約を作成し、私たちがどのようなデータを保存できるかを決めている。違反があったと判断すれば、ユーザーのアカウントごと削除できる。本人に通知したり、了承を得たりせずに、捜査機関にデータを提供する[87]場合もある。もっとひどいケースだと、データ保護法制がお粗末な国に置かれたコンピュータにデータを保存している場合もある。

もう1つの潮流は、消費者向け機器の分野で、メーカーが緊密な管理下[88]に置く製品が増えていることだ。iPhoneやiPad、アンドロイドOSのスマートフォン、アマゾンのキンドル、クロームブック（グーグルのOSを搭載したノートパソコン）などである。この新しい傾向によっても、私たちは自分のコンピュータ環境を支配する力を失いつつある。コンピュータでなにを見て、なにをして、なにを用いるかの支配権がメーカーに譲り渡されたのだ。アップルのiOSを搭載した機器にインストールできるソフトウェアの種類は、アップルが決めている。[89]私たちはキンドルで自分の文書を読むことができるが、アマゾンは販売した電子書籍をキンドル上から削除できる。2009年、アマゾン[90]は著作権上の問題により、ジョージ・オーウェルのディストピア小説『1984年』の一部の版の電子書籍をユーザーのキンドルから自動的に削除したことがある。よりによってその作品が『1984年』だったとは、これ以上皮肉な話はない。

マイクロソフトとアップルは、パソコン用の有力なOSに関して、同様の方向に進んでいるように見える。両社は、自社のコントロールする店舗で正規版のアプリケーションを買うよう、ユーザーに促している。私たちのパソコンは、OSの新バージョンが発表されるたびに、こうした面でスマートフォン的になっているのだ。

これは、ハードウェアに限った話ではない。近年、ソフトウェアを購入して自分のパソコンで好きなように使うことも次第に難しくなっている。ソフトウェア企業のビジネスモデルは、定期購読型《サグスクリプション》モデル[91]に移行しつつある。アドビシステムズ[92]は2013年に、「クリエイティブ・クラウド」という新しいソフトウェアをこの方式で売り出した。ソフトウェア企業は、定期購読型モデルのほうが強い支配力をもてる。マイクロソフトは、従来の販売型モデルを捨てたわけではないが、ビジネス向け統合ソフト「マイクロソフト・オフィス」の定期購読型サービスの魅力を向上させようとしている。それに、マイクロソフトのクラウド上に文書を保管できる「オフィス365」のオプション機能は抗し難いほど魅力的だ。このように企業が定期購読型モデルの利用を促すのは、そのほうがユーザーから利益を生み出しやすいからである。

　現在の法制度では、企業を信じることが私たちにとって唯一の選択肢だ。一貫性と安定性のあるルールは存在せず、私たちは企業の行動をコントロールできない。たとえば、ヤフーが傘下の写真共有サイト「フリッカー」上の私の写真にアクセスする際のルールについて、私は同社と交渉する余地がない。ウェブベースのプレゼンソフト「プレジ」やスケジュール・タスク管理サービスの「トレロ」のデータについて、セキュリティの強化を要求することもできない。これらの企業がどのクラウド業者にインフラをアウトソーシングしているかもわからない。企業が政府に対して、私のデータへのアクセスを許していたとしても、異議申し立てはできない。これらのサービスを退会する場合[93]も、データを引き揚げるのは簡単でないだろう。

　政治学者のヘンリー・ファレル[94]はこう述べている。「私たちの生活の多くがオンライン上でおこなわれるということは、大企業の決めたルールの下でほとんど生きることを意味する。そうした企業は、厳重な規制を課されることもなく、市場で真の競争にさらされることもない」

「企業の仕事は利益を追求すること」という理由で、こうした企業の行動を擁護する人は多い。フェイスブックに入会したり、グーグルを利用したり、ｉＰｈｏｎｅを買ったりするのは、あくまでも個人の自由。ユーザーは、サービスや製品を利用することで大きな恩恵を得られると思っているから、みずからの選択により、企業と封建的な関係を結ぶ。いやなら、利用しなければいいだけのこと、というわけだ。

しかし、このアドバイスは現実的でない。自分のデータを収集されたくなければ、電子メールやフェイスブックを利用せず、オンラインショッピングをせず、携帯電話をもつなというのは、あまりに合理性を欠く。[95]大学生は、ネット検索とウィキペディアなしでは卒業までこぎつけられないだろう。ましてや、卒業後の職を見つけることなど無理な話だ。これらのオンラインサービスは、現代的な生活を送るために欠かせない道具になっている。キャリアを築き、社交するための必需品なのだ。ほとんどの場合、これらのサービスや製品を利用しないという選択[96]はありえない。今日の普通のライフスタイルを実践できなくなってしまう。

いくつかの企業から選べるとしても、それは、監視されるか監視されないかという選択ではない。どの領主の監視を受けるかという選択にすぎないのだ。

第5章 国家の監視と統制

今日の電子的監視は、冷戦時代とはまるで別物になっている。以前の監視とはもっぱら国家間で実行されるものだった。今日のそれは、こちらからコンピュータネットワークに侵入して悪意のあるソフトウェアをインストールし、ネットワークを乗っ取り、データを「退去」させる。

政府の監視の手がどこまで伸びているかを知るのは難しい。本書ではアメリカ政府を中心に論じるが、それは、アメリカが世界で最も大々的に監視を実行しているからではなく、(主としてエドワード・スノーデンのおかげで)活動の実態がある程度わかっている国だからだ。

アメリカの国家安全保障上の監視体制は、政治的にも法的にも技術的にもきわめて強力だ。スノーデンが暴露した文書[1]によれば、国家安全保障局(NSA)では少なくとも3つのプログラムがGメール利用者のデータを収集している。これらのプログラムは、3つの通信傍受技術を用い、3つの法的権限に基づき、3つの企業から協力を得ている。しかも、これはGメールだけの話だ。ほかの主要な電子メールサービスでの通信、それに、携帯電話の通話記録と位置情報、インターネット上のチャットに関してもほぼ同じことが実行されているのは間違いない。

　アメリカの情報機関の活動における監視の役割を理解するためには、NSAのグローバルな通信傍受活動の歴史と、情報収集活動の性質の変化について知っておく必要がある。これまでの歴史的経緯があるからこそ、NSAはアメリカ政府最大の通信傍受機関になっているのだ。

　NSAは、アメリカ政府の信号傍受と暗号解読の活動を1つの組織に束ねるために、1952年[2]にハリー・トルーマン大統領が設立した機関だ。同局はアメリカ軍の一部門と位置づけられ、当初はもっぱら対外情報収集に携わるものとされた。この任務は、東西冷戦の時代に重みを増していった。当時は、対立していたソ連の内部情報へのニーズがあり、電子的監視がそのために大きな役割を担っていたのだ。あらゆる情報がコンピュータで処理されるようになり、しかも電子的通信手段が普及するにつれて、電子的監視の役割はいっそう大きくなった。データ収集能力の向上と通信量の増加により、収集されるデータの量は増え続けた。

　もっとも、有益な情報も入手できたが、役に立たない情報も多く混ざっていた。それに、事実に関する情報[3]（ソ連の新しい戦車の特徴など）に比べると、相手の頭の中味に関する情報（最高指導者のフルシチョフが次にどう動くつもりかなど）を知ることは格段に難しかった。それでも、アメリカにとってソ連は冷戦時代の敵国だったので、集められる情報はすべて集めようとした。

　1980年代末〜90年代初頭に共産主義体制が崩壊すると、冷戦終結による「平和の配当」の一環として、NSAの対外情報収集の役割は縮小されると思われた。実際、しばらくはそのとおりになり、NSAはもう1つの使命、すなわち敵のスパイ行為から通信を守ることに力を入れはじめた。ＮＳＡは防衛的な役割が大きくなり、オープンな存在に変貌していったのだ。ところが、通信傍受活動の重要性を再び大きく高める出来事が起きる。２００１年にアメリカを襲った9・11テロ（同時多発テロ事件）である。「二度と起こさせない」ことは不可能だが[4]、それでもなにかを防ぐことを目指すなら、いま起きていることをすべて把握するしかない。そこで、ＮＳＡは全地球を監視下に置くようになった。

　昔の諜報活動は、政府間の戦いだった。世界各国が外国政府と外国の工作員をスパイしていた。しかし、敵がテロ組織の場合は事情が違う。決まった場所にいる外国政府の要人ではなく、どこに姿をあらわすかわからないテロリストを見張らなくてはならない。だから、今日の監視活動は、国内外のすべての人を監視対象にする。

　もちろん、政府が一般市民を監視するのは、最近始まったことではない。ソ連や東ドイツ、アルゼンチン、中国、キューバ、北朝鮮などの全体主義国家は、何十年も前からそれを実行してきた。アメリカでも１９６０年代と７０年代には、ＮＳＡとＦＢＩがありとあらゆるアメリカ人を監視していた。反戦活動家や公民権活動家、非暴力的な反体制政治団体のメンバーも対象にされた。ここ十数年は[6]、再び反戦活動家と非暴力的な反体制政治団体のメンバー、イスラム教を信仰するアメリカ人への監視の目が厳しくなっている。ＮＳＡが国際テロ組織アルカイダの工作員に目を光らせる中心機関になったからだ。

　監視の標的が広がっただけでなく、通信技術も大きく変化した。インターネットが普及する前の時代、外国の通信だけを選んで傍受することは簡単だった。中国のネットワークは中国の通信だけ、ロシアのネットワークはロシアの通信だけに用いられていたからだ。ロシアのペトロパブロフスクとウラジオストック[7]の間の海底ケーブルでやり取りされる通信を傍受するとき、アメリカのデトロイトとクリーブランドの間の電話通信が紛れ込む心配はなかった。

　しかし、インターネットの仕組みは違う。あらゆる人の通信が同じネットワークのなかに混ざり合っている。テロリストも普通の人と同じ電子メールサービス業者を使うし、ロシアやイランやキューバの政府の通信を伝送する電子回路は、あなたのもとに届くツイッターの更新情報も伝送しているかもしれない。ニューヨーク－ロサンゼルス間のインターネット電話がロシアの海底ケーブルを経由する場合もある。ブラジルのリオデジャネイロとポルトガルのリスボンの間の通信がアメリカのフロリダ州を経由する可能性もある。それに、グーグルはあなたのデータ[8]をカリフォルニア州マウンテンビューの本社内に保管しているわけではない。データは、アメリカやチリ、フィンランド、台湾など、世界各地のデータセンターに保管される。こうして、グローバルな電子通信ネットワークが拡大し、監視の標的ではないアメリカ人のデータを一緒に収集してしまうことが避け難くなってきた。

　加えて、世界中の人たちが同じハードウェアやソフトウェアを使うようになったことの影響も見落とせない。昔は、ロシアの開発技術を用いたロシアのエレクトロニクス製品、ロシアの無線機、ロシアのコンピュータといったものが存在した。いまは違う。誰もがマイクロソフトのＯＳ「ウィンドウズ」を搭載したパソコンや、シスコシステムズのルーター、同一メーカーの業務用セキュリティ商品を使っている。それに、アップルのｉＰｈｏｎｅはほとんどの国で売られている。したがって、中国軍のネットワークに侵入したり、ベネズエラの電話通話を傍受したりするテクノロジーを開発すれば、それを世界中に応用できるのだ。

世界で最も大規模な監視ネットワークを擁している国はアメリカだ。アメリカには、３つの強みがある。１つは、ほかの国すべてを合わせたより多くの情報機関予算[9]をもっていること。もう１つは、インターネットの物理的回線の関係[10]で、ネット上でやり取りされる世界中のデータのかなりの割合が（アメリカ以外の国の間の通信であっても）アメリカの国土を通ること。そしてもう１つは、世界で人気の高い製品やサービスを提供する最大手のハードウェア、ソフトウェア、オンラインサービス企業のほとんどがアメリカに本社を置き、アメリカの法律に従っていることだ。アメリカは、インターネット監視の覇権国家の様相を呈している。

ＮＳＡが監視を実行する目的[11]は、同局の最高機密扱いのプレゼン資料に記されていた言葉によく表現されている。「すべて集める」「すべて知る」「すべて用いる」という言葉だ。ＮＳＡは、通信会社を通じてインターネットを監視し、電子メールや携帯メール、ウェブ閲覧履歴、友達リスト、アドレス帳、位置情報など、集められる情報を片端から集めている。アメリカ国内の電話通話すべてを録音しているという証拠はない[12]が、少なくともアフガニスタンとバハマ[13]では、「ＭＹＳＴＩＣ」プログラム内の「ＳＯＭＡＬＧＥＴ」と呼ばれる活動の下、それをおこなっていた。ＮＳＡが直接雇用[14]している職員は約３万３０００人。これに加えて、請負企業の従業員[15]が大勢いる。スノーデンが暴露した機密文書のなかには、アメリカの情報機関の予算内訳に関するものが含まれており、それによれば、ＮＳＡの２０１３年の予算[16]は１０８億ドルに上る。国家情報プログラム全体の予算[17]は約530億ドル、軍事情報プログラムも加えれば予算総額は約720億ドル[18]に達すると推計されている。

NSAが近代的な監視システムを築くために使った資金の多くは、9・11以降のイラクやアフガニスタンで対テロ作戦の一環として拠出されたものだ。攻撃面では、敵の標的を特定し、その所在を探り当てること、防衛面では、敵の簡易爆弾からアメリカ兵を守ることを目的としていた。NSAの監視能力[19]はこれらの国で実行するために築かれたものだが、いまは世界中の人が同じ機器を使う時代なので、あまり予算をかけずにその能力をほかの国でも活用できる。

こうした実態を知ると、誰もがいだく問いがある――このような活動は合法なのか？ 実は、その答えははっきりしない。現在、NSAの監視を正当化する法令は3つある。

1 1981年にロナルド・レーガンが署名した大統領令12333号[20]。この大統領令は、NSAに国外での広範な監視活動を許可している。アメリカ国民だけはある程度の保護[21]が定められているが、それでもアメリカ人の幅広いデータの収集・分析・保管が認められている。

2 2001年に発効した米国愛国者法第215条[22]。この条項は、「国際テロ対策の捜査または秘密諜報活動のために」NSAが外国人だけでなくすべての人について、帳簿、記録、書類、文書、その他の「いっさいの有形物」を収集することを認めている。「国際テロ対策の捜査または秘密諜報活動のために」という文言は、一見するとNSAの活動を限定しているように思えるかもしれないが、秘密裁判所はこの条項[23]を根拠に、すべてのアメリカ人の電話通話のメタデータを収集することが許されると判断した。

3　2008年の改正外国情報監視法（FAA）第702条。[24] これは、9・11以降にNSAが違法に実行してきた情報収集活動を遡及的に承認した条文で、アメリカ国民の保護を最低限しか認めず、外国人に対する情報収集権限を拡大した。NSAはこの規定を根拠に、国内の大規模通信回線網を監視し、外国人とアメリカ人のデータを収集していた。

この3つの法令があるから、NSAの活動は合法だ——というほど、話は単純でない。理由は2つある。第1に、これらの条項の多くは、違法な捜索や押収がそうであるように、ほぼ確実にアメリカ合衆国憲法に違反している。第2に、NSAによる法令解釈のなかには、ほぼ確実に法律違反と言わざるをえないものが含まれている。本書執筆時点で、この2つの点でNSAの活動の是非が裁判で争われている。いずれは、NSAが現在実行していることの一部が裁判所によって中止させられたり、議会の制定する新しい法律により中止させられたりするだろうと、私は思っている。しかし、そのときまでにはすでに数十年間にわたり、アメリカ人が広範な監視の対象にされたことになる。もしかすると、最初から全国民を監視することがNSAの戦略だったのかもしれない。

NSAは、アメリカ国民のデータを大量に集めている。その一部は、「偶発的」に収集されたものだ。たとえば、フランスのある電話網を監視すれば、どうしてもフランスとアメリカの間の通話も監視することになる。大西洋の海底ケーブルを監視対象にすれば、たまたまそのケーブルを経由してやり取りされたアメリカ人のデータも丸ごと取得する。NSAは、収集・分析・保管するアメリカ人のデータを最小限にとどめるルールを設けているが、これまで明らかになっていることから判断して、ルールが機能しているとは言い難い。ルールの内容は、通信のコンテンツとメタデータで異なるし、どのような法的根拠で傍受をおこなうかによっても異なる。それに、いずれにせよ、データは削除されない。誰かが実際に閲覧を望まない限り、匿名化されているというにすぎない。さらに、NSAはしばしばルールをないがしろにしてお[25]り、NSAの監督を試みた人たちも同局の活動の実態がよくわからないと述べている。[26]

ワシントン・ポスト紙[27]が2014年、スノーデンから提供された通信傍受データを分析したところ、合法的な監視対象者のデータより、罪のない一般のインターネット利用者（アメリカ人と非アメリカ人の両方を含む）のデータがはるかに多かった。これは、ある面では情報収集活動の性質に起因する現象だ。ある人物について最小限の情報を集めるだけでも、そこには、その人物と罪なき人たちの間のあらゆる種類の通信内容が含まれてしまう。問題の人物に関してなんらかの注目すべき情報を含む通信内容は、ほぼすべて保管されるからだ。

メディアが話題にするのはNSAだが、アメリカには全部で17の情報機関がある。誰もが知っているのは、CIAだろう。国家偵察局（NRO）という名前を聞いたことがある人もいるかもしれない。偵察衛星の運用を担う機関だ。軍の4部門（陸軍、空軍、海軍、海兵隊）もそれぞれ情報機関を擁している。司法省、国務省、エネルギー省、財務省、国土安全保障省、そのほかのいくつかの省も諜報活動に従事している（司法省には、FBIと麻薬取締局〔DEA〕の

2つの機関がある)。もしかすると、まだ存在を知られていない18番目の情報機関があるかもしれない(その可能性は高くないが、ありえないとは言えない。なにしろ、NSAの活動の詳細は、設立されて20年以上たった1970年代までほぼ秘密にされていた)。

NSAに次いで広範な監視活動をおこなっているのは、おそらくFBIだ。この両機関は緊密に連携しており[28]、データ、テクノロジー、法的権限をしばしば共有している。忘れられがちだが、ガーディアン紙がスクープした最初のスノーデン文書——通信大手のベライゾンに対して、すべての顧客の電話通話のメタデータを提出するよう命じた令状——は、NSAにデータを提供するためにFBIが取得した令状だった(ちなみに、NSAとCIA、DEA、国防情報局〔DIA〕、国土安全保障省が大々的に情報を共有していることも明らかになっている[29]。NSAは、「ICREACH」という暗号名をつけたプログラムを通じて、23の政府機関に監視データを提供していた。そのなかには、アメリカ人のデータも含まれる)。

それでも、NSAと異なり、FBIの監視活動は伝統的に裁判所の監視下で実施されてきた。令状の取得が必要とされているのである。合衆国憲法修正第4条により、政府は国民に対して捜索を実施するとき、それによって犯罪の証拠が明らかになる合理的可能性があることを裁判所に示さなくてはならないのだ。ただし、FBIは国家安全保障書簡(NSL)と呼ばれる召喚状を用いれば、裁判所の令状なしにあらゆる個人データを取得できる。この方法は、特定の個人に関する情報の取得にも、大量監視にも利用可能だ。NSLは行政召喚状なので、裁判所の監督なしでFBIの判断により発行できる。これを正当化する法律上の規定は1978年までさかのぼるが、その適用可能範囲は、2001年の米国愛国者法第505条で大幅に拡大された。[30] いまNSLは、グーグルから電子メールを、金融機関から取引記録を、オンライン・ストレージ・サービス大手のドロップボックスから文書を提供させるなど、第三者からデータを取得するために頻繁に用いられている。

アメリカでは、「第三者主義」を理由に、あらゆる種類のデータに関してプライバシーの権利が縮小されてきた。1976年、マイケル・リー・スミスという男がメリーランド州ボルチモアで、ある女性に対して強盗をおこない、その後も女性に嫌がらせの電話を続けた。警察はこの事件の捜査で強盗犯の風貌に一致する人物を見つけると、電話会社にその男（つまりスミス）の自宅の電話回線にペンレジスター（発信先電話番号を記録する装置）を設置させ、電話をかけた先をすべて把握しようとした。これにより、女性の家に電話したことが確認されると、警察は捜索令状を取得して家宅捜索し、スミスを強盗容疑で逮捕した。裁判でスミスは、ペンレジスターに関わる証拠の不採用を主張した。警察が令状を取得しなかったというのが理由だ。これに対し、連邦最高裁判所は1979年、令状は不要だとの判断を示した。「当裁判所が一貫して述べてきたように、人が第三者に情報を任意に提供した場合、プライバシー保護への期待は法的保護の対象とならない」というのだ。要するに、スミスは発信先電話番号を電話会社に自発的に教えた以上、[31] この情報はプライバシー保護の対象にならない、というのである。当時は、理屈に合った判断だったのかもしれない。その頃は、個人データの大半を本人が身近な場所に保管していたからだ。しかし、いまは違う。データは、どこかのクラウドのなかにあり、それを保持しているのは、どこまで信頼していいか疑わしい第三者なのだ。

FBIが令状なしで監視をおこなう能力は、新技術の登場で大幅に強まった。たとえば、FBI（と地域の警察）は、「IMSIキャッチャー」[32]という機器を用いている。簡単に言えば、偽の携帯電話基地局だ。IMSIキャッチャーという言葉は聞いたことがなくても、「スティングレイ」[33]という名前は聞き覚えがあるかもしれない。「スティングレイ」は、ハリス・コーポレーションという会社が製造しているIMSIキャッチャーの機種名だ。この偽基地局を設定すると、近くの携帯電話が接続してくる。そうすれば、あたり一帯にある携帯電話の識別番号と所在地を把握できる。[34]通話やメールを傍受したり、ウェブ閲覧履歴を取得できたりする場合もある。国民の反発を恐れるFBI[35]は、IMSIキャッチャーの使用を隠すために、使用前には地域の警察に非公表の同意文書に署名させ、裁判でも虚偽の証言をするよう指示[36]していた。フロリダ州サラソータの警察が公民権訴訟を起こされて、関連文書を裁判所に提出する可能性がありそうに見えたときは、先手を打って文書を押収[37]したほどだ。

監視に携わる政府機関をすべて把握することは難しい。国家テロ対策センター（NTCT[38]）は「テロリスト特定データマート環境（TIDE）」というデータベースを管理している。これは、アメリカ政府が国際テロ容疑者とみなす人物の情報を集約したデータベースだ。2013年のボストン・マラソン爆弾テロの容疑者の1人、タメルラン・ツァルナエフ[39]も登録されていた。ここには膨大な数のアメリカ国民の情報[40]が記載されており、2007年の時点で監視対象とされていた識別子（大ざっぱに言えば、監視対象者のこと）は7万に達した。このデータベースは、さまざまな監視リストを作成する土台[41]となる。誰をリストに含めるか[42]という判断はきわめて恣意的に見えるが、いったんリストに入れれば取り消しを求める手立てはない。

薬物関連では組織犯罪麻薬取締タスクフォース（OCDETF）[43]、サイバーセキュリティでは包括的国家サイバーセキュリティ・イニシアチブ（CNCI）[44]が監視リストを作成している。アルコール・タバコ・火器及び爆発物取締局（ATF）[45]も大規模なデータベースを築いて、多くの人物とその交友関係を監視している。国防総省[46]もアメリカ国民を監視していた。防諜フィールド活動（CIFA）というあまり知られていない部局がデータ収集を担っていたのだ（CIFAは2008年に廃止された）。海軍犯罪捜査局[47]（NCIS）は2010年、あるファイル共有プログラムを使っているワシントン州内のすべてのコンピュータを監視していた。軍とは無関係のコンピュータも対象にされた。これは明らかに法律違反だ。

連邦政府外でも、監視活動と監視データの分析が活発におこなわれている。9・11テロ後、アメリカ各地に「フュージョン・センター」[48]と呼ばれる機関が設置された。たいていは州や自治体レベルの捜査機関が運営し、FBIや国土安全保障省などの中央政府機関との情報共有を促進する役割を担っている。このセンターを通じて[49]、地域の警察はこれまで入手できなかったような監視データと監視能力を獲得している。当初はテロ対策が目的[50]とされていたが、次第に活動範囲は刑事捜査全般に広げられていった。センターの運営は地方機関がおこなうので、ルールはセンターによって違う。どの程度厳格にルールを守るかもまちまちだが、監督は最低限[51]にとどまり、おそらく軍の違法な関与があり、過剰な秘密主義が貫かれている。たとえば、政治的な抗議活動の参加者を監視していることもわかっている。[52]

国内各地の合同テロ対策タスクフォース（JTTF）[53]も地方機関が運営していて、任務が曖昧なうえに、秘密主義的性格[54]が強い。政治活動家を捜査[55]したり、反イスラムのプロパガンダ[56]を広めたり、罪のない一般市民に嫌がらせ[57]をしたりしているケースが明るみに出ている。

以上のように、今日のアメリカでは、イデオロギー的な動機による監視活動が過度に精力的に実行されているのだ。イギリスには、アメリカのNSAに相当する政府通信本部（GCHQ）という機関がある。この機関は、国内と国外（オマーン[58]やキプロスなど[59]）の傍受施設で自国民と外国人を対象に大々的な監視活動をおこなう。同機関はNSAと緊密に協力し、国内での大量監視を強化してきた。このほかに、自国民と外国人を監視している国としては、ドイツ[60]、フランス[61]、デンマーク[62]、オーストラリア[63]、ニュージーランド[64]、イスラエル、カナダ……そして、おそらく情報収集活動に予算を割ける国すべて[65]が挙げられる。オーストラリア政府は、インドネシアに対する監視活動[66]のおかげで数度にわたりテロを未然に阻止できたと主張している。

アメリカ以外の国の監視活動のことは、あまりわかっていない。しかし、内部告発者が登場していなくても、ある国がアメリカと同様のことをしていないとは思わないほうがいい。ほかの国の政府も、インターネット上で可能な限り手広く、同じようなことをしている。しかも、その種の活動に対する法的制約は、たいていアメリカより弱い。

ロシア政府[67]は、電話通話、電子メール、インターネットの閲覧、SNSの利用、クレジットカードの使用などのデータを収集・保管し、分析している。ロシアのインターネットには、

「SORM（機動的捜査手段システム）[68]」と呼ばれる通信監視システムが張り巡らされている。2014年のソチ冬季五輪[69]の際は、このシステムの網羅性が垣間見られた。このとき、ロシア当局はソチでSORMを強化し、オンライン上で起きていることをほぼすべて監視していたのだ。政府は犯罪・テロ対策を理由に監視を正当化しているが、監視データは、ジャーナリスト[70]や人権活動家、政権の敵対者たちに対しても用いられている。

　中国も、国民がインターネット上で――そして、次第にインターネット外でも――することをすべて監視しようとしている国[71]だ。中国政府は、携帯電話の位置情報により[72]多くの人の居場所を追跡しているし、遠隔操作[73]で携帯電話のマイクをオンにして周囲の会話を盗聴したり、国内の2000～3000万カ所に設置している監視カメラで国民を監視[74]したりもしている。ロシアと同様、犯罪対策という建前だが、反体制派への締めつけも大きな目的の1つだ。マイクロソフトと中国の通信企業TOMオンラインの合弁のオンラインサービス「TOM－スカイプ[75]」では、「天安門」のほか「アムネスティ・インターナショナル」「ヒューマン・ライツ・ウォッチ」といったキーワード（いずれも有力な国際人権団体）や、薬物やポルノ関連の言葉が含まれるテキストチャットがコピーされて保存されている〔訳注／マイクロソフトは2013年11月、TOMとの提携を解消した〕。中国では、3万人以上の要員を擁するインターネット警察[76]がインターネットの監視に携わっている。

　数年前、インターネット監視の蔓延を浮き彫りにする出来事があった。インド[77]、ロシア[78]、サウジアラビア[79]、アラブ首長国連邦（UAE）[80]、インドネシア[81]の政府がスマートフォンメーカーのブラックベリー（旧リサーチ・イン・モーション社）に対して、ユーザーの通信にアクセスさせなければ端末を使用禁止にすると脅したのだ。ブラックベリーは基本的にデータが暗号化されていて、通信を傍受できないからだ。結局、ブラックベリーはインド政府と合意[82]を結び、法人利用者のデータを守る一方で、政府が個人ユーザーの電子メール、チャット、ウェブサイト閲覧履歴を監視できるようにした。同社がほかの国とどのような合意を結んだかは不明だが、おおむね似たような条件を受け入れていると見ていいだろう。

国によっては、大きな国の力を借りて監視インフラを構築する場合もある。たとえばイランは、中国の支援[83]でインターネット監視体制を築いた。第6章で述べるように、欧米企業が専制国家の監視システム構築を助けるケースもある。

以上に挙げた国やそのほかの国々のやっていること——事例を挙げていくだけで本が1冊書けてしまうだろう——は、アメリカやその同盟国よりはるかに抑圧的で専制的[84]な場合が多い。アメリカは、地球上のどの国よりも、政府のデータ収集に対して厳しい法的支配[85]と制限を課している。その点では、アメリカがヨーロッパ諸国の上を行く。一方、タイ[86]やインド[87]、マレーシア[88]などでは、インターネット上の会話や行動を理由にした逮捕も珍しくない。こうした監視活動のリスクと弊害については第7章で論じるが、本章では政府がどのような監視能力をもっているかを見ていきたい。

国家がおこなうハッキング

今日の電子的監視は、インターネット以前の冷戦時代とはまるで別物になっている。インターネットが登場する前、監視とはもっぱら政府間で実行されるものだった。ＮＳＡのような監視機関は、たとえばペトロパブロフスク－ウラジオストック間の海底ケーブル、軍事通信衛星、マイクロ波ネットワークなど、特定の通信経路を標的にする形で監視をおこなっていた。これはおおむね、情報が流れてくるのを待つ受け身の監視活動だ。そして、それを実行するためには、近隣の国に大規模なアンテナ施設を建設する必要があった。

それに対し、今日誰かを監視する場合は、こちらからコンピュータネットワークに侵入して、悪意のあるソフトウェアをインストールし、ネットワークを乗っ取り、データを「退去（exfiltrate）」——ＮＳＡ用語でデータを盗むという意味だ——させる。誰かがあなたの通信を監視する最も簡単な方法は、通信経路のどこかで待ち受けていてデータを傍受するのではなく、あなたのコンピュータをハッキングすることなのだ。

実際、政府によるハッキングが横行している。

２０１１年、イランのハッカー[89]がデジノターというオランダの認証局に不正アクセスし、グーグルやＣＩＡ、ＭＩ６（イギリス秘密情報部）、モサド（イスラエル対外情報機関）、マイクロソフト、ヤフー、スカイプ、フェイスブック、ツイッター、マイクロソフト・ウィンドウズ・アップデートに成りすますことに成功した。これらのサービスのユーザーを監視する力を手に

nce and Control

したハッカーは、その能力を他者に提供した。[90] その相手は、ほぼ間違いなくイラン政府だ。イラン政府はそれを利用して、自国民を、そしておそらく外国人も対象に大量監視を実行していた。オランダの情報セキュリティ・コンサルティング会社、フォックスーＴの推計によれば、30万人のイラン人[91]のＧメールアカウントがアクセスされたという。

２００９年、カナダのセキュリティ研究者たちは、チベット仏教の最高指導者ダライ・ラマ14世のコンピュータがマルウェア（悪意あるソフトウェア）に感染していることを発見した。中国のコンピュータによってコントロールされた高度な監視ネットワークの標的になっていたのだ。その監視システムは、「ゴーストネット」[92]と呼ばれるようになった。さらに調査したところ、このマルウェアが１０３カ国の政治、経済、メディア関係の団体のコンピュータにも侵入していることが判明した。その対象者リストは、実質的に中国政府の監視ターゲット名簿と言ってもいいものだ。

２０１２年には、イランのネットワークで「フレーム」[93]というコンピュータウイルスが見つかった。アメリカとイスラエルが情報を盗み出すために、イランやそのほかの国のネットワークに侵入させたものと考えられている。２０１３年に発見されるまで5年間にわたり世界中のコンピュータにハッキングし、情報を盗んでいた「レッド・オクトーバー」[94]は、ロシア生まれの監視システムだという見方が強い。２０１４年に見つかった「トゥルラ」[95]も、多くの国の政府機関を監視していた。これもロシア生まれのものだとみる人が多い。同じく２０１４年に発覚した「マスク」[96]は、スペイン語話者によるもののようだ。イランのハッカーたち[97]がアメリカの政府高官を狙い撃ちにした事件も明らかになっている。ほかにも多くの監視の試みが明るみに出ているし、まだ露見していない試みもたくさんあるだろう。

公正を期すために指摘しておくと、取りざたされている国の政府がこれらの監視活動の背後にいるとか、支援していると断定できる証拠はない。一国の政府が他国のコンピュータをハッキングしたと認めることはまずない。たいてい、専門家が標的の顔ぶれから推測する。たとえば、「マスク」の標的には、スペイン語圏のほぼすべての国と、あとはモロッコとジブラルタルの大量のコンピュータが含まれていた。ここから判断すると、スペインの仕業に見える。

アメリカでコンピュータのハッキングを担うのは、NSAの特別アクセス工作（TAO）[98]部門だ。TAOは、「QUANTUMINSERT」や「FOXACID」といったオシャレな暗号名のプログラムにより、遠隔操作でハッキング[99]を実行しているほか、コンピュータに始まり、ルーターやスマートフォンにいたるまであらゆる機器のために専用のハッキング・ソフトウェア[100]を開発したり、配送途中のコンピュータやネットワーク機器に監視用ハードウェアの「埋め込み」をしたりしていることも知られている。ある推計によれば、TAOがハッキングに成功し、情報を抜き出しているコンピュータは、世界で8万台[101]に上るという。

TAOやアメリカのハッキング活動について判明していることの大半は、スノーデンが暴露したNSAの最高機密文書により発覚したものだ。ほかの国に関しては同様の暴露がまだないので、どのような監視能力を備えているのかよくわかっていない。

それでも、多くのことが明らかになっている国[102]が中国だ。中国は、数々の目立った攻撃の源であることが確実視されている。これまで標的にされてきたのは、グーグル[103]、カナダ政府[104]、ニューヨーク・タイムズ紙[105]、RSAセキュリティ社のようなアメリカ企業[106]、アメリカ軍[107]とその契約企業などだ。2013年には、チベット人活動家のアンドロイドOSスマートフォンを標的にしたマルウェア（中国政府によるものとみられている）[108]が発見された。2014年には、中国のハッカー[109]がアメリカ連邦人事管理局のデータベースに侵入した。ここには、機密情報取り扱い許可を受けている最大500万人の政府職員と契約企業職員の詳細なデータが記録されていた〔**訳注**／連邦人事管理局は、2015年にも不正アクセスを受けている〕。

なぜ、こんなことをするのか？　ハッキングの多くは政治的・軍事的な動機によるものだが、ときには商業目的でスパイ活動がおこなわれるケースもある。多くの国は、昔から[110]自国の軍事的・商業的な利益のために外国企業の情報を盗み出してきた。アメリカ政府は、商業的スパイ活動は実行していないと主張している。つまり、アメリカ企業に商業上の利益を与えるために外国企業のネットワークに侵入することはしていない、というわけだ。

しかし、経済的スパイ活動は実行[111]している。外国企業のネットワークにハッキングして入手した情報を政府の通商交渉に利用しているのだ。通商交渉をうまく運べれば、アメリカ企業に直接的に恩恵が及ぶ場合もある。最近では、ブラジルの石油会社ペトロブラス[112]や国際銀行間通信協会（SWIFT）[113]も標的にされた。1996年の政府の報告書によると、NSAは、あるプログラムを通じてアメリカの産業界に「過去数年間で何百億ドル」もの経済的恩恵[114]をもたらしたと主張していた。政治的・軍事的なスパイ活動と商業上の利益のためのスパイ活動の間に実質的な違いがあるかは、見方がわかれるところだ。少なくとも、政府と産業界の間に明確な線引きがない中国の場合、2種類のスパイ活動は密接不可分と言えるだろう。

多くの国の政府は、ハッキングのために民間企業からソフトウェアを購入する。このような政府と民間企業の関係は、第6章で詳しく論じる。ここでは、1つの例を紹介するにとどめよう。ハッキング・チーム社[115]というイタリアのサイバー兵器メーカーは、世界中の政府を相手に、コンピュータやスマートフォン用OS向けのハッキングシステムを販売している。このシステムは、遠隔操作でマルウェアをスマートフォンに送り込み、電子メールや携帯メール、通話履歴、アドレス帳、検索履歴、入力履歴のデータを収集する。スクリーンショットを記録したり、通話内容や周囲の音声を録音したり、写真を撮影したり、GPSの位置情報を監視したりもできる。こうした情報はすべて、マルウェアを送り込んだ者に密かに送信される。エチオピア[116]は、このソフトウェアを使って欧米のジャーナリストのコンピュータに侵入していた。

大半の国がこのようなハッキング能力をもっていると見ていいだろう。誰を監視対象とし、どのような法的支配の下で監視活動を実施しているかは、個々の国によって異なる。

国家がおこなうサイバー攻撃

中国がアメリカのコンピュータネットワークに侵入し、スパイ活動をしているというニュースが報じられはじめたとき、アメリカ人は中国の行動をきわめて強い言葉[117]で表現した。「サイバー攻撃」と呼んだり、ときには「サイバー戦争[118]」という言い方もした。ところが、スノーデンの暴露により、NSAも世界中のコンピュータネットワークに対してまったく同じことをしていたことが明らかになると、アメリカ政府は自国の行動をもっと穏やかな言葉[119]で表現した。「諜報活動」「情報収集」「スパイ活動」などと呼び、あくまでも平時の活動だと説明したのだ。

中国企業のファーウェイ[120]（華為技術）がネットワーク機器を売ろうとしたとき、アメリカでは、中国政府が同社製のスイッチに遠隔操作用の「バックドア」を設けているとの懸念が広がり、「安全保障上の脅威」だとしきりに言われた。しかしのちに、NSAもファーウェイ製品[121]や中国で販売されているアメリカ企業の機器[122]にバックドアを設置していた事実が発覚した。

問題は、実際の行動を見ると、標的にされる側にとって国際的なサイバースパイ活動とサイバー攻撃[123]の間に実質的な違いがあまりないことだ。今日のサイバースパイ活動はサイバー攻撃の一種[124]とみなせるのだ。両方とも他国のネットワークへの侵入をともなう。違いは、ネットワークの運用を意図的に阻害するのがサイバー攻撃、しないのがサイバースパイ活動という点だけだ。大きな違いと言えばそうかもしれないが、影響が発生する時期の違いにすぎないとも言える。いますぐネットワークの運用を阻害しなくても、数カ月先や数年先には影響があらわれるからだ。外国のネットワークに侵入すれば、その国の領土内に影響が及ぶので、ほぼすべての国はそのような行為を法律で禁じている。しかし、世界の国々は絶えず、互いにこの種のことを繰り返してきた。

たとえば、NSAは2012年、シリアのインターネット・インフラに頻繁に侵入していた。

目的は、遠隔操作により、シリアのある主要インターネット接続業者のルーターに監視システムを組み込むことだった。しかし、操作を誤り、シリア全土[125]でインターネットを遮断してしまった。データを盗み出す操作とその国のインターネットを機能停止させる操作には、紙一重の違いしかないのである。

いま世界の国々は、大々的にサイバー戦争に乗り出そうとしている。アメリカ、ロシア、中国、ヨーロッパの主要諸国、イスラエル、インド、ブラジル、オーストラリア、ニュージーランド、一部のアフリカ諸国など、約30カ国[126]が軍の組織内にサイバー戦争部門を設けている。アメリカでそれを主導するのは、アメリカ軍サイバー司令部だ。本書執筆時点で、同司令部の司令官はNSAのマイケル・ロジャーズ局長（海軍大将）が兼務する。サイバー監視とサイバー攻撃が密接に結びついていることを浮き彫りにする人事だ。

実際に人的・物的損害を生んだサイバー攻撃が明るみに出た例は、きわめて少ない。有名なところでは、2007年にエストニア[127]が大規模で波状的なサイバー攻撃の標的にされたことがあった。これは、世界初のサイバー戦争とも呼ばれている。隣国のロシアとの緊張が高まっていた時期に起きたからだ。同じく旧ソ連のグルジア[128]（現：ジョージア）もサイバー攻撃を受けたことがある。ロシア軍がグルジアに侵攻したのは、その1年後のことだった。2009年には、韓国[129]がサイバー攻撃にさらされた。これらはすべて、いわゆるDoS（サービス妨害）攻撃である。インターネットサイトに大量のデータを送りつけ、一時的にサービスを停止させるという攻撃だが、大きな混乱を引き起こすものの、長い目で見ればダメージは限られている。

nce and Control

多くの場合、攻撃の実行者は特定されていない。どこかの国の政府によるものかも、たいていは不明だ。２００７年のエストニアへの攻撃に関しては、２００９年にロシアの親政府派青年組織[130]が関与を認めたが、このように実行者が特定できるケースはきわめて珍しい。サイバースパイと同様に、サイバー攻撃の実行者を突き止めるのは困難だ。やはり、標的の顔ぶれから推測するほかない。ロシアと対立している国が狙われれば、ロシアに疑いの目が向けられる。韓国が攻撃を受ければ、どこよりも強い動機をもっている国は北朝鮮ということになる。

国家間の攻撃で用いられた世界初の軍事レベルのサイバー兵器とされているのは、「スタックスネット」[131]だ。２００９年、アメリカとイスラエル[132]がイラン中部のナタンツにある核関連施設に対して使用し、かなりの物理的ダメージを与えることに成功した。２０１２年にサウジアラビアの国営石油会社サウジアラムコ[133]の約３万台のコンピュータが攻撃を受けた事件は、これに対するイランの報復とみられている。

グローバルな監視ネットワークの誕生

興味深いのは、監視に独占化の傾向が見て取れることだ。前述のとおり、国家間の監視と、市民に対する政府の監視の間には、大きな違いがある。政府の情報収集活動は従来、基本的に地政学的な敵味方の関係に基づいて実施されてきた。同盟国同士が手を組んで、敵対国をスパイするのだ。冷戦時代の情報収集活動もそうだった。それが国際政治の原理なのである。

大量監視は違う。誰がどこで起こすかわからないテロ攻撃を警戒するなら、あらゆる場所のあらゆる人を監視しなくてはならない。しかし、独力でそれを実行できる国はないので、国家間で情報共有[134]がおこなわれる。

問題は、どの国と情報を共有するかだ。昔からの同盟国と情報共有をしても、最も警戒すべき国を監視できる保証はない。監視下に置ける地域が狭すぎて、せっかく情報を共有しても効果が限られる場合もあるだろう。政府にとって最善の選択[135]は、最も広範な情報収集網をもっている国と組むことだ。その国とはアメリカである。

いま世界で起きているのは、まさにそういうことだ。アメリカの情報機関は、きわめて多くの国と協力関係にある。まず、英語圏の先進5カ国——アメリカ、イギリス、カナダ、オーストラリア、ニュージーランド——が非常に緊密に協力し合う「5《ファイブ》アイズ[136]」と呼ばれるパートナーシップが存在する。ここにデンマーク、フランス、オランダ、ノルウェーが加われば「9《ナイン》アイズ[137]」、さらにドイツ、ベルギー、イタリア、スペイン、スウェーデンが加われば「14《フォーティーン》アイズ[138]」だ。アメリカはこのほかにも[139]、インドのようにこれまで比較的関係が緊迫していた国や、サウジアラビア[140]などの残忍な抑圧国家とも協力している。

こうした協力関係を通じて、NSAはほぼあらゆる情報にアクセス[141]できる。スノーデンは2014年、欧州議会への証言のなかでこう指摘している。

「結果として、ヨーロッパ全体が1つのバザールのようになっている。たとえば、デンマークのようなEU加盟国がNSAに対し、デンマーク人の通信傍受をしないという（強制力はないが）条件つきで通信傍受拠点へのアクセスを認める。そしてドイツも、ドイツ人の通信傍受をしないことを条件に、NSAに通信傍受拠点へのアクセスを認める。しかし、その2つの通信傍受拠点は、同じケーブル上にあるかもしれない。その場合、NSAは、ドイツ人の通信がデンマークを経由するときに、そしてデンマーク人の通信がドイツを経由するときに傍受できる。それでいて、それぞれの国との合意には違反していないと言えるのだ」

　2014年には、NSAがトルコ政府をスパイ[142]しながら、その一方で、トルコからの分離独立を目指すクルド人勢力に対するスパイ活動をトルコ政府と協力して実行していることが明るみに出た。NSAが監視活動の緊密なパートナーの1つであるドイツ政府を監視[143]していたこともわかった。アメリカはおそらく、5アイズのほかの4カ国はともかく、協力関係にある国すべてを[144]監視しているのだろう。NSAがテロ防止に成功したと宣伝する[145]場合も、ほとんどは国外における他国に対する脅威で、アメリカとは無関係のものだ。

　アメリカがイスラエルと情報を共有していることは意外でないだろう。一般に、アメリカ政府が他国にデータを提供するときは、国民のプライバシーを守るためにアメリカ人の素性がわからないようにする。しかし、イスラエルは例外らしい。NSAはイスラエルの「8200部隊[146]」に、「ナマのSIGINT（シギント）」を提供している。SIGINTとは、電子機器を用いた通信傍受（signals intelligence）のことである。

　歴史的にアメリカと敵対してきた国々[147]も、限定的とはいえ、アメリカと情報を共有している。2001年の9・11テロ後、ロシアはチェチェン独立派[148]をテロリストと位置づけ、アメリカに情報共有を受け入れさせた。２０１１年には、２０１３年にボストン・マラソン爆弾テロを起こすタメルラン・ツァルナエフについてアメリカに警告していた[149]。一方、アメリカもロシアへの協力の一環[150]として、２０１４年のソチ冬季五輪に対する脅威に目を光らせた。

このような協力関係は、情報収集の主目的が国家間のスパイ行為だとすれば理屈に合わない。しかし、世界規模で人々を監視することが主目的なら、理にかなった選択だ。ドイツ政府は、ＮＳＡがドイツの指導者たちの通信を傍受していたことに怒りを表明したが、ドイツ連邦情報局（ＢＮＤ）は指導者以外のすべての人たちを監視するために、ＮＳＡと協力し続けている。

こうした国家間の協力体制の行き着く先には、暗い未来が待っている。世界のすべての国が共謀して、地球上のすべての人を監視する――そんなグローバルな監視ネットワークが生まれるのだ。このシナリオが現実化することは、差し当たりはないだろう。ロシアのように、独自の監視活動を望んでグローバルなネットワークへの参加を見送る国もあるだろうし、根強いイデオロギー上の対立を考えれば、イランのような国がアメリカやロシアと全面的に協力することもありえない。それでも、ほとんどの小国は、このネットワークに加わろうという動機をいだく。狭い範囲の利害で考えれば、それが合理的な行動だからだ。

第6章

官民監視パートナーシップ

多くのサイバー兵器メーカーは、さまざまな国の政府にハッキングの手段を販売する。アメリカの大手軍需企業の多くは軍用サイバー兵器を開発し、さまざまな国で監視センターの建設に協力している大手IT企業も少なくない。政府の監視インフラの多くは、企業向けに開発されたものだ。

企業による監視と政府による監視は、切り離せない関係にある。両者は絡み合い、支え合っている。世界をまたにかけた官民監視パートナーシップが築かれているのだ。それは、正式な合意というより、利害関係に基づく連携[1]という性格が強い。この体制は絶対的なものとまでは言えないが、現に存在しており、多くの強大な利害関係者によって支えられている。エドワード・スノーデンが国家安全保障局（ＮＳＡ）による監視を暴露したことで亀裂が走ったものの（詳しくは第14章で論じる）、このパートナーシップはいまも強力だ。

スノーデン文書は、ＮＳＡがインターネット監視でアメリカの民間企業に大きく依存していることを明るみに出した。ＮＳＡは、まったくのゼロから巨大なインターネット監視システムを構築したわけではない。ビジネス界がすでに築いている監視システムに目をとめて、それを利用しようと考えたのだ。ＮＳＡは「ＰＲＩＳＭ」などのプログラムにより、法律上の権限に基づいて、マイクロソフトやグーグル、アップル、ヤフーのようなインターネット関連企業に、同局が関心をもつ数千人の人物のデータを提供させている。ほかのプログラムでは、インターネットの主要通信回線に直接アクセス[2]して、すべての人を標的にした大量監視もおこなってきた。企業は好んで協力する場合もあれば、裁判により（おおむね秘密裏に）データの提出を強いられる場合もある。ＮＳＡが企業の同意を得ずに、ネットワークに侵入する場合もある。

同様のことは世界中で起きている。民間企業の監視能力を利用して国民を監視している国は多い。イギリスの政府通信本部（ＧＣＨＱ）は「ＴＥＭＰＯＲＡ」などのプログラムを通じて、ＢＴやボーダフォンなどの通信企業に金を払い[3]、世界中の通信への一括アクセスを認めさせている。ボーダフォン[4]は、アルバニア、エジプト、ハンガリー、アイルランド、カタールなどの政府にも、それぞれの国を通過するデータへの直接のアクセスを許してきた。そうした国は合計29カ国に上る可能性がある。

これらの国々がイギリスのように金を払っているのか、要求を突きつけて協力させているのかは明らかでない。このほかでは、フランス政府は通信大手オレンジの通信を傍受している。[5] 中国とロシアの状況は、第5章で触れたとおりだ。データ保存法を制定し、顧客の監視データを一定期間保管することをインターネット接続業者に義務づけている国も十数カ国ある。[6] 政府がデータを必要とする場合に備えてのことだ（同様の内容のEU法は、2014年に欧州司法裁判所により違憲と判断された）。イラン[7]やベトナム[8]やインド[9]など、多くの国のインターネットカフェは、顧客の素性に関する情報を収集・保管することを求められている。

インターネット上だけではない。9・11テロ直後、アメリカ政府はデータブローカーからデータを購入した。[10] 国防総省の契約企業であるトーチコンセプツ社[11]から旅客機搭乗者のデータを、信用調査会社のチョイスポイント社からメキシコの有権者データベース[12]を買うといった具合だ。[13] また、アメリカの法律は、1万ドル以上の現金取引の報告を金融機関に義務づけている。為替取引の場合は1000ドル以上が基準だ。多くの国は、ホテルに宿泊した外国人の氏名と宿泊日を報告させている。外国人宿泊客の身分証明書とパスポートのコピーを保管させている国はさらに多い。監視カメラや自動車ナンバープレートの読み取りシステム、携帯電話の位置情報のデータを利用している国は数知れない。

一方、民間企業も政府のデータを利用している。アメリカのイリノイ[14]、オハイオ[15]、テキサス[16]、フロリダ[17]各州は、運転免許証データ（写真も含まれる）を民間に売っている。有権者登録データ[18]を販売している州もある。世論の反発でとりあえず中止されたが、イギリス政府は2014年[19]に納税者データの販売を打ち出したことがあった。イギリスの国営医療制度である国民保健サービス[20]（NHS）も、患者データを製薬会社と保険会社に売ることを計画している。ここには循環の構造がある。[21]民間企業は、政府がおこなうデータ収集の強化を主張し、その上で情報公開法に基づいて政府にデータの開示を要求する。そして、そのデータをいわば化粧直しして、政府に売っているのだ。

こうして官民で膨大な量のデータが行き来している状況では、企業による監視を制限する実効性ある法律をつくることは難しい。政府の本音としては、データを供給してくれる企業の手足を縛り、みずからが入手できるデータを制限することは避けたいからだ。

「ドゥー・ノット・トラック（追跡拒否）」をめぐる論争は、状況の深刻さを浮き彫りにしている。プライバシー活動家は年来、新しい法律をつくり、ブラウザの設定で追跡拒否を選べる選択権をインターネット利用者に与えるべきだと主張してきた。そのための法案はいくつか提案されたが、インターネット企業の激しい抵抗にあい、1つも成立していない。州レベルでは、2013年にカリフォルニア州で州法が成立したが、ロビー活動により骨抜きにされ、利用者にとってほとんど無意味なものになってしまった。この州法の下では、[22]利用者は追跡拒否の意向をウェブサイトに伝達するようにブラウザを設定できるが、ウェブサイトはその要望を無視できるのだ。

ヨーロッパはやや状況が異なる。[23]EUデータ保護指令などの法律は、企業の監視活動にアメリカより厳しい制約を課しており、ある程度効果も生まれている。しかし、EUとアメリカの「セーフハーバー協定」により、EU内より緩やかな規制の下でEUからアメリカに個人デー

tutional Conrtol

タを移すことが容認されてきた[24]〔訳注／2015年10月、欧州司法裁判所はこの協定を無効と判断。EUとアメリカは新しい協定の合意を目指している〕。

国家と組むサイバー兵器メーカー

政府は、監視、検閲、支配をすべて独力で実行しているわけではない。大規模な官民監視パートナーシップ[25]を通じて、多くの民間企業の力を借りている。2010年の調査では、アメリカ国内で情報収集、テロ対策、国土安全保障関連の活動に携わっている企業は1931社[26]に上るという。また、2013年のワシントン・ポスト紙の記事によれば、アメリカの情報機関予算の70%[27]は民間企業への支払いに回されており、契約企業で働く48万3000人が最高機密取り扱い許可を与えられている。48万3000人というのは、このレベルの許可を得ている140万人のおよそ3分の1だ。政府機関の職とこれらの企業の職を行き来する人も多い。1992〜96年にNSAの長官を務めたマイク・マコネル海軍中将は退任後、政府の仕事を多く受注している有力コンサルティング会社ブーズ・アレン・ハミルトンの上級副社長に転身し、政府の情報収集活動に関連した仕事を続けた〔訳注／その後、2007〜09年にブッシュ政権で国家情報局長を務めたのち、ブーズ・アレンに復帰している〕。キース・アレキサンダー陸軍大将[28]はNSA長官を退任後、インターネット・セキュリティのコンサルティング会社を立ち上げ、私的な時間に発明したと主張するセキュリティ技術の特許をいくつも取得した。一時期は、このコンサルティング会社でNSAの最高情報責任者[29]をパートタイムで（つまり、NSAの職と掛け持ちの状態で）雇っていた。

多くのサイバー兵器メーカーは、さまざまな国の政府にハッキングの手段を販売している。イギリスとドイツの企業であるガンマ・グループ社のスパイウェア「フィン・フィッシャー」[30]は、「ITシステムへの攻撃的侵入ソリューション」というのが売り文句だ。政府は人々のコンピュータやスマートフォンを監視するために、この製品を買う。2012年の調査によれば[31]、アメリカとオランダ、バーレーン、シンガポール、インドネシア、モンゴル、トルクメニスタン、アラブ首長国連邦（UAE）、エチオピア、ブルネイで用いられている証拠があるという。

第5章で紹介したイタリア企業、ハッキング・チーム社が販売しているコンピュータ・携帯電話向けの侵入・監視製品は、アゼルバイジャン、コロンビア、エジプト、エチオピア、ハンガリー、イタリア、カザフスタン、韓国、マレーシア、メキシコ、モロッコ、ナイジェリア、オマーン、パナマ、ポーランド、サウジアラビア、スーダン、タイ、トルコ、UAE、ウズベキスタンで使用されている。モロッコ政府[32]は同社製品を使い、市民ジャーナリストグループ「マムファキンチ」を監視していた。具体的には、危険にさらされている匿名の市民を装って電子メールを送り、その添付ファイルにマルウェアを組み込んでおくという手法が用いられた。

2011年にバーレーンで逮捕[33]された反体制活動家たちは、取り調べの際、非公開でやり取りしたはずの電子メールやチャットの内容を書き写した書類を見せられた。これは、シーメンス社とノキア社により提供されたツールを使ってバーレーン政府が収集した情報だった。

tutional Conrtol

中東のドバイやブラジルのブラジリアなど、世界の多くの都市で「ＩＳＳワールド」[34]──「ＩＳＳ」は、諜報支援システム（intelligence support system）の略──という大規模な見本市が頻繁に開催されている。２０１４年のパンフレット[35]には、位置情報監視、通話記録のデータマイニング、ＩＴシステムへの攻撃的侵入、暗号解読などのセッションの予定が載っている。協賛社のリストは、まさにこの分野の有力企業の一覧表と言っていい。多くの国がこのイベントに職員を派遣している。[36]同様の見本市[37]は、アメリカやヨーロッパでも開かれている。

レイセオン、ノースロップ・グラマン、ハリス・コーポレーションなど、アメリカの大手軍需企業[38]のほとんどは軍用サイバー兵器を開発している。さまざまな国で監視センターの建設に協力している大手ＩＴ企業も多い。フランスのＩＴ大手ブル[39]は、リビア政府が監視センターをつくるのを助けた。ナイジェリア[40]はイスラエルのエルビット・システムズ社を、シリアはドイツのシーメンス社[41]とイタリアのアレア社[42]を利用した。リビアのカダフィ政権[43]は、中国のＺＴＥ社と南アフリカのＶＡＳテック社から電話監視テクノロジーを購入していた。アゼルバイジャン[44]とウズベキスタン[45]のインターネット監視システムを築いた企業は不明だが、欧米企業の協力があったことはほぼ間違いない。この種の技術移転を禁じる法規制[46]はほとんどなく、数少ない法規制も簡単に迂回できる。

監視に使用されるのは、政府専用に開発された[47]システムばかりではない。政府の監視インフラの多くは、そもそもは企業向けに開発されたものだ。アメリカのブルーコート社[48]は、企業にモニタリングとコンテンツフィルタリングのシステムを販売しているが、同社のシステムはビルマ（ミャンマー）、中国、エジプト、インドネシア、ナイジェリア、カタール、サウジアラビア、トルコ、ベネズエラなどで政府の監視活動に用いられてきた。カナダのネットスウィーパー社[49]の企業向けフィルタリング製品はカタール、イエメン、ＵＡＥ、ソマリア、パキスタンの政府に、アメリカのフォーティネット社[50]のソフトウェアはビルマ政府に使用されている。アメリカのマカフィー社の「スマートフィルター」は、教育機関でよく用いられているソフトウェアだが、チュニジアとイラン[51]の政府が自国のインターネットを監視するためにも使われている。イギリスのソフォス社の商業用セキュリティ機器は、シリアなどの抑圧国家の政府が市民を監視し、逮捕する道具にもなっている。

テクノロジーは、それ自体は善でも悪でもない。たとえば、スマートフォンは、救急車を呼ぶためにも使えるし、銀行強盗を計画するためにも使える。同じように、政府が犯罪者を見つけ出すために使う手段と、反政府活動家をあぶり出すために使う手段の間にも、そして企業が用いる監視手段と政府が用いる監視手段の間にも、技術的な違いはない。従業員が秘密情報を社外に電子メールで送信するのを防ぐために企業が合法的に用いるツールは、抑圧的な政府が監視と検閲をおこなう道具にもなりうる。逆も真なりだ。サウジアラビアやイランの反体制派が政府の監視を免れるために使うツールは、犯罪者が児童ポルノをやり取りするためにも使える。暗号化技術は、「善玉」が「悪玉」に傍受されずに[52]連絡を取り合う手段になる反面、「悪玉」が「善玉」に傍受されずに連絡を取る手段にもなるのである。ディズニーのあるテーマパークでは、来園客に写真を売るために顔認識技術を用いている。[53]カメラマンに園内の様子を撮影させ、それぞれの写真に誰が写っているかを顔認識技術で特定し、来園客ごとにその人が写った写真のリストを見せているのだ。しかし、このテクノロジーは、中国の民主活動家やニューヨークのウォール街占拠運動の参加者を特定する目的でも使用できる。

政府が企業のシステムを破る

ここまでは、政府の監視活動がいかに企業の監視能力を利用しているかを論じてきた。しかし、そのようなケースが大半ではあるが、政府はときに企業にスパイ活動を直接強制することもためらわない。

1990年代前半、FBIはみずからの電話傍受能力に不安を感じはじめた。昔のアナログ交換機を通じた通話なら傍受できた（それは、ワニ口クリップとワイヤーとテープレコーダーの世界。傍受には非常に手間がかかった）。問題は、デジタル交換機にはこの方法が使えないことだった。個別の通話を特定することがアナログ時代より難しくなり、FBIは電話傍受能力の喪失を懸念しだした。そこで、アメリカ議会に強く求めて、1994年に「法執行機関のための通信援助法[54]（CALEA）」という法律を成立させた。この法律は、通信企業に対して、デジタル交換機の設備変更をおこない、電話傍受を可能にすることを義務づけるものだ。

それから、20年。FBIは、今度はIT企業に対して、監視を容易にするよう求めはじめた。この背景には、電話以外の手段による通信が増えているという現状がある。今日は、オンライン上のチャットで、電子メールで、インターネット電話のスカイプで連絡を取り合うのが当たり前の時代だ。FBIはCALEAの強化を求めて、政治へのはたらきかけ[55]を強めている。電話だけでなく、音声、動画、文字のすべての通信を法律の対象にしようというのだ。そのなかには、オンラインゲーム「ワールド・オブ・ウォークラフト」のチャット機能や、オンライン上のスクラブルゲームの小さなチャットウィンドウを通じたやり取りも含まれる。

FBIの最終目標[56]は、傍受を完全にはね返すような通信を非合法化することにある。FBIのヴァレリー・カプローニ法律顧問（当時）は2010年、こう述べている。「いかなる企業も、アメリカの裁判所の命令をコケにすることを顧客に約束すべきではない。強力な暗号化を約束するのは構わない。企業に求められるのは、暗号化されていないテキストを我々に提供する方法を見いだすことだ」。わかりやすく言えば、顧客に真のセキュリティを提供することは許さない、というわけだ。

企業がFBIの要望にこたえることは、システム次第で簡単なケースもあれば、難しいケースもある。Gメールのような電子メールシステムの場合は簡単だ。Gメールのメールは暗号化されていない状態でグーグルのサーバー内に所在しているし、グーグルには、特定のアカウントへのアクセスを望む世界中の政府の要請に対応できるスタッフも大勢いる。一方、「オフ・ザ・レコード」のような暗号化チャットプログラムは、メッセージの傍受が不可能だ。暗号化は利用者のコンピュータでおこなわれるので、すべてのデータが集まる1箇所で監視すればすむわけではないのだ。このようなケースでFBIの要求にこたえるには、利用者が用いるソフトウェアに「バックドア」を設けるしかない。しかしそうすると、あらゆる者の侵入に対してセキュリティが脆弱になってしまう。それがいかに愚かなことかは、第11章で論じたい。

FBIの望む措置はきわめて強硬なものだが、その是非が公の場で議論されているだけましだ。民間企業の通信インフラに対する政府の支配は、秘密裏におこなわれるケースのほうが多い。その実態は、ときおり漏れ伝わってくるだけだ。

「ラヴァビット」[57]という電子メールサービスは、たいていの人が用いている大手業者の電子メールよりも強力なセキュリティを提供していた。これは、ラダー・レヴィソンというプログラマーが所有・経営する小さな会社のサービスで、テクノロジー通の人たちの間で人気になり、利用者は50万人を数えた。エドワード・スノーデンも愛用者の1人だった。

2013年にスノーデンが香港に逃れた直後、レヴィソンは国家安全保障書簡[58]（NSL）を受け取った。その内容は、全利用者の通信を守っているマスター暗号化キーを提出すること、そして監視される可能性があることをいかなる利用者にも明かさないことを求めるものだった。レヴィソンは裁判で争ったが、それに敗れるとサービスの閉鎖を決めた。顧客を欺き、裏切ることをよしとしなかったのだ。

この事件の教訓は明らかだ。FBIやNSAは、あなたの会社を大量監視の道具にしたければ、一方的にそれを命じる権限が自分たちにあると思っている。これらの機関は、あなたにシステムの変更を命令できる。[59]しかも、その命令を秘密裏に言い渡し、あなたにも秘密を守るよう強いることができる。そうなると、あなたは自社のビジネスの当該部分を自分で舵取りできなくなる。大企業ともなれば、事業を閉鎖するわけにもいかない。サービスの一部だけ打ち切ることも現実的に不可能だ。実質的に、会社はあなたのものとは言えなくなる。会社がアメリカ政府の巨大な監視機構の一部と化すのだ。あなたの利害が情報機関の利害と衝突すれば、勝つのはかならず情報機関だ。こうして、あなたは会社を乗っ取られてしまう。[60]

私たちが「ラヴァビット」に起きた出来事を知ることができたのは、レヴィソンが会社の所有者兼経営者だったからだ。上司や株主の意向に従う必要がなかったレヴィソンは、道徳上の理由でビジネスを閉鎖する道を選べた。もっと規模が大きく、しがらみの多い企業には、けっしてまねできないことだ。同様の要請を受けたコンピュータ関連企業はすべて、最終的に命令に従ったと考えておいたほうがいい。

たとえば、アメリカ政府が便宜供与、強要、脅迫、法的強制を通じて、スカイプ社にプログラムを修正させて、[61]通信を傍受しやすくさせたことが明らかになっている。具体的に、どのような修正[62]がなされたかは不明だ。それが2011年のマイクロソフトによるスカイプ買収前か買収後かも、どのように政府の要望にこたえたのかもわからない。しかし、そういうことが起きたことは確かだ。[63]

2008年、アメリカ政府はヤフーを密かに脅し、[64]NSAの「PRISM」プログラムに参加して利用者のデータを提供しなければ、1日当たり25万ドルの罰金を科すと言い渡した。2004年には、NSAがセキュリティ対策大手のRSAセキュリティ社に金を払い、[65]バックドアを組み込んだ乱数生成アルゴリズムを暗号ライブラリの標準設定にさせている。

当該企業が知らないうちに、セキュリティが破られているケースもある。通信傍受に関して企業と合意を結べていない場合、ＮＳＡは密かに傍受を実行するために最大の努力を払う。たとえば、「ＰＲＩＳＭ」プログラムでグーグルおよびヤフーから得られるデータの量に満足できなかったＮＳＡは、それぞれの会社の社内のデータセンター間を結ぶ主要通信回線に侵入していた。[66] おそらく、両社が利用していた通信会社であるレベル３コミュニケーションズの協力を得たのだろう。反発したグーグルのセキュリティ・エンジニア[67]は、グーグル・プラスの個人ページに「ふざけるな」と書いた。これが明るみに出て以降、グーグルはＮＳＡの傍受をはねのけるために、データセンター間の通信を暗号化した。ヤフーも同様の対策を講じたと主張している。

ＮＳＡがアメリカのテクノロジー企業をハッキングしたケースは、これだけではない。偽のフェイスブックページを作成し、[68] それを通じてコンピュータに侵入したり、前述のように、同局の特別アクセス工作（ＴＡＯ）部門がシスコシステムズの出荷途中の製品[69]に通信傍受機器を埋め込んだりしている。

アメリカ政府が有力なクラウドサービス業者にどのように圧力をかけて、利用者のデータへのアクセスを認めさせたのかは、明らかになっていない。そうした企業がＮＳＡと秘密の合意を結んだかも不明だ。わかっているのは、インターネット上の暗号を破ることを目指すＮＳＡの「ＢＵＬＬＲＵＮ」[70] プログラムとイギリスのＧＣＨＱの「ＥＤＧＥＨＩＬＬ」プログラムが一般的なセキュリティ対策の多くを破っていたことだ。ＮＳＡは「ラヴァビット」の場合と同様に、グーグルに対してマスター暗号化キーを要求し、そのことを秘密にしておくよう命じたのか？　ＴＡＯ部門がグーグルの海外のサーバーに侵入し、キーを盗んだのか？　グーグルの海外のデータセンター向けの機器を輸送途中に入手し、そこにバックドアを仕込んだのか？　これらはすべて、ＮＳＡが実際に用いる手法として文書に記されているものだ。１つ目のケースなら、グーグルはそれを公《おおやけ》に認めることが法律上許されていない。２つ目のケースなら、グーグルは認めたくないだろうし、３つ目のケースなら、そもそもグーグルはそのことに気づいていない。一般論としては、２００１年の９・11テロ直後、アメリカ政府が多くの企業から自発的協力を受けていたことがわかっている。企業のリーダーたちは、それが愛国的行動だと思っていたのだ。

今後は、ＮＳＡが私たちのデータに一括でアクセスするケースが増えるだろう。ＮＳＡが欲しがるデータの性格が変わりつつあるからだ。ＮＳＡは昔、必要な情報をすべて、インターネットの主要通信回線やブロードバンド接続を提供する企業から得られた。しかし、暗号化技術、とくにＳＳＬ技術が普及するにつれて、この方法で得られる情報は減りはじめた。インターネットでやり取りされるデータが暗号化される割合が増えれば、この傾向にさらに拍車がかかる。この事態に対処するために、ＮＳＡはインターネット接続業者からデータを一括して入手したい。送受信中と違って、そこではデータが暗号化されていないからだ。ＮＳＡがそのデータにアクセスするためには、接続業者のセキュリティを破る必要がある。

以上のような汚い行為に手を染めているのは、アメリカだけではない。中国政府は、通信機器大手のファーウェイが製造・販売するネットワーク機器すべてに傍受能力を組み込んでいると一般に信じられている。イギリス、ロシア、イスラエル、[71]フランスのインターネット関連製品にも、政府がバックドアを仕込んでいるとみなすべきだろう。

各国の政府は、直接の政治的・法的な支配を及ぼせない企業の製品にも密かにバックドアを組み込もうとしているのか？　この点は明らかでないが、実際におこなわれていると、多くのコンピュータ・セキュリティ専門家は考えている。アメリカの大手ソフトウェア企業で働く中国国籍保有者は、中国政府が自社の製品にハッキングするのを助けているのか？　フランス人プログラマーやイスラエル人プログラマーはどうか？　そこまでいかなくても、本国にソースコードを送り、セキュリティ上の欠陥を見つけるのに手を貸している可能性はないか？　アジアで設計・製造されるコンピュータチップに、アメリカの工作員がバックドアを仕込んでいることはないのか？　わかっているのは、コンピュータシステムや通信システムを破るために、アメリカが中国やドイツ、韓国などの企業に従業員として工作員を密かに送り込んでいる[72]ということだ。

このような状況に対して、企業はセキュリティの安全性を請け合ってみせる。しかし、その言葉には逃げ道が多く用意されており、本当の意味で安全性を確約しているとは言えない。2013年のテクノロジー関連のイベントで、グーグルのエリック・シュミット会長は、聴衆を安心させようとしてこう述べた。[73]「グーグル内にある情報は、政府のいかなる覗きの目からも守られていると、我々は確信しています」。

もっと正確な言葉に翻訳すれば、こうなる――「あなたのデータは、政府の監視の目から守られています。ただし、我々が知らない手法や、明かすことのできない手法が用いられる場合は、その限りではありません」。シュミットの発言はたちの悪いセールストークだ。しかし、NSAが秘密の法律の秘密の解釈に基づいて、秘密の裁判所の命令を用いて活動することを許されている限り、テクノロジー企業のトップが現実を認めようと認めまいと、政府にデータを取得されることに変わりはない。

ほとんどのインターネット企業はそれでも構わない。シュミットが言わなかったことがもう1つある。それは、こういう言葉だ。

「そしてもちろん、我々はみなさんのデータすべてにアクセスできます。そして、誰に対してもそれを自由に販売できます……みなさんは、それに異議を唱えることができません」

顧客や利用者の大規模な監視を実行している企業は、政府の要請に従い、NSAに情報を提供することが容易だ。一方、政府がデータへのアクセスを要求し続け、データ保護法制の制定を避ければ、企業はデータへのアクセスを可能にするシステムを設計しやすい。ここでは、2つの要素が互いを強力に補強し合っている。企業のビジネスモデルが政府の活動を助け、政府の活動が企業のビジネスモデルを正当化しているのである。

第2部

なにが脅かされるのか？

WHAT'S AT SAKE

第7章

政治的自由と正義

私たちが大量のデータを生成し、それが半永久的に保存される時代になったことで、状況はいっそう悪化した。当局の証拠漁りが過去にさかのぼり、10年前、15年前、20年前、いやもっと昔の行動がほじくり返される可能性がでてきたからだ。人生を通じてすべての言動が永久に記録される。

2013年、ロサンゼルス・ファースト・ユニテリアン教会は、国内でのスパイ活動に関して国家安全保障局(NSA)を裁判に訴えた。[1] NSAが教会メンバーの電話利用データを収集しているせいで、団結して政治的活動をおこなうことが妨げられているというのが理由だ。これは被害妄想ではない。1950〜60年代、FBIは、政治的主張が理由でこの教会の牧師を監視していたのだ。ロサンゼルス・ファースト・ユニテリアン教会は、同教会と関わっているアメリカ人と外国人が監視リストに載せられているのではないかと恐れている。[2]

政府の監視活動は大きなコストをともなう。最も目に見えやすいコストは、政府の莫大な出費だ。アメリカ政府が監視活動に費やしている金額は、年間720億ドルに上る。しかし、それだけではない。社会も代償を負わされる。そのダメージは国の内外に及ぶ。ハーバード大学法科大学院のヨハイ・ベンクラー[3]の言葉を借りれば、NSAの監視活動は自己免疫疾患に似ている。システム内のほかの要素を次々と攻撃するからだ。当意即妙な比喩と言えるだろう。

社会が支払わされる最も大きな代償は自由だ。リスクの深刻さを浮き彫りにするかのように、あらゆる政治的イデオロギーの持ち主が監視システムのあまりの深さと広がりに反対の声を上げている。政治的に保守派で親ビジネスの傾向が強いエコノミスト誌も2013年の社説で、監視カメラによる監視の行きすぎに警鐘を鳴らした[4]。「テクノロジーの進歩は恐れるべきものではなく、基本的には歓迎すべきであると、本誌は確信している。しかし、ことこの問題に関しては、その確信がより根源的な欲求とぶつかり合う。その欲求とは、自由を求める強い思いである。自由には、なんらかのプライバシーの権利が含まれていなくてはならない。もし、あなたの行動がすべて記録されれば、あなたの自由は制限されてしまう」

データによる糾弾

17世紀フランスの政治家、リシュリュー枢機卿の有名な言葉に、「世界で最も正直な人物でも、その人が書いた文章が6行あれば、絞首刑にする理由を見つけられる」というものがある。ソ連の独裁者ヨシフ・スターリンの下で秘密警察を統括したラヴレンチー・ベリヤは、「誰かの名前を挙げれば、その人物の罪を示してみせよう」と言ってのけた。2人は同じ趣旨のことを言っている。ある人物について十分な量のデータがあれば、その人をなんらかの容疑で有罪にする証拠を見つけられるというのだ。だから、多くの国では、警察がフィッシング・エクスペディション（証拠漁り）、つまり目当ての情報を特定せずにおこなう捜索を禁止している。捜索・押収対象を個別に明示しない令状の発行がアメリカ合衆国憲法で明確に禁じられているのも同じ理由だ。警察にそれを許せば、甚だしい権力乱用につながりかねない。実際、イギリスは、植民地時代のアメリカで人々を統制するためにその種の令状を用いた。

網羅的監視がまかり通れば、警察の意向次第で誰でも法律違反を問われる恐れがある。すべての行動の記録が保管され、いつか自分に不利な証拠として用いられかねない社会で生きるのは、とてつもなく危険だ。警察が私たちの過去の行動に関する膨大なデータを掘り返し、犯罪の「証拠」を探すことを許すのは、あまりに危ない。

監視活動は、私たちが権力者による人権蹂躙の標的になる危険を生む。監視が実行されたときに悪いことをしていなくても、安心できない。どのような行為を「悪い」とみなすかはしばしば恣意的に決まり、その定義はいとも簡単に変わる場合がある。１９３０年代のアメリカでは、共産主義者や社会主義者であることはインテリ層の間でちょっとした流行になっていて、とくに悪いこととは考えられていなかった。しかし、１９５０年代に状況が一変する。ジョセフ・マッカーシー上院議員が主導した赤狩りにより、多くの聡明で高潔なアメリカ国民が過去の政治的言動を暴かれ、キャリアを破壊された。ウォール街占拠運動や、草の根保守運動のティーパーティー、動物の権利擁護運動、銃保有権擁護運動のウェブサイトを閲覧した人が５

年後、10年後に、その閲覧履歴を根拠に、国家転覆を企てたと言われるようになるのか？

私たちが大量のデータを生成し、それが半永久的に保存される時代になったことで、状況はいっそう悪化した。当局の証拠漁りが過去にさかのぼり、10年前、15年前、20年前、いやもっと昔の行動がほじくり返される可能性が出てきたからだ。しかも、さかのぼれる年数は伸び続けている。いまの大人は若気の至りを「なかったこと」にできるが、今日の若い世代にそれは許されない。人生を通じてすべての言動が永久に記録される。

政府の監視がもたらすもう1つの危険は、人々がカテゴリーわけされて、それに基づいて差別的な扱いを受けることだ。ジョージ・ワシントン大学法科大学院のダニエル・ソローヴ教授[5]は、カフカ的不条理という言葉でこの状況を表現した。この種のデータは、本人が知らないうちに収集・利用されることが多く、私たちはそれに異議を申し立てる権利がない。そもそも、自分に対してどのような不利なデータがあるかも知りようがない。監視データに基づいてシステムが自動的に判断をおこなうようになれば、この問題はいっそう深刻になる。

監視データは、空港での保安検査の厳重化に始まり、強制送還にいたるまで、人々にさまざまなペナルティを課す根拠として用いられてきた。[6] ２０１２年、26歳のアイルランド人男性、[7]リー・ヴァン・ブライアンは、ロサンゼルス旅行を前に、ツイッターに「アメリカを破壊（＝destroy）しに行く前に、今週遊ばない？」と書き込んだ。アメリカ政府はツイッターの書き込みをすべて監視しており、[8] この投稿も政府機関職員の目にとまった。アメリカ当局は、旅客機の搭乗者リストと照らし合わせ、ブライアンの乗った便を突き止め、空港で待ち構えていた。

「destroy」というのは「思いっきり楽しむ」という程度の意味だったが、ブライアンは5時間にわたって取り調べを受け[9]、強制送還された。空港で爆弾関連の冗談を言えば拘束されかねないというのは、誰でも知っている。しかし最近は、旅行先で暴れ回るぞと、インターネットに漠然と書き込むことも自重したほうがいいらしい[10]。

ハワイのある男性は2013年、自分が飲酒しながら運転している様子を撮った動画をフェイスブックに投稿し、警察に逮捕された[11]。本人いわく、動画はパロディで、飲酒していなかったという。イギリス当局の対応はさらに強硬だ。ツイッターやフェイスブックに人種差別的な書き込みをすると[12]、刑務所に入れられることがある。もっと極端な国もあることは知ってのとおりだ。インターネット上に書いた内容を理由に逮捕されて拷問を受ける国もあるのだ。

最も憂慮すべきなのは、アメリカ軍が監視データをもとにドローンによる攻撃の標的を決める場合があることだ[13]。ドローン攻撃の標的決定には、2つのパターンがある。1つは「標的殺害」。電子的監視などにより、特定の人物の居場所を突き止めて実行する攻撃のことだ。もう1つは「識別特性爆撃」である[14]。行動や属性を基準にテロリストらしく見える人物を見つけ出し、素性が未特定の人たちを狙う。具体的には、年頃や性別、居場所、そのとき取っているように見える行動などが判断材料にされる。パキスタンでのドローン攻撃が最も活発だった2009年と2010年、殺害の半分は識別特性爆撃によるものだった[15]。しかし、テロリストらしいという判断がどの程度正確だったかは、明らかにされていない。

こうしたことは間違っている。私たちは、政府に、いまの政府に、5年後や10年後の政府に、そしてほかの国の政府にどう思われるかを気にせずに、友達と自由に会話し、家族に携帯メールを送り、書籍やオンライン記事を読めるべきだ。自分の行動が政府にどのように解釈（あるいは誤解）されるか心配したり、そのデータが自分の不利に用いられないか恐れたりすることを強いられてはならない。私たちは監視の対象にされるべきではない。監視活動はその性質上、無制約に拡大していくものだからだ。[16]

国家による検閲が萎縮効果を生む

私たちの自由が守られるかは、プライバシーが保護されるかに加えて、思想が自由に流通するかにもかかっている。政府の検閲は、この両方を押しつぶす。そうした検閲は監視を通じて実行される場合が多い。

中国政府は、国民を外の世界の「危険な」ニュースや意見から守るという名目で、「金盾」もしくは「グレート・ファイアウォール[17]（防火長城）」と呼ばれる仕組みを設けている。8年の年月と7億ドルの金を費やして「防火壁」を築き、インターネットを検閲しているのだ。中国政府の狙いは[18]、有害な思想を払いのけたり、言論を抑え込んだりすることにも増して、人々が結集するのを妨げることにある。この防火壁はうまく機能している。[19]テクノロジーに精通した人は壁を回避する方法を見いだせるが、大多数の国民は、チベット仏教の最高指導者ダライ・ラマ14世の情報に始まり、欧米の多くの検索サイトにいたるまで、さまざまな情報へのアクセスを阻まれている。

今日、世界の国々の政府が実行しているインターネット検閲は、過去にないくらい徹底されている。[20]対象にされているのは、政治的な情報や主張だけではない。国によっては、性的な内容やある種の宗教的な内容を含むウェブサイト、オンラインギャンブル関連のサイト、違法薬物使用などの違法行為を助長するサイトなども検閲している。中東のほとんどの国の国民は、広範囲にわたる検閲の下で生きている。フランス、ドイツ、オーストリアでは、ネオナチ関連のコンテンツが検閲されており、[21]ナチス時代の遺物のオンラインオークションも許されない。一部の国では、暴力をけしかけるようなウェブサイトも検閲の対象だ。ベトナムでは、「法令72」という法律により、オンライン上でニュースを議論することが禁じられている。[22]著作権侵害のコンテンツを検閲する国もある。[23]イギリスでは、政府の旗振りにより、インターネットサービスの初期設定でオンラインポルノを閲覧できないようにしてある[24]（利用者が設定を変更すれば閲覧できる）。アメリカでも2010年、内部告発サイトのウィキリークスが検閲の標的になった[25]〔**訳注**／一部の連邦議員の圧力により、アマゾンがホストサーバーからウィキリークスを削除した〕。

検閲はほとんどの場合、監視をともなうので、どうしても自己検閲に道を開くすべての発言が政府に監視されていると思えば、人々は政府から禁じられている題材について記事を読んだり、発言したりすることに消極的になるからだ。2014年にロシア政府[26]がブロガーに登録を義務づける法律をつくった狙いは、まさにこの点にあった。中国のグレート・ファイアウォールが機能している理由もここにある。この「防火壁」の強みは、特定のウェブサイトへのアクセスを遮断できる技術だけではない。壁を回避しようとすれば、いずれ露見し、ほかの市民によって通報されるぞという脅しがものを言っているのだ（通報する市民が政府の立場に賛同しているとは限らない。[27]通報しなければ、自分がペナルティを科される恐れがあるのだ）。中国のインターネット企業はしばしば、政府から要求される以上の自己検閲をしている。[28]

摘発された場合に待っている結果が重大であればあるほど、[29]人々は神経質に自己検閲をすることになる。

監視は、社会に大きな萎縮効果[30]を及ぼす可能性がある。アメリカ連邦最高裁判所のソニア・ソトマイヨール判事は2012年、FBIが令状なしで容疑者の自動車にGPS発信装置を取りつけたことの合憲性が争われた事件で判決文に同意意見を付し、[31]萎縮効果の危険性を認めている。ソトマイヨールは、当該の事件だけにとどまらない影響を指摘した。「政府に監視されているかもしれないという意識は、結社の自由と表現の自由を萎縮させる。しかも、政府が個人のプライバシーを暴くようなデータを無制約に収集できるようになれば、その力は乱用されやすい。以上の点を考えると、GPS監視が認められれば、政府が恣意的に対象者を選び、比較的小さなコストでその人物の私的な情報を大量に入手できるようになって、『市民と政府の関係が変わり、民主主義社会に有害な結果を生む』可能性がある」というのだ。

コロンビア大学の法学者エベン・モグレンが言うように、[32]「あらゆる場で盗み聞きされていると思えば、恐怖心が湧いてくる。そうした恐怖心は、理性的で秩序だった自由の敵だ」。監視は、脅しの手立てになりうるのだ。

アメリカでは、すでに萎縮効果が現実になりつつある。人権擁護団体ヒューマン・ライツ・ウォッチによれば、情報機関、国家安全保障機関、法執行機関を取材しているジャーナリストたちは、政府の監視活動によりかなり手足を縛られている。取材対象から接触を避けられるようになったり、[33]みずからが訴追を恐れたりしはじめているのだ。その結果、国民にとって重大な関心事が報じられなくなり、国民に知らされる情報が減っていると、ヒューマン・ライツ・ウォッチは結論づけている。これこそ萎縮効果の産物である。

弁護士が情報機関の関心事に関わる案件を[34]――たとえば、外国政府が顧客だったり、麻薬やテロが関連していたりするケースなど――手がける場合も、影響から逃れられない。弁護士たちもジャーナリストと同様、自分たちの会話が盗聴され、顧客との通信内容が自分たちを訴追する材料に用いられはしないかと恐れている。[35]

9・11テロ後の監視活動は、[36]ジャーナリストや著述家たちの自己検閲を生み出している。ある種のテーマについて調べたり、書いたりすることを避けるようになったのだ。国外の情報源や仕事仲間、友人との連絡にも慎重になっている。スノーデンの暴露に基づく記事が最初に掲載された直後にピュー研究所が実施した調査では、人々がオンライン上でNSAを話題にしたくないと思っているという結果が出た。[37]さらに大規模なハリス・インタラクティブの世論調査によれば、アメリカ人の半分近くは、NSAの監視を意識して、調べたり、話したり、書いたりする内容を以前と変えたと答えている。[38]監視活動は、イスラム教を信仰するアメリカ人や、環境保護、[39]銃規制反対、麻薬解禁、人権擁護を訴える団体のインターネット使用も萎縮させている。[40] また、2013年にスノーデンの暴露があって以来、[41] 世界の人々はグーグルで個人情報に関わる検索を以前ほどおこなわなくなった。

国連人権高等弁務官事務所[42]（OHCHR）は2014年の報告書で、次のように書いている。「通信内容が傍受される可能性があるだけで、プライバシーへの干渉が生じる。表現の自由や結社の自由などの権利の行使に対して萎縮効果が及ぶ可能性がある」

この指摘を誇大妄想と片づけてはならない。2012年、フランスのニコラ・サルコジ大統領（当時）は選挙演説でこんなことを述べているのだ。[43]「テロや憎悪や暴力を後押しするようなウェブサイトを日常的に閲覧している人物は、刑務所に送るようにする」

監視の対象は、現在だけではない。過去も調べ上げられる。政治家たちはすでに、あらゆる振る舞いが撮影され、対立勢力によって文脈から切り離されて批判される時代に生きている。過去の言動を洗いざらい調べられて、現在の基準に照らして非難されるのだ。数年前までは想像もできなかったくらい詳細に、過去の言動がほじくり返されるようになっている。これが政治家だけでなく、就職活動をするすべての人の身に起きるようになる。

もちろん、萎縮効果の影響をどの程度受けるかは人によって違う。政府による監視を意に介さず、まったく影響を受けない人もいる。しかし、社会の支配層から好ましく思われていない宗教的、社会的、民族的、経済的集団のメンバーはとくに萎縮しやすい。

第2章で紹介したパノプティコン（一望監視施設）の土台を成すのは、監視されていると思うと、人は従順になるという考え方だ。パノプティコンは、社会を統制する仕組みになりうる。

パトカーにぴったり併走されているとき、あなたはどのように行動するだろう？[44] 秘密警察がすべての電話通話を盗聴している国の国民は、どのように行動するだろう？ すべてが記録されていると思うと、私たちはそうでない場合に比べて、自由に話したり、みんなと違う行動を取ったりしなくなる。自分の行動をつねに採点され、批判され、懲罰を加えられるという脅威にさらされている人は、恐怖心をいだく。いますぐにせよ、いつかわからない未来にせよ、自分の残したデータが原因で困った立場に立たされるのではないかと脅えるようになるのだ。権力者の考え次第で、昔なら誰にも知られず、非難もされなかった行為がやり玉に挙げられる日が来ないとも限らない。そこで、私たちはみんなと違う行動を取らなくなる。その結果、私たちは個性を失い、社会が停滞しはじめる。権力に疑問を呈したり、異議申し立てしたりもしなくなり、従順で服従的になる。こうして、自由が縮小していくのだ。

異論を抑え込み、社会の変化を妨げる

萎縮効果は、政治的議論に及ぼす弊害がとりわけ大きい。政治的議論では、異論に価値がある。[45] 突飛に聞こえるかもしれないが、ときには法律を破ることにも価値がある。この2つの要素は、社会をよくしていくための手段になりうるのだ。網羅的大量監視は、民主主義と自由と進歩の敵なのである。

この主張を正当化するには、前著『信頼と裏切りの社会』[46]（邦訳・ＮＴＴ出版）に記したよう

に複雑な議論が必要になるが、法律違反が社会にとって重要な役割を果たしていることは間違いない。いまアメリカの多くの州で、同性愛とマリファナを禁じる古い法律が改められつつある。もし、監視を通して法律が完全に徹底されていたら、国民の過半数が同性愛やマリファナを受け入れる時代は訪れなかっただろう。社会が変わる過程では、新しいものごとが「違法だけれど、次第に容認されていく」という段階が不可欠なのだ。人々が周囲に目をやり、新しいことを実践している人たちを目の当たりにして、「別に問題ないじゃないか」と思いはじめる必要がある。このプロセスには長い時間がかかるが、法律違反なしにそれは実現しない。ミュージシャンの故フランク・ザッパも1971年、同様のことを述べている。[47]

「規範から逸脱しなければ、進歩はありえない」

政府の網羅的監視により規範が隙なく徹底されれば、このプロセスが機能しづらくなる。社会には、セキュリティが不完全な状態が必要だ。[48] そのような環境でこそ、人は自由に新しいことを試せる。オフレコのブレインストーミングでは、自由闊達に意見が述べられ、独創的なアイデアが生まれやすい。それと似た環境がなくなれば、私たちの社会は、あるものごとが「違法で許されない」という状態から、「違法だが、問題があるかははっきりしない」、そして「違法だがおそらく問題ない」をへて、「合法である」に少しずつ移行していけない。

これは重要な点だ。いま私たちが当たり前と思っている自由の多くは、過去にときの権力から危険とみなされたり、犯罪と位置づけられたりしていた時代があった。権力が監視を通じて社会をコントロールしていれば、いまもそれが変わっていなかったかもしれない。

以上の点は、いま確立されつつある監視体制に対して私たち全員が警戒すべき大きな理由の1つだ。みずからが委縮しない自信がある人にとっても、それは由々しき問題になりうるのだ。ほかの人たちが新しい政治的・社会的な考え方を主張したり、みんなと違う行動を取ったりすることが少なくなれば、その弊害はすべての人に及ぶ。J・エドガー・フーバー長官率いるFBIの監視により、マーチン・ルーサー・キング牧師が沈黙させられていたら、キングと家族だけにとどまらず、はるかに多くの人の人生が変わっていただろう。

言うまでもなく、いま違法とされている行為のなかには、未来永劫にわたり違法であり続けるべきものも多い。窃盗や殺人などがそうだ。しかし、違法行為を徹底的に取り締まろうとすれば、思わぬ弊害が生じかねない。極端な話、警察があなたの車を24時間監視して、スピード違反や信号無視、左折禁止箇所での左折、前方車両への過度の接近などをすべて数え上げ、月末に罰金の請求書を送りつけるようになったら、社会にどのような影響が及ぶだろう。自治体が上空からあなたの家を監視し[49]、庭の芝生を伸ばし放題にしていたり、家の前の除雪を怠ったりしている場合に、自動的に罰金を科すようになったら？

現在の法制度は、おおむね人間による判断を土台にしている。そうした人間の判断にはバイアスや偏見が介在するリスクがあるが、コンピュータのアルゴリズムにより判断を効率化する[50]ことにもリスクはついて回る。網羅的監視[51]は、2002年のトム・クルーズ主演の映画『マイノリティ・リポート』で描かれたような世界を生みかねない。それは、ある人が犯罪をおこなうと予知された段階で警察の捜査対象になる社会だ。現実の世界でも、法執行機関はすでに予測分析ツールを活用し、[52] 犯罪をおこしそうな人物を事前に割り出して捜査活動に生かしている。ここまでくれば、ジョージ・オーウェルの小説『1984年』のような全体主義的監視体制が生まれて、体制に刃向うような思考をいだくだけで犯罪とされるまでは、あと一歩だ。

先端技術を活用して特定の犯罪を完全に阻止しようという新しい考え方は、[53] それを実行に移す前に慎重に考えたほうがいい。前出のハーバード大学のヨハイ・ベンクラーが述べているように、[54]「不完全さは自由の核を成す要素」なのだから。

なし崩しに広がる秘密主義

政府による監視は、たいてい秘密裏におこなわれる。そして、それは自由でオープンな社会の存立を脅かす。

アメリカでは、政府の秘密主義的傾向がいくつかの面で現実化している。第1に、政府は機密扱いできるものごとの範囲を大きく拡大させてきた。情報収集活動、外交政策、国防の分野で機密が必要だというのは、国家安全保障の常識だ。[55] 政府が軍の部隊の移動や兵器の性能、交渉の方針などを公表すれば、それに合わせて敵が方針を変更し、ことを有利に運んでしまう。

このような軍事機密の考え方[56] 自体は太古の時代から存在するが、近年その性格が大きく変わってきた。[57] アメリカを例に説明しよう。第一次世界大戦当時、守るべきとされていた機密は、もっぱら具体的な事実に関する情報だった。部隊の配置や戦場での細かい戦術など。第二次世界大戦時には、[58]秘密の範囲が大きく広げられて、大規模な作戦計画とある種の学問分野の知識全体が機密扱いされるようになった。[59]たとえば、アメリカの原爆開発計画自体だけでなく、核兵器に関する科学的知識がすべて機密事項とされたのだ。そして、2001年の9・11テロ以降、さらに機密の範囲が広がり、ほぼあらゆることが秘密扱いされうるようになっている。[60]

アメリカ政府の機密事項は爆発的に拡大した。秘密情報の正確な件数は公表されていない。[61]それ自体が機密事項だからだ。それでも、合理的な推計によれば、アメリカで毎年機密文書に指定される政府文書は、何千億ページにも達するという。一方、機密文書の取り扱い許可を受ける人の数も激増している。2012年10月の時点で、その数は500万人近く[62]（そのうち、最高機密資料の取り扱いを認められている人が140万人）。1999年と比較して1・5倍だ。

NSAの監視活動の詳細は、かなりの部分が機密扱いとなっている。[63]悪事をはたらこうとする勢力にヒントを与えないため、というのが理由だ（この種の議論については、第13章で論じる）。スノーデンの暴露以前、[64]私たちは、NSAの監視活動を許可する大統領政策指令も、監視活動を認める裁判所命令も読むことができなかった。すべて機密扱いされていたのだ。スノーデンの内部告発によって多くの政府文書が機密解除されていなければ、これらの文書はいまも私たちの目に触れないままだっただろう。

秘密主義を強めているのは、NSAだけではない。地域の警察も監視活動を隠しはじめている。たとえば、警察による携帯電話監視を許可する裁判所[65]は、それを機密扱いにする場合が多い。イギリスの警察[66]にいたっては、携帯電話監視をおこなっていること自体を認めていない。

これは一例にすぎない。

秘密主義がまかり通れば、監視活動を監督し、法律が平等に適用されているか確認するための抑制と均衡のメカニズムが弱体化する。9・11テロ後、さまざまな企業がFBIとNSAから国家安全保障書簡（NSL）を頻繁に受け取るようになった。前述のように、これは監視データの提供を求める文書で、口外禁止令がついている。この書簡を受け取ると、[67]データ提供を求められたという事実の公表すら禁じられるのだ。漠然とした事実すら明かせない。そのため、企業が裁判でFBIとNSAの要求に抵抗することがいっそう難しくなる。

政府は秘密を貫くために、企業との秘密保持契約を盾にする場合もある。そうした契約があることを理由に、FBIと地域の警察は、携帯電話監視システム「スティングレイ」の詳細を[68]明かしておらず、地域の警察は、民間企業開発の犯罪予測アルゴリズム（警察官の配置を決めるために用いている）の具体的内容を公表していない。[69]

政府が秘密主義的傾向を強めている2つ目の側面は、機密扱いが極端なまでに徹底されるようになったことだ。アメリカには政府の機密指定に関して詳細な法制度が存在するが、[70]それが無視される傾向が強まっているのだ。行政府は国家機密を乱用して、[71]さまざまな情報が国民の目に触れないようにしている。行政府は議会に情報を隠し、[72]NSAは監督機関[73]（ここには議会も含まれる）[74]に情報を隠す。議会の一部のメンバーは、[75]ほかの議員たちに情報を隠している。秘密裁判所[76]も情報を秘匿し、連邦最高裁までもが[77]次第に非公開情報を増やしつつある。ワシントンでものを言うのは情報だ。そして、その情報を情報機関が抱え込んでいるのである。

政府が秘密主義を強めている３つ目の側面は、機密を暴露した人物、すなわち内部告発者に対してきわめて厳しい対応を取るようになったことだ。バラク・オバマ大統領は、政府の悪事を暴いた人物を訴追することにことのほか熱を入れてきた。[78] ２００９年に大統領に就任して以来、機密をメディアに漏洩したとの理由で訴追した人数は８人に上る。１９１７年にスパイ防止法が成立して以降、オバマ政権発足までに訴追された人数は、合計わずか３人だった。[79]

スパイ防止法で訴追された人物は、内部告発であるという点を弁護の材料にできない。被告人が機密情報を漏洩した理由を説明することは、法律で禁じられているのだ。１９７１年、スパイ防止法に基づいてはじめて訴追された人物であるダニエル・エルズバーグは、みずからの行動を法廷で説明することを許されなかった。２０１０年に訴追された元ＮＳＡ幹部トーマス・ドレーク[80]は、裁判で「内部告発」「過度な機密指定」という言葉を使うことを禁じられた。同年に訴追された元陸軍上等兵のチェルシー・マニング[81]（旧名ブラッドリー・マニング）もそのような主張をすることが認められなかった。

エドワード・スノーデンは、みずからを内部告発者と位置づけている。[82] 私も含めて多くの人間が同じ意見だが、そうは考えない人たちもいる。オバマ政権のジョン・ケリー国務長官[83]は、スノーデンが「アメリカに帰国し、わが国の司法の場でみずからの主張を訴えるべきだ」と言う。オバマ政権の初代国務長官であるヒラリー・クリントンは、[84]「罪に問われるが、弁明の機会も与えられることを知っているなら、帰国したければそれを決断すべきだ」と述べている。この２つの発言は、[85] 事実をねじ曲げる政治的ごまかしの典型だ。アメリカの現在の法律では、スノーデンが裁判で自分の言い分を述べることは許されていないのだ。

政府による監視のために秘密主義が実践されれば、国民はみずからの代表である政府の行動を議論したり、それに賛否を表明したりする機会を奪われ、政治家に対して要求を伝える力も失うことになる。NSAとさまざまな監視プログラムに関する報道の洪水のなかで忘れられがちだが、スノーデンが大きな代償と危険を覚悟して行動し、NSAの活動を暴露していなければ、私たちはそうした報道内容をどれ1つとして知らされないままだったのだ。

権力の乱用

2014年前半、ツイッターにイリノイ州ピオリアのジム・アーディス市長のパロディ・アカウントが出現した。過激な投稿にアーディスが激怒したことが引き金になって[86]、地元警察は違法に令状を取得して、ツイッター社にアカウント保有者の個人情報を提供させ、ジョン・ダニエルというユーザーを家宅捜索した。しかし、刑事告発は見送られた。最大の理由は、なにも悪いことをしていなかったからだ。現在、アメリカ自由人権協会（ACLU）がダニエルの代わりに、ピオリア市を裁判に訴えている。

あらゆる監視活動は乱用される危険がある。近年は、政治家が監視システムを使って対立勢力を脅したり、ピオリアの例のように目障りな人物に嫌がらせをしたりするケースが少なくない。2014年には、ニュージャージー州の警察[87]が恒常的に、クリス・クリスティー知事主催のイベントに押しかけた抗議の市民の写真を撮影していた。これは、州司法長官が中止を命じるまで続いた。同じ年に、CIAが上院情報特別委員会のスタッフのパソコンに不法侵入していたことも明らかになった。同委員会は、CIAを監督する役割を担っている。2013年には、NSAが国連の通信を監視していたことも判明した。これは国際法違反だ。ほかにも、州政府や自治体の監視機関がさまざまな乱用に手を染めていることが知られている。

乱用は監視機関の内部でも起きる。たとえば、NSAの職員は日常的に、国外のアメリカ人の私的な通話を盗聴したり、電子メールを傍受し、性的な画像を同僚の間で回覧したりしている。このことは、2008年の通信傍受担当者2人の告白や、2014年のスノーデンの暴露によって明るみに出た。NSA職員がみずからの知人の通信を傍受しているケースもあると、NSAは認めている。そうした行為は、局内で「LOVEINT（ラブ情報収集）」と呼ばれているという。NSAの内部監察報告書によると、2011〜12年にかけての12カ月間で同局のプライバシー保護ルールが破られた件数は、2776件に上る。1日当たり8件だ。これでも大きな数字だが、実態はおそらくもっと多い。現在のNSAの自己監督システムでは、ルール違反の発覚件数は実質的にNSAがみずから決めているに等しいからだ。

これは新しい問題ではないし、NSAだけの問題でもない。アメリカの現代史を振り返ると、監視システムが組織的に乱用されたケースは多い。労働運動の指導者や（第一次世界大戦後に）共産主義者と疑われた人たち、公民権活動家、ベトナム戦争の反戦活動家などが標的にされてきた。目を背けたくなる現実だが、いくつかの例を紹介しておこう。

1 広範にわたる監視活動の結果、FBIのJ・エドガー・フーバー長官（当時）は、マーチン・ルーサー・キング牧師の不倫行為を知った。そして1964年、匿名の手紙を送りつけ、キングを自殺に追い込もうとした。[95] こんな内容だ。「キングよ、胸に手を当てて考えてみるがいい。自分でわかっているはずだ。お前は完全にペテン師だ。お前は、我々黒人全員の足を引っ張っている。この国の白人たちもペテン行為をはたらいてきたが、現時点でお前ほどひどいペテンに手を染めている者はいない。お前は聖職者などではない。それは、自分自身がよく知っているだろう。繰り返す。お前は途方もないペテン師だ。それも、ことのほか邪悪なペテン師だ。神を信じている人間のすることではない。……お前がいかなる道徳の原則も信じていないのは明らかだ。……キングよ、お前にできることが1つだけ残っている。自分でわかっているだろう。お前に残された時間は34日間（これはいいかげんに示した数字ではない。日数には、明確な実際的意味がある）。お前はもう終わりだ。出口は1つしかない。お前の汚い異常なペテン行為が国中に知らされる前に、その道を選べ」

2 1976年の上院の調査報告書は、FBIの監視プログラム「COINTELPRO[96]（対敵情報活動）」について、次のように記している。「プログラムの表向きの目的は、『国家安全保障』の保護もしくは暴力の予防だが、ビューロー（FBI）の証言者たちによれば、標的の多くは暴力とは無関係で、ほとんどは外国勢力との結びつきもない。実際には、暴力に走る『可能性』があるとビューローが判断したというだけの理由により、暴力性のない組織と個人が標的にされた。暴力的なデモを権威づけし、デモを『幇助し、奨励して』いるとの理由で、ベトナム戦争に反対する非暴力的な市民が標的にされた。……
「COINTELPRO」は、単に法律と憲法に違反していただけではない。ビューローはこのプログラムにおいて、密かに法律を恣意的に運用し、情報収集と法執行の範囲を踏み越えて、法的プロセスを完全に逸脱して水面下で集団や個人の平穏を壊し、信用を傷つけ、嫌がらせをした」

状況は、いまも変わっていない。9・11後のアメリカでは、ウォール街占拠運動の活動家[97]、人工妊娠中絶反対派と擁護派の活動家[98]、平和活動家[99]など、政府に対して抗議活動をおこなう可能性がある人たち[100]が監視対象にされてきた。

●NSAとFBIは、テロとは無関係の著名なイスラム教徒アメリカ人を大勢監視した。[101] そのなかには、以下のような人物も含まれていた。共和党の活動家歴が長く、選挙に立候補した経験もあるファイサル・ギル。政府の最高機密の取り扱いも認められており、ジョージ・W・ブッシュ政権の国土安全保障省で役職を務めたこともある人物だ。テロ関連の事件で弁護を引き受けていた著名弁護士のアシム・ガフール。ラトガース大学で国際関係論を教えていたイラン系アメリカ人のフーシャング・アミラマディ。アメリカ最大のイスラム系公民権団体の事務局長を務めるニハド・アワド。

●ニューヨーク市警[102]は、マイノリティの多い地区で秘密裏に監視活動を実施した。イスラム教のモスクを監視したり、学生団体や政治団体に潜入したり、地域社会全体を見張ったりしていたのだ。犯罪の告発を受けたり、証拠があったりしたからではなく、民族を理由に人々が監視の標的にされたのである。こうした監視活動の多くは、CIAの協力で実施された。CIAがアメリカ国民に対してスパイ活動をおこなうことは、本来は法律で禁じられている。

同様の例はほかにも多い。ボストンのフュージョン・センター[103]（第5章参照）は、「平和のための退役軍人の会（VFP）」や女性反戦団体の「コード・ピンク」、ウォール街占拠運動を監視していた。ボストン市は2013年[104]、IBMの協力を得て、ある音楽祭の会場で映像監視システムを導入した。同じ頃、国防総省の「防諜フィールド活動[105]（CIFA）」は、さまざまな罪なきアメリカ国民を監視していた。国防総省が国民を監視することは、法律上許されていない。マーチン・ルーサー・キングを脅そうとしたフーバー長官を連想させる行為もおこなわれている。NSAは、イスラム教徒の「煽動者」たち――テロリストではないが、政治的な発言を通じてほかの人たちを過激化させる可能性がある人たちを指す言葉だ――のオンラインポルノ視聴[106]についてデータを収集していた。その人たちを脅迫することが狙いだ。

2010年、麻薬取締局（DEA）の捜査官がニューヨーク州オールバニの女性の携帯電話を捜索した。それ自体は本人の同意を得たうえでの捜索だったが、その際に捜査官が女性の私的な写真を保存し、その女性になりすまして[107]フェイスブックページをつくり、捜査に利用した。

捜査官が権限乱用で裁判に訴えられると、政府は屁理屈をこねて弁解した。女性は捜索に同意したので、個人情報を盗まれることにも暗黙に同意したとみなせる、というのである。

自治体も監視能力を乱用している。２００９年、フィラデルフィア近郊のローワー・メリオン学区[108]は高校生たちに、宿題をするためにノートパソコンを貸与した。このとき、学校側はコンピュータにスパイウェアをインストールして、オンラインチャットの内容やアクセスしたウェブサイトを記録していたほか、ぞっとする話だが、生徒たちの様子も――ときにはベッドルームでの姿も――密かに撮影していた。これが明るみに出たのは、ブレーク・ロビンズという生徒が副校長に叱責されたことがきっかけだった。そのとき副校長は、ロビンズがドラッグを手にもっているように見える写真を突きつけたのだ。それはドラッグではなく、キャンディー（「マイク・アンド・アイク」という商品）だったのだが。ロビンズ一家はプライバシー侵害を理由に学校側を裁判に訴え、和解金の支払いを受け入れさせた。

こうした露骨な権限乱用は別にしても、大規模で強力な官僚機構を築けば、権限が拡大することが避け難い。活動の範囲がいつの間にか際限なく広がっていくのだ。たとえば、９・11テロのあと、ＣＩＡと財務省が協力してアメリカ国民の金融取引のデータを収集しはじめた。テロ勢力への送金を突き止めようというのである。その成果はあがらなかったが[109]、いくつかのマネーロンダリング（不正資金の洗浄）の摘発につながったため、監視は継続されている。

いまアメリカでは、過去のどの時代よりも、多くの種類の犯罪に関して高い頻度で監視が実行されている。９・11テロ直後に成立した米国愛国者法により、テロとの戦いに不可欠だとして認められた監視権限は、麻薬捜査など、テロとは無関係の捜査で用いられるケースのほうが圧倒的に多くなっている。[110] 秘密の家宅捜索（対象者にはあとで通告すればよい）などがそうだ。2011年、NSAは国家安全保障上の問題に加えて、麻薬密売業者に対する監視権限[111]も認められた。DEAの職員は、NSAから情報の提供を受けた場合、そのことを裁判で隠すよう指示された。[112]

NSAは、「並列構築[113]」という言葉でそのような関係を表現する。NSAの情報提供を受けた法執行機関は、裁判ではほかのルートでその情報を入手したことにしなくてはならないのだ。FBIは、ドラッグなどを匿名で売買できる闇サイト「シルクロード」を運営していたハッカー、ロス・ウルブリヒト[114]（別名恐ろしい海賊《ドレッド・パイレート》ロバーツ）を逮捕したとき、おそらくNSAの情報で証拠を得たのだろう。

監視活動の範囲がなし崩しに拡大していく現象は、イギリスでも起きている。テロ対策で導入された監視システムが、政府に対する抗議活動の監視[115]や、軽微な犯罪の捜査[116]に用いられているのだ。たとえば、喫煙禁止の場所でたばこを吸ったり、住所の虚偽申告をしたり、飼い犬の糞の後始末を怠ったりした人が摘発されている。イギリスは公共の場に多くの監視カメラが設置されているので、それを最大限活用するのが「合理的」だという発想である。

ほかの多くの国も状況は似たり寄ったりだ。たとえば、イスラエル[117]は罪なきパレスチナ人を監視して、それにより得た情報を政治的迫害の道具にしている。監視国家を築くための技術的な手段が整備されれば、人や組織が誘惑に屈して一線を越え、権限を乱用しやすくなる。ひどいケースでは、市民を守る法的仕組みがなく、平然と監視システムを乱用している国もある。

以上の点は、あなたがたまたま自国の現政権を信頼しているとしても問題だ。強大なシステム[118]は、権力をもっている人すべてが完全に正しく行動しなければ適正に機能しない。多くのことが正しくおこなわれなければ、深刻な乱用を防げないのだ。邪《よこしま》な意図の持ち主が権力をもつ可能性はゼロではない。そこで、そのような人間がどこまで権限を与えられ、どれくらい大きな害を生み出す余地があるか、邪な意図をもった人物がシステム全体をどの程度まで腐敗させる可能性があるかを考える必要がある。政府に対する支配権は、支持政党が政権に就いているときだけでなく、支持しない政党が政権を握っているときにも十分に機能すると思えるものであるべきだ。

インターネット上の自由を制約する

2010年、当時のヒラリー・クリントン[119]国務長官は、インターネットの自由を確保することを、アメリカの主要な外交目標の1つと位置づけた。そのために、アメリカ国務省[120]は世界中でさまざまな取り組みを支援し、資金を拠出するものとされた。検閲と戦い、暗号技術の進歩を後押しし、匿名性の確保を可能にすることにより、「世界のあらゆる場所で生まれたすべての子どもたちが、インターネットを通じてオープンな場にアクセスできるようにする」ことが目的だ。「子どもたちが不当な干渉や検閲を受けずに、自由に新しいことを試み、学び、集団を組織し、自己を表現できるように」しようというのだ。しかし、バツの悪い事実が発覚し、計画は冷や水を浴びせられることになった。アメリカなどの民主主義国は抑圧的な国々の監視行為を批判してきたが、実は自国も同様の行為に手を染めていたことが明るみに出たのだ。

抑圧的な国々はここぞとばかりに、アメリカの監視システムを引き合いに出し、自国のもっと強圧的なインターネット政策を正当化しはじめている。監視と検閲を徹底し、自国内のインターネットを世界から切り離して、国民がなにを知り、なにを述べるかを国がもっとコントロールしようとしているのだ。たとえばエジプト政府[121]は、ソーシャルメディアを監視することが許される理由の1つとして、「アメリカでは電話の通話を傍受して、自国の安全保障を脅かしかねない動きを監視している」ことを挙げた。インドの人々[122]は、政府がアメリカ政府の行動を根拠に、自国の監視活動を正当化するのではないかと恐れている。一方、中国とロシアの政府[123]は、アメリカの欺瞞を公然と批判した。

こうした状況は、世界中のインターネット上の自由に影響を及ぼす。これまでインターネットのルールづくり――ルールと言っても、きわめて手薄なものしか存在しないのだが――は、ほぼアメリカにゆだねられてきた。アメリカはインターネット・セキュリティの弱体化ではなく、強化を目指していると、誰もがおおむね信じていたからだ。しかし、アメリカが信頼を失い、インターネットのルールづくりが混乱に陥ってしまった。インターネットへの影響力をもつ規制団体の多くは、誰がどのように主導するのが好ましいかを模索している段階だ。一方、国際電気通信連合（ITU）などの旧来の国際標準策定機関は、この分野での影響力の拡大と、より国家主導のルールづくりを目指している。

国家の支配力を強めようとするサイバー主権運動は、インターネットの分断を深刻化させる危険がある。この種の主張は昔からあるが、ＮＳＡのスパイ活動が暴露されたことで大きく勢いを増した。ロシア、中国、サウジアラビアなどは、自国内のインターネットに対して独自の支配を強めようとしている。

こうした動きは、ひとことで言えば大惨事を招く。インターネットは、基本的にグローバルなプラットフォームだ。世界の国々はいまも検閲と支配を続けているが、インターネットのおかげで、抑圧的な国に住む人々も外の世界の情報を読み、ほかの国の人たちと意見を交換できる。インターネットの自由は、人権の一部なのである。アメリカ政府はその自由を擁護すべきだ。

フェイスブックのマーク・ザッカーバーグＣＥＯも、オバマ政権に対してそうした取り組みを公然と求めている[124]――「アメリカ政府は、インターネットに対する脅威ではなく、インターネットの守護者であるべきだ」。

第8章 公平で平等なビジネス

フェイスブックのニュースフィードには、すべての友達のすべての投稿が表示されるわけではない。表示されるのは、非公開のアルゴリズムで自動的に選ばれたものだ。しかし、ユーザーはフェイスブックに金を払えば、自分の投稿を友達やファンに読まれやすくできる。

アクレティブ・ヘルス社[1]は、医療機関対象の債権回収会社だ。ミネソタ州でも、多くの病院の代わりに治療費の徴収業務に携わっていた。問題は、この会社が治療費の請求と取り立てだけでなく、診察・治療スケジュール、入院の受理、治療計画、入院期間の調整も担っていたことだ。この状況は、患者の利害を脅かす危険がある。実際、アクレティブ・ヘルスは患者の個人データを大量に収集し、それを自社の利益のために用いていた。しかも、自社が医療プロセスにどのように関わっているかを患者に説明していなかったのだ。さらには、患者の未払い治療費のデータをもとに治療スケジュールを決めたり、急病患者に治療費の支払いを強圧的に迫ったりもしていた。２０１２年、この問題でミネソタ州検察当局から提訴された同社は、不正をいっさい否定しながらも、和解金の支払い[2]と同州内での２～６年間の業務停止を受け入れた。同社が罰を受けたことは、システムが機能している証拠とみることもできるが、私たちのデータがいとも簡単に不適切に扱われ、乱用されていることを見せつけたとも言える。

この種の事件は、企業に大量監視を許せば、社会がどれほど大きなリスクを負うかを浮き彫りにしている。前章で論じたように、政府の行動による自由の侵害や社会の進歩の阻害はことごとく、民間企業による監視の力を借りて実行されるが、問題はそれだけではない。企業による監視は政府による監視に道を開くだけでなく、それ自体もリスクを生むのだ。

監視に基づく差別

煎じ詰めれば[3]、企業は差別をおこなうために、監視データを利用する。人々をカテゴリーわけし、カテゴリーごとに異なる形で商品やサービスを売り込むのだ。

アメリカには、１９６０年代から「レッドライニング」[4]という言葉がある。マイノリティの住宅購入者に対する金融機関の差別的な扱いを表現する言葉で、そうしたことはこの言葉が生まれる前から横行していた。金融機関は、マイノリティの住民が多い地区で住宅ローン融資を認めなかったり、マイノリティに対してはマイノリティの多い地区に家を買う場合にしか融資を認めなかったりしたのだ。地図上でそうした地区を赤線《レッドライン》で囲んだことから、レッドライニングという言葉が生まれた。言うまでもなく違法な行為だが、長い間それがまかり通っていた。広い意味では、マイノリティが多い地区の住民へのサービス提供を断ったり、そのような地区の住民に高い料金を請求したりすること全般を「レッドライニング」と呼ぶこともある。いずれにせよ、居住地を基準にすることにより、実質的にマイノリティを差別的に扱っているのだ。インターネット上では、[5]こうした行為をさらに実行しやすい。

大手銀行のウェルズ・ファーゴ[6]は2000年、住宅ローンのPR用ウェブサイトを開設した。サイトの目玉は、マイホーム購入を検討している人の町選びを手伝う「コミュニティ・カリキュレーター」という機能だった。いま住んでいる地区の郵便番号を入力すると、その家族にふさわしい引っ越し先候補が案内される。問題は、その際、それぞれの地区の人種構成を基準にしていたことだ。白人の多い地区に住んでいる人には白人の多い地区を、黒人の多い地区に住んでいる人には黒人の多い地区を薦めたのである。

こうした行為は、レッドライニングのウェブ版という意味で「ウェブライニング」[7]と呼ばれる。これにより引き起こされる可能性があるプライバシー侵害と差別の深刻さは、旧来のレッドライニングよりはるかに大きい。私たちについて膨大な量のデータを蓄え、詳細なプロファイルを描き出す力をもった企業は、さまざまな形で私たちの行動に影響を及ぼせる。ビッグデータに関する2014年のホワイトハウスの報告書は、次のように記している。「ビッグデータ分析は、住宅、融資、雇用、医療、教育、市場における個人データの使い方に関して、長い歴史をもつ公民権上の保護を突き崩しかねない」。[8]当を得た指摘だ。

最近は、価格差別も盛んにおこなわれている。これはウェブライイニングとは異なり、古典的な人種差別や女性差別のようなものではない。企業が利益を最大化するために、顧客によって異なる価格を提示することを指す。最も身近なのは航空料金だ。どれくらい早期に予約するか、どの時期に乗るか、どのくらい座席が埋まっているかなど、さまざまな要因によって料金が変わる。航空会社の狙いは、安い料金しか払いたくない観光客には安い料金を、高い料金を払ってもいいと思っているビジネス客には高い料金を支払わせることにある。これ自体はなんの問題もない。売り上げと利益を最大限増やすための方法にすぎないからだ。しかし、価格差別は強い反発を買う場合がある。たとえば、大雪の日に雪かき用のシャベルを値上げすれば、不当な価格つり上げとの批判を浴びる。だから、露骨な価格差別を避けて、特別割引や値引きクーポン、キャッシュバックなどの形でオブラートに包まれることが多い。

法律で禁じられている価格差別もある。レストランが客の性別や人種によって料金を変えるのは違法だ。しかし、時間帯によって料金を変えることは許される。ランチとディナーで同じメニューなのに料金が違う場合があるのは、そのためだ。高齢者向け割引や子ども用メニューを提供することも問題はない。タクシー配車サービスのウーバーが混雑時に割増料金を設定[9]（サージ・プライシング）しているのも合法だ。

金融機関の融資、自動車保険、クレジットカードなど、多くの分野では、あなたが提示される選択肢、料金、サービスは、あなたに関する情報によって決まっている。インターネット監視は、企業側がこうしたことを緻密におこなう助けになりうる。オンラインショッピング業者はすでに、利用者の購入履歴やそのほかの情報をもとに、人によって異なる商品や価格[10]を表示している。自動車販売業者のウェブサイト[11]にアクセスすると、赤のコンバーチブルの広告を見せられる人もいれば、ミニバンの広告を見せられる人もいる。支払い方法や割引の内容も人によって違う。２０１０年のウォール・ストリート・ジャーナル紙[12]の記事によれば、事務用品小売大手ステープルズのオンラインストアで支払う価格は、その人の住んでいる場所や、近くにライバル店があるかどうかによって変わるという。この記事によると、事務用品小売りのオフィス・デポや外国語学習ソフトウェアのロゼッタストーンなども、個々のユーザーの情報に基づいて価格を調整している。

それだけでなく、私たち１人ひとりが「カスタマー・スコア[13]」というものを与えられている。これは、私たちがどのようなものを買うかというデータで、データブローカーが作成している。融資対象としての個人の信用度を数値化した「クレジット・スコア」と似ているが、カスタマー・スコアは単一の数値で表現されるものではない。小売業者の購買記録、資産状況のデータ、アンケート調査の結果、保証書の登録情報、ソーシャルメディアでの活動、ポイントカードのデータ、公的機関のデータ、ウェブサイトへのアクセス状況のデータ、慈善活動への寄付者名簿、オンライン媒体と紙媒体の購読データ、医療・健康上のデータなどから作成する。このスコアは、個々のユーザーがインターネットを閲覧しているときにどのような広告を表示し、どのような内容の商品・サービスを提示するかを決めるために用いられる。

2011年、アメリカ陸軍[14]は、対象となる人の性別や人種ごとに別々の募集CMを制作した。そして、あるケーブルテレビ会社の協力を得て、それぞれの家ごとに住人の顔ぶれに応じて放映するCMを変更した。

差別の形態はまだほかにもある。2012年、オンライン旅行会社のオービッツ[15]は、ユーザーのコンピュータがマックかウィンドウズかによって、どの程度の料金帯のホテルを優先的に表示するかを変えていた。ウェブサイトの閲覧履歴を基準に[16]、提示するサービスの内容を変えているオンライン旅行会社もある。多くのウェブサイトは、私たちの所得レベルを推測し[17]、それに基づいて異なる内容のページを見せているのだ。こうした行為の多くは、さりげない形でおこなわれる。あなたがウェブサイトにアクセスしたとき、特定の料金帯のホテルや旅客機の座席の情報をまったく見られないわけではない。ウェブサイト側があなたに見せたい情報が見られやすく、クリックされやすいようにしてあるのだ。

私たちの個人データをもとに、年齢、性別、人種、性的指向、配偶者や恋人の有無などの推測がおこなわれているのは、第3章で見たとおりだ。こうした技術を用いる企業は、消費者に対して大きな優位性を手にできる。企業が特定の個人について、また特定のカテゴリーの人たちについてデータを集積すればするほど、その優位が拡大していく。たとえば、女性が容貌に最も自信をもてないのは[18]、月曜日だとわかっている。だから、マーケティング関係者に言わせれば、化粧品を売り込むなら月曜日が最善だ。どういう広告に対して好ましい反応を示すかが年齢や性別によって異なることもわかっている。[19] 将来、個人のデータが大量に蓄えられれば、ある人が朝8時頃には広告にあまり反応せず（まだ朝のコーヒーを飲んでおらず不機嫌だからだ）、9時半頃には反応がよくなり（たっぷりコーヒーを飲んで気分がよくなる）、11時頃には再び反応が悪くなる（昼食前で血糖値が下がっている）といったことまで言える日が来るかもしれない。

ソーシャルメディアでの振る舞いによっても、人は評価をくだされている。フィリピンなどで事業を展開しているレンドドゥー社[20]は、金融機関の融資を望む人の信用リスクを評価するために、フェイスブックなどで頻繁にやり取りしている人たちの信用度を基準の1つに用いている。クレジットカード大手のアメリカン・エキスプレス[21]は、どのようなタイプの店で買い物をしているかによって、カードの利用限度額を引き下げるケースもある。これもウェブライニングの一種と言えるだろう。

ペンシルベニア大学のオスカー・ガンディ[22]教授は早くも1993年に、「一望監視的な振りわけ」という言葉でこうした動きを予見していた。「個人や集団が市民として、従業員として、消費者として日々の暮らしのなかで生み出す情報が、収集され、処理され、共有される。そして、その情報を用いて、現代資本主義経済で生きていくうえで欠かせないモノやサービスへの人々のアクセスが調整され、コントロールされる」。こうしたことを実行できる者が手にするパワーは強大だ。なんらかの基準によって人々を差別的に扱い、人によって異なる機会、アクセス、資格、料金（主に特別提供や割引の形を取る）、注目（好ましい注目の場合もあれば、悪い注目の場合もある)、体験などを与える力をもつことになる。[23]

こうした行為は、ときに深刻なプライバシー侵害を生む。高級レストラン[24]は、予約客のことをグーグル検索で調べて、客ごとにサービスの内容を変えられる。メニューに記す料金を客によって変えるわけにはいかないが、ワインリストを手渡すとき、高価なワインの面を表にして渡したり、安価なワインの面を表にして渡したりといった区別は可能だ。自動車保険会社[25]は、顧客の自動車利用状況を保険料に反映させる試みを始めている。いつ、どのくらいの距離を、どの程度の速度で走るかを保険会社に監視させる顧客は、保険料を安くしてもらえるのだ。

このようなことが労使間で実践されれば、潜在的なプライバシー侵害の可能性はひときわ大きい。ある企業は、従業員にウェアラブル型活動量計の「フィットビット」を身につけさせる[26]ことで、医療保険会社に支払う保険料の大幅引き下げを実現した。保険会社には、顧客の生活習慣について前例がないほど詳細な情報を得られるというメリットがあるのだ。いくつかの学校[27]は、体育の授業中にスマート心拍計を着用させている。入手したデータをどのように扱うかは、明らかにされていない。2011年、コンピュータ大手のヒューレット・パッカード[28]は、従業員のデータを分析して、誰が辞めそうかを明らかにし、その人物の上司に伝えていた。

職場での監視[29]は、非常に大きな弊害を生む可能性がある。多くの人にとって、最も警戒すべき監視者[30]は雇用主だ。コールセンターの職員やトラック運転手、工場労働者、セールス部員、小売店員は、日常的に監視されているケースが多い。それに、ほとんどの人は、職場の電子的通信をつねに監視されている。[31]こうしたことは、「ワークプレイス・アナリティクス[32](職場分析)」と呼ばれる新しい試みの一環として実施される。これは、大ざっぱに言えば、監視に基づく人事管理の手法だ。会社のコンピュータや携帯電話を使えば、あなたはほぼ確実に、その機器を使ってすることをすべて監視する権限を会社に与えることになる。そうした監視の一部は正当なものだ。会社には、社員が1日中コンピュータでゲームをしてサボっていないか調べる権利がある。しかし、私用にせよ、業務上の連絡のためにせよ、社員は勤務時間外にその機器を使う場合もあるはずだ。

監視と、それに基づいた個人のプロファイリングがおこなわれれば、つねに誤認のリスクがついて回る。誰でも覚えがあるように、インターネットを利用していると、まったく関心のない商品やサービスの広告を見せられることがある。これは、なんらかのアルゴリズムが私たちの興味の対象を誤解した結果だ。とりたてて不快に感じない人もいるが、自分が勝手にカテゴリーわけされることに(それが正しい場合もあれば、誤っている場合もある)軽い不快感をもつ人もいる。[33]重要なことが関係している場合は、誤認が害を生む可能性がとくに大きい。たとえば、私たちのクレジット・スコアは、アルゴリズムによって決まり、空港の保安検査で受ける扱いは、企業が収集したデータも参考にして決まっている。

萎縮効果も生まれる。たとえば、保険会社から契約を拒まれることを恐れて、病気についてインターネットで調べることを控える人もいる。[34]

企業によるプロファイリングの多くが善良な意図から始まったことは事実だ。前出のレンドゥーのシステムは、フェイスブック上の友達が債務の返済を滞納したという理由で融資を拒まれる人を生むかもしれないが、そもそもはクレジット・スコアをもたない人にも金融機関の融資を受ける道を開くために考案された。ソーシャルメディア上の友達が良好なクレジット・スコアをもっていれば、融資の審査で有利な材料になるからだ。私的なデータをもとに保険料やカードの限度額が決まれば、保険料が高くなったり、カードの限度額が下がったりする人もいるだろうが、それにより恩恵を受ける人も多い。

しかし、監視データは概して、[35]強力な企業が消費者を犠牲にして利益を増やす手段になっている。消費者にとっては不愉快かもしれないが、(1)企業間の競争が厳しく、(2)価格差別を容易にするソフトウェアが存在し、(3)消費者に気づかれずに差別をおこなえる限り、企業がその誘惑をはねのけるのは難しいだろう。

フェイスブックの監視に基づく操作

私たちについてなんらかの情報を知っている者は、私たちをある程度コントロールできる。私たちのすべてを知っている者は、私たちを強くコントロールできる。監視はコントロールを容易にするのだ。

私たちに対する操作は、あからさまな広告という形を取るとは限らない。写真の背景に特定のブランドの自動車が映るようにしたり、特定の自動車が目に触れる頻度を増やしたりするだけの場合もある。これは、基本的には検索エンジンのビジネスモデルと同じだ。検索エンジンが登場した初期には[36]、広告主が検索エンジン運営会社に料金を支払い、自社のウェブページのリンクを検索結果の表示画面の目立つ場所に表示させていることが問題にされた。このときは、世論の激しい批判とそれを受けた連邦取引委員会（ＦＴＣ）の指導により、検索エンジンは、アルゴリズムが導き出した「ナチュラル（自然）」な検索結果と有料表示のリンクを一目で区別できるようにした[37]。

たとえば、グーグルは有料リンクを黄色い枠で、ビングは水色の枠で囲むという具合だ。しばらくはそのとおり実践されていたが、ここにきて昔に逆戻りしはじめている。グーグルは最近、有料[38]で特定のウェブページを（区別された広告スペースではなく）検索結果に含めるようになった。これがどの程度広範におこなわれているかは不明だが、ＦＴＣが再び目を光らせはじめている[39]。

フェイスブックのニュースフィードには、すべての友達のすべての投稿が表示されるわけではない。表示されるのは、非公開のアルゴリズムにより自動的に選ばれた投稿だ。しかし、ユーザーはフェイスブックに金を払えば、自分の投稿を友達やファンに読まれやすくできる。これによる収入は、フェイスブックの売り上げのかなりの割合[40]を占めている。ニュースフィードの下段に表示される多くのリンクも有料で表示されているものだ。

この種の行為は、私たちの行動を強く操作する場合もある。２０１２年のアメリカ大統領選のとき、フェイスブックは、ユーザーが「投票行ったよ」というアイコンを自分のページに表示できるようにした。投票所でよく配布している「投票行ったよ」というステッカーのオンライン版だ。このアイコンは、ユーザーに投票を促す「バンドワゴン効果」を発揮したことがわかっている。友達が続々と投票していると思った人は、自分も投票に行く確率が高かったのだ。

これにより上昇した投票率[41]は、アメリカ全体で0・4%に上る。これだけなら問題はない。しかし、もしフェイスブックがユーザーの支持政党によって、このアイコンの目に入りやすさを変えたら、どうなるか？　ユーザーの支持政党は、居住地の郵便番号、リンクを張っているブログ、「いいね！」ボタンを押した対象などによりかなり推測できる。実際にはフェイスブックはそうしたことをしなかったが、もし実行していたら、特定の政党の支持者の投票率だけを引き上げられただろう。しかも、そのような操作がなされたことを明らかにするのは難しいし[42]、それはそもそも違法ですらない。フェイスブックが一部のユーザーに見せる投稿を操作すれば、接戦の選挙の結果を動かせる可能性があるのだ[43]。グーグルも検索結果の表示を操作すれば、同様のことができる[44]。

根っからの悪質なソーシャルメディア[45]なら、もっと強く世論を操作できる。自分たちが同意できる意見を目立たせ、同意できない意見を目立たなくさせることにより、社会的論議の方向性を大きく歪めることが可能だ。中国はいわゆる「五毛党[46]」を使って、それを実行している。五毛党とは、政府に雇われて、政府の立場を支持する投稿や、政府批判に反論する投稿をする人たちのことだ。韓国のサムスン電子[47]も、台湾で同様のことをしていた。

グーグル検索やヤフー・ニュース、さらにはニューヨーク・タイムズ紙のようなニュースサイトまで、多くのオンラインサービス企業[48]は、あなたのプロファイルに基づいて、どのような情報を表示するかを操作している。それがビジネス上きわめて大きな意味をもつからだ。なにしろ、グーグルの検索結果として表示されるリンクをユーザーがクリックする件数の3分の1は、いちばん上に表示されるリンクに集中している[49]。検索結果の1ページ目に載らなければ、存在しないのと同じと言っても過言でない。ウェブサイトの表示内容が操作されているために、私たちが見るインターネットは次第に、1人ひとりのプロファイルに基づいてその人の関心事項（とみなされているもの）に合わせた内容になりはじめている[50]。

政治活動家のイーライ・パリサーが「フィルターバブル」[51]と呼ぶ現象である。インターネットが個人の嗜好に最適化され、誰も自分と異なる意見と遭遇しない状況を表現した言葉だ。問題はないと思う人もいるかもしれないが、視野を広げて考えれば有害[52]だ。誰もが自分の意見を強化するような主張しか読まず、持論が揺さぶられ、刺激や驚き、学びをもたらすような意外な出会いをまったく経験しない——そんな世界には、誰も生きたくないだろう[53]。

フェイスブックは2012年[54]、ユーザーのコントロールに関する実験をおこなった。69万人近くのユーザーのニュースフィードを無断で操作し、一方のグループには明るい内容の投稿を多く表示し、もう一方のグループには暗い内容の投稿を多く表示したのである。ユーザーをつねに監視しているフェイスブックは（監視することにより、ユーザーを広告収入の源に変えているのだ）、簡単に実験対象者を観察し、データを収集できる。では、実験の結果はどうだったか？明るい投稿を多く見せられた人は、明るい書き込みをし、暗い投稿を多く見せられた人は、暗い書き込みをする傾向が目立った。この実験結果を過大評価すべきではない。実験の期間はわずか1週間にすぎず、あらわれた影響も限定的だったからだ。それでも、フェイスブックのような企業がこれを効果的に実行する方法を見いだせば、それを利用して金儲けができる。

たとえば、女性は前述した月曜日だけでなく、気分が沈んでいるときも容貌への自信が弱まることがわかっている。もし女性たちの感情を操作できれば、大きなビジネス上の効果が得られる。[55] すでに、声や身振り手振りから人の心理状態を推測するシステムが登場している。企業としては、顧客が不機嫌なときや、高額商品を最も売り込みやすいタイミングをもっと正確に把握したいからだ。[56] 人の感情を操作して商品の売り込みに利用するという発想は、消費者の背筋を寒くさせるかもしれないが、広告界の感覚では問題ないと考えられているのだ。

私たちが利用しているシステムの多くがなんらかの中央機構をもっているために、操作はいっそう容易になっている。コミュニケーション・システムの中心に存在するグーグルやフェイスブックのような企業は、操作とコントロールをおこなう巨大な力を握っているのだ。[57]

監視データが政治の世界で用いられる場合は、特有の危険がある。選挙運動はマーケティング的性格が強く、消費者のタイプ別にアプローチの方法を変えるパーソナライズド・マーケティングの手法が浸透しはじめている。有権者の投票パターンを追跡調査して、候補者や政策をうまく「売り込む」ことが目的だ。候補者や利益団体、[58] 市民団体は、この手法を用いれば、特定のカテゴリーの人たちを狙い撃ちにして広告や寄付の呼びかけができる。年収10万ドル以上の人や銃保有者、ある論点に賛成もしくは反対の記事を読んだ人、職のない退役軍人など、あらゆるカテゴリーの人を標的にできる。あるカテゴリーの人向けの広告には怒りをかき立て

and Equality

るメッセージを、別のカテゴリーの人向けの広告には政策論に基づく理性的なメッセージを盛り込む、といったことも可能だ。あるいは、投票率を上げたい層に主に届くように「投票に行こう」[59]キャンペーンをおこなったり、自分に有利なように選挙区割り[60]を微妙に動かしたりすることもできてしまう。このようなデータの使い方は、民主主義と投票行動にきわめて大きな影響[61]を及ぼす可能性が高い。

個人データを用いるタイプにせよ、土台を成すシステムをコントロールするタイプにせよ、心理的操作はますます強力になっていく。手法が巧妙化して、私たちは操作されていることに気づかなくなるだろう。多くの人にとっては、認めたくない現実かもしれない。誰でも、自分はそんな手口に引っかかるほど間抜けでないと思いたいからだ。しかし、現実は違うのだ。

知らぬ間のプライバシー侵害

1995年、ハッカーのケヴィン・ミトニック[62]は、ネットコムというインターネット企業のネットワークに侵入し、2万人のクレジットカード番号を盗み出した。2004年、チョイスポイント[63]というデータブローカーのネットワークに侵入したハッカーたちは、10万人以上のデータを盗み、詐欺をはたらいた。2014年後半、ホーム・デポ[64]は、社内ネットワークに侵入を受け、6000万人以上のクレジットカード番号を盗まれた。その1カ月後には、金融大手JPモルガン・チェース[65]から8300万件の顧客情報が盗み出されたことが明らかになった。

インターネットが大きく普及した20年間に、ハッキングはなくならなかった。被害の規模が拡大しただけに見える。

誰もが知りたいのは、インターネット企業やデータブローカーや政府がどのくらい私たちのデータを守れているのかという点だろう。しかし、ある意味でこれは意味のない質問だ。アメリカでは、誰でも金を払えば合法的にデータを手に入れられる。詐欺師は、合法的に購入したデータを使って[66]犯行をはたらくこともあるのだ。

サイバー犯罪はインターネットより長い歴史[67]があり、その規模はきわめて大きい。正確な数字を把握するのは難しいが、アメリカ社会がこうむっているコストは、軽く数百億ドルを超すと思われる。これほど巨大なビジネスともなれば当然、犯罪は組織化され、国際化している。

サイバー犯罪の多くは、いわゆるID窃盗の形を取る。これは、成りすまし詐欺のネット時代風の言い方だと思えばいい。犯罪者がどこかのデータベースに入り込み、あなたの口座情報や、場合によっては暗証番号を盗み出す。そして、それを使ってあなたに成りすまし、あなたの名前で金を借りる。あるいは、クレジットカード番号を盗んで、あなたのカードで勝手に買い物をしたり、あなたの名前で偽の確定申告[68]をして還付金を受け取ったりする。

そうした犯罪者は、あなたという人間に関心があるわけではない。あなたのプライバシーに関する詳細な情報まで入手しなくても、目的は達成できる。あなたの銀行口座から金を引き出すために必要な情報や、あなたの名前で金を借りるために最低限必要な情報があれば、それで用は足りるのだ。

十数年前に恐れられていたのは、個人のコンピュータが侵入を受け、プライベートな情報を盗まれることだった。しかし、データ窃盗は大規模化の一途をたどった。近年は、犯罪者が企業の大規模なデータベースに侵入し、膨大な量の個人データを盗むケースが多い。そのほうが効率的だからだ。政府のデータベース[69]も、たびたびサイバー攻撃を受けている。私たちのデータが十分に守られていないことを思い知らされる事件は、あとを絶たない。データ窃盗は日常茶飯事だ。ニュースで報じられるよりもずっと頻繁に起きている。プライバシー専門の弁護士によれば、セキュリティ上の欠陥やハッキングは報道されているより頻発しているが[70]、多くの企業は、ネットワークに不正に侵入され、データを盗まれたことに気づいていない。企業のセキュリティは、目を疑うほど杜撰《ずさん》なケースもあり、企業が合法的にあなたのデータを入手したのなら、データが盗まれても、多くの場合、あなたは法的手段を取りようがない。

ハッカーの狙いは、金だけとは限らない。カリフォルニア州在住のルイス・ミハンゴス[71]という男は、2010年に「セクストーション」(性的な写真・動画による恐喝)を理由に逮捕された。この男は、女性のコンピュータに侵入し、性的な写真や動画、悪事の証拠となる写真や動画を盗み出し、密かにカメラを作動させて被害者を撮影していた。そして、セクシーな写真や動画をもっと寄越さなければ、写真や動画を公表するぞと脅したのである。こうしたことをする人物は「ラッター」と呼ばれる。「RAT(遠隔操作型トロイの木馬)」と呼ばれるマルウェアを用いて、被害者のコンピュータを乗っ取るからだ。とくに悪質なRAT[72]は、コンピュータのランプを点灯させずに、カメラを作動させることができる。ラッターのなかには、被害者を脅迫するのではなく、仲間と写真や動画、文書ファイルなどを交換して楽しむ連中もいる。

遠隔操作で人々を監視するのは、ハッカーだけではない。第7章では、学校が生徒に貸与したコンピュータを通じて、私室での生徒たちの様子を監視していたケースを紹介した。2012年には、購入選択権付きレンタル（借り手が賃料を一定期間支払うと、所有権を取得できる）の形でコンピュータのレンタルサービスをおこなっていた7つの企業に問題が発覚した。ウェブカメラで顧客を監視[73]していたとして連邦取引委員会（FTC）から告発され、和解金の支払いに追い込まれたのだ。

本書の執筆中に、私は2人の人物から別々に似たような話を聞かされた。友人（片方の事例では友人の娘）がある大学に入学してから数年たって、入学の出願をした覚えもない大学から手紙を受け取った（その大学は、それぞれの事例で別の大学）。手紙によると、その大学が友人（友人の娘）の私的なデータを保存していたが、ハッカーの侵入を受けてデータを盗まれてしまったという。そこで、主要な信用調査機関に、成りすまし詐欺が起きる可能性があることを届け出たほうがいいと言ってきたのだ。いずれの場合も、データを盗まれた大学は、友人（友人の娘）が高校3年生の頃にデータブローカーからデータを買い、入学の勧誘をしていた。友人（友人の娘）はその大学に出願しなかったが、大学は何年もあとまでデータを保管し続け、しかも十分なセキュリティ対策を施していなかったのである。

このように個人の私的なデータが大量に出回っている状況では、私たちのセキュリティが危険にさらされる。

第9章

企業の競争力

ITシステムを導入するアメリカの大企業がテクノロジー企業に対し、バックドアが仕込まれていないと確約する契約に署名するよう求めるケースが増えている。この種の契約を結べば、テクノロジー企業が政府機関に協力することはこれまでより難しくなる。

1993年、インターネットは、いまとはまるで別世界だった。電子商取引は存在せず、ワールドワイドウェブ（WWW）は生まれたばかり。インターネットは、一部のテクノロジー通の人や研究者が使うコミュニケーション・ツールという性格が強く、そのために用いられていたのは、電子メールとニュースグループ（オンラインフォーラム）、それに「IRC」と呼ばれる方式のチャットくらいだった。そして、国家安全保障局（NSA）は約20年間、暗号ソフトウェアを傍流に押しやり続けてきた。それを軍需品と認定し、輸出を制限していたのだ。強力な暗号技術を搭載した製品は輸出できなかったので、アメリカのハードウェア企業とソフトウェア企業は、弱い（つまり、破られやすい）暗号技術しか搭載していない製品を国の内外で販売してきた。国内と輸出向けの2種類の製品を用意するのは、コストがかさむからだ。

しかし、世界は変わりはじめた。暗号技術の進歩を抑え込むことはできず、アカデミズムの世界が技術面でNSAに追いついてきた。そうした暗号技術を一般向けに解説したのが、1993年に出版した私の初の著書『暗号技術大全』[1]（原書第2版の邦訳はソフトバンククリエイティブ刊）だ。この本は多くの読者を獲得し、[2]第1版と第2版を合わせて18万部売れた。ワイアード誌は、「NSAがぜったいに刊行させたくなかった本」と評した。素人向けに暗号技術を解説する内容だったからだ。暗号技術の研究が世界中で進められるようになり、アメリカ以外の企業が強力な暗号技術を搭載した製品を販売しはじめた。1993年の時点で、アメリカ以外の企業が製造・販売する暗号製品は250種類に上った。[3]こうした状況下で、アメリカ企業は輸出制限のせいで競争力を失うのではないかと恐れるようになった。

一方、FBIは、強力な暗号により、犯罪者の通信を傍受することが難しくなるのではないかと恐れていた。FBIは電子メールのことも気にしていたが、最も案じていたのは、電話に装着する音声暗号化装置だった。いたるところで暗号技術が使われる未来が訪れると主張するFBIは、そうした未来を「情報がピタッと入ってこなくなる」という言葉で表現するようになった。これは、不安をかき立てることを狙ったデマにすぎない。[4]その主張を裏づける材料は、当時もいまも存在しないのだ。しかし、アメリカ議会の議員たちはFBIの主張を鵜呑みにした。こうして議会が1994年に可決したのが、[5]第6章で触れた「法執行機関のための通信援助法（CALEA）」である。FBIはこれに加えて、「バックドア」のない暗号製品をすべて禁止する法律をつくることも議会に求めた。

　当時のクリントン政権は、それとは別の解決策を打ち出した。「クリッパー・チップ」の構想である。ＦＢＩとＮＳＡによる監視を可能にする仕組みを搭載した暗号システムのことだ。このシステムにおいては、強力な暗号化アルゴリズムにより通信傍受を防げるが、バックドアが用意されていて、個別の暗号鍵を入手した者は暗号化前の情報を入手できる。そして、キーエスクロウ[6]（鍵供託）と呼ばれる仕組みの下、その暗号鍵の複製を政府機関が保管することになっていた。見事な妥協案という触れ込みだった。アメリカ企業は強力な暗号技術とともに世界の市場で競争でき、ＦＢＩとＮＳＡは通信傍受能力を維持できるというわけだ。

　クリッパー・チップを搭載した製品の第１号は、ＡＴ＆Ｔの盗聴防止機能付き電話[7]だった。当時は１９９３年。携帯電話が広く普及する前の話だ。この製品は、固定電話機本体と受話器を結ぶ回線を、小さなボックスを経由させることにより、音声通話を暗号化するというものだった。理屈の上ではうまくいきそうに見えた。音質はお世辞にも良好とは言えなかったが、機能は果たせる製品だったからだ。

　ところが、さっぱり売れなかった。

　いま考えれば、理由は明白に思える。アメリカ政府のバックドアを搭載した暗号装置など、誰も欲しくない[8]。プライバシーを重んじるアメリカの消費者と企業も買おうとしなかったし、ほかの国の人たちも欲しがらなかった。なにしろ、強い暗号技術を搭載していて、バックドアが仕込まれていない、非アメリカ企業の製品が売られているのだ。結局、ＡＴ＆Ｔの盗聴防止機能付き電話を購入した大口顧客はアメリカ政府だけだった。[9] しかも、政府が買った電話のほとんどは1度も使用されずに終わった。このあとも数年にわたり、アメリカ政府はほかのキーエスクロウ・システムの導入[10]を模索し、あらゆる暗号に対してバックドアを確保しようとした。しかし、市場は健全性を発揮し、政府の試みをすべてはねつけた。

クリッパー・チップをはじめとするキーエスクロウ・システム全般が受け入れられず、強力な暗号を規制しようとするアメリカ政府の試みは失敗に終わった。輸出制限は次第に解除されていき、まず1996年にソフトウェアが、その数年後にはほとんどのハードウェアが解禁された。しかし、時すでに遅し。1999年までに、アメリカ以外の35カ国の企業による800以上の暗号製品[11]が市場に出回っていた。クリッパー・チップ構想と暗号製品の輸出規制を葬り去ったのは、プライバシーを求める消費者の声ではなかった。それは、ビジネス上の国際競争の脅威と産業界からの要求だった。電子商取引には強力な暗号が欠かせない。FBIとNSAといえども、強力な暗号を搭載した製品の開発と採用を妨げることはできなかったのだ。

政府の監視活動がビジネスにもたらすコスト

1990年代にこうした「暗号戦争[12]」を戦った私たちは、戦いに勝利したと思っていた。しかし、エドワード・スノーデンの暴露文書が見せつけたように、FBIとNSAはバックドアを通じた通信監視を断念したわけではなく、秘密裏に実行しはじめただけだったのだ。それが明るみに出て、アメリカ企業の国外でのビジネスにダメージが生じはじめた。国外の顧客は、アメリカ政府に情報を集められることを望まないからだ。

ＮＳＡの監視活動は、アメリカ企業のビジネスに3つの側面で害を及ぼしている。[13] 1つは、人々がアメリカのクラウドサービスを利用しなくなること。もう1つは、アメリカのコンピュータやネットワーク機器を買わなくなること。もう1つは、アメリカ企業を信用しなくなることである。２０１３年、ＮＳＡが前出の「ＰＲＩＳＭ」[14]プログラムにより、アメリカのクラウドサービス企業から直接データを入手していたことが報じられると、関係していた企業は大きなイメージダウンをこうむった。アメリカのクラウドサービス企業が顧客を失い、スイス[15]など中立とみなされる国の企業が顧客を増やしているというニュースがすぐに伝わりはじめた。イギリスとカナダの企業を対象にした２０１４年の調査[16]によれば、25％の企業は、サービスの質を妥協してでもデータをアメリカ国外に移しはじめたとのことだった。別の調査[17]でも、ＮＳＡの監視活動が暴露されたことを受けて、データの保管場所をそれまでより気にするようになったと、多くの企業関係者が答えている。

アメリカのクラウドサービス企業にどの程度の損害が生じたかは、推計によって異なる。情報技術・イノベーション財団[18]の２０１３年の推計によると、その後3年間の売上減は２２０～３５０億ドルに達する見込みだとのことである。これは、アメリカのクラウドサービス企業が外国市場でもっていたシェアの10～20％に相当する。調査会社フォレスター・リサーチ[19]は、被害はもっと深刻だと考えている。同社の推計では、3年間の売上減は１８００億ドルに及ぶ。

国外の顧客だけでなく、一部のアメリカ企業も外国業者に乗り換えると予想できるからだ。

アメリカのコンピュータメーカーとネットワーク機器メーカーも深刻な打撃をこうむっている。シスコシステムズ[20]は、2013年第4四半期の売り上げが8〜10％減少したと発表した。AT&T[21]も売り上げが減り、ヨーロッパでの事業拡張計画に支障が出ているとのことだった。IBM[22]やクアルコム[23]は、中国での売り上げが落ち込んだ。ベライゾン[24]は、ドイツ政府の大型契約を失った。こうした例は枚挙にいとまがない[25]。私が出席した非公開の会合の数々では、アメリカの大手ソフトウェア企業の関係者が外国市場での大幅な売り上げ減について不満を述べていた。シスコのジョン・チェンバースCEO（当時）はオバマ政権に宛てた書簡[26]で、アメリカ企業の製品に対するNSAのハッキングは「業界の信頼を蝕み、テクノロジー企業が世界に向けて製品を売る能力をそこなう」と指摘した。

チェンバースの主張は、アメリカ企業の競争力に対する3つ目のダメージにも関係している。それは、アメリカ企業が信頼されなくなったという問題だ。アメリカの通信企業がNSAにインターネットの基幹回線へのアクセスを許し、アメリカのクラウドサービス企業がNSAにユーザーのデータを取得させていることを、世界は知ってしまった。NSAがアメリカ企業のコンピュータ機器を輸送途中に入手し[27]、密かに監視用機器を埋め込んでいることも、世界は知った。そして、アメリカの秘密裁判所がアメリカ企業に対してNSAの通信傍受への協力を命じ、そのことを公にしないよう義務づけていることも、世界はもう知っている（第5章で紹介した「ラヴァビット」のケースを思い出してほしい）。

オバマ政権が再三にわたり、NSAの監視活動のほとんどは非アメリカ人だけを対象にしていると国民に請け合った結果、世界の人々の不信感はさらに増幅した。困ったことに、アメリカの多くのクラウドサービス企業が売り上げの半分以上を国外で得ている。フェイスブックのマーク・ザッカーバーグ[28]は、2013年のインタビューでこの点を皮肉交じりにうまく表現している。「政府の説明は、『心配はいらないよ。アメリカ人の通信は傍受してないからね』というものだ。なんと素晴らしい説明だろう。世界中の人々にサービスを提供しようとする企業は大助かりだ。アメリカのインターネット企業への信頼はうなぎ上りだよ」

この逆風が(NSAの監視活動が暴露された直後の)一時的なものなのか、ずっと続くものなのかはわからない。しかし、ドイツなどいくつかの国は、国民のデータがNSAの手に渡ることを避けるために、国産のクラウドインフラの構築に乗り出している[29]。また、ドイツの裁判所は、グーグル[30]、フェイスブック[31]、アップル[32]のデータ収集を違法と判断しており、ドイツ政府は、NSAと協力しているアメリカ企業のビジネスをいっさい禁じることも検討[33]しはじめた。データ・プライバシーは、国際ビジネスに不可欠な[34]公衆安全上の前提条件になりつつあるのだ。

この点は、企業間の契約にも反映されはじめている。ITシステムを導入するアメリカの大企業がテクノロジー企業に対し、バックドアが仕込まれていないことを確約する契約に署名するよう求めるケースが増えているのだ。具体的には、データへの第三者のアクセスを許さないことを約束させる。この種の契約を結べば、テクノロジー企業がNSAなどの政府機関に協力することは、これまでより難しくなる。大口の最有力顧客に直接の法的責任を負うことになるからだ。こうした契約を受け入れない企業は、ライバルに顧客を奪われる。

アメリカ以外の企業がどのくらいシェアを伸ばすかはわからないが、ヨーロッパ、アジア、南アメリカの多くの競合企業は、消費者や企業の不安を追い風に売り上げを伸ばそうとしている。[35] 1990年代の暗号戦争の経験から言うと、何百社もの非アメリカ企業が市場に参入し、[36]アメリカの法律に縛られない製品やサービスを売り出すだろう。ソフトウェア、クラウドサービス、SNS、ネットワーク機器など、あらゆる分野でそういうことが起きる。それらの企業の製品やサービスが本当に安全か（ほかの国も自国がコントロールできる製品やサービスにバックドアを仕込んでいる可能性が高い）、そして本当にNSAの通信傍受を防げるのかはともかく、[37] NSAの監視活動はアメリカ企業に甚大な損失を与えるのだ。

企業の監視活動がビジネスにもたらすコスト

プライバシーのために金を払う人などいないというのは、ほぼ自明の理のように思われてきた。確かに、昔はそれが真理だったかもしれないが、人々の態度は変わりはじめている。

人々は、自分のデータが誰にアクセスされているかを以前よりよく知るようになった。しばらく前から、人々がプライバシーに金を払うつもりがあるというデータも報告されるようになっている。2000年の研究によると、[38]金を払えばプライバシーを守れるとインターネット利用者が納得すれば、アメリカのインターネット関連支出は年間60億ドル増えるという。

2007年の研究[39]でも、インターネット利用者はプライバシーを守るために金を多く払うことをいとわないという結果が出ている。平均すると、15ドルの商品に対して0・60ドル多く支払ってもいいと考えているという。スノーデンの暴露後は、政府による監視をはねのけられることを売りにする企業も増えている。

プライバシー保護を市場での差別化要因とまで位置づけている企業は少ないが、例外はある。[40]「ダック・ダック・ゴー」[41]という検索エンジンは、検索履歴を残さないことをビジネスモデルの核にしている。「ウィッカー」は、メッセージを強力に暗号化してやり取りできるメッセージアプリ。「エロー」[42]は、利用者の個人情報を収集しないSNSだ。このほかにも、プライバシー重視の新しいビジネスが続々と生まれている。

顧客や利用者のプライバシーが重視されはじめたことは、「最高プライバシー責任者」の役職を設ける企業が増えていることにもあらわれている。これは、会社が保管する個人データにまつわる法的リスクと企業イメージ上のリスクを管理する幹部職だ。この業務に携わる人たちは「国際プライバシー・プロフェッショナル協会(IAPP)」という団体も組織し、政府からはたらきかけを受けなくても自主的にルールづくりを進めている。そのような活動に力を注ぐのは、それが会社の利益につながるからだ。

第10章

プライバシー

コンピュータがデータを蓄えれば、情報流出の危険もついて回る。プライバシー・ポリシーが突如変更されて、あなたが明確な同意をしていないのに、過去のデータの用途が拡大されかねない。ハッカーや犯罪者がシステムに侵入し、あなたのデータを盗む可能性もある。

プライバシーに関して最もよくある誤解[1]は、人に知られるとまずいことがある人のためのものという思い込みだ。「悪いことをしていないなら、なにも隠す必要などない」と言う人がよくいる。この考え方によれば、プライバシー保護は悪事をはたらく人間を助けるだけ、となる。

しかし、落ち着いて考えると、ナンセンスな考え方だ[2]。セックスをしたり、トイレに行ったり、シャワーを浴びながら歌を歌ったりすることは、悪事ではない。勤め先に内緒で職探しをするのも犯罪ではない。誰にも邪魔されない場所で考え事や会話をしたり、自分の内面の感情や私生活上のことを他人に話さなかったり、手紙を封筒に入れて封をして送ったり、一部の親友にだけ打ち明け話をしたりするときも、私たちは悪いことをしていない。

うしろめたいことがなければプライバシーなど不要だと主張する人たちも、疑わしい。グーグルのエリック・シュミットは、2009年のインタビューで[3]「他人に知られたくないことは、そもそもするべきでない」と述べている一方で、2005年にグーグルの社員がITニュースサイトの「CNET」の取材に応じることを禁止した。[4]自分の個人的な情報を詳しく書かれたためだ。フェイスブックのマーク・ザッカーバーグは2010年、[5]プライバシー保護はもう「社会の規範」ではないと言い放った。ところが、自分のプライバシーを確保するために、カリフォルニア州パロアルトの自宅に隣接する4軒の家を買い取っている。[6]

人がまったく誰にも明かしていない情報は、実は多くない。[7]しかし、一部の人に話したからと言って、それが秘密でなくなるわけではない。たとえば、恋人や友人には親密な内容の手紙を書くし、医師にはほかの誰にも言わないようなことを話す。商談の場では、一般には公表しないことも話題にする。仕事上の自分と私生活上の自分を分離したり、新しいことに挑戦したりするために、偽名や別名を使うこともある。[8]ところが、ザッカーバーグは、この点に関して非常に青臭いことを言っている。[9]「あなたという人間は、つねに1人だけだ。職場の友達や同僚に対して見せる自分と、それ以外の場での知り合いに対して見せる自分を使いわける時代は、かなり近い将来に終わりを迎える可能性が高い。2人の自分を使いわけるのは不誠実だ」

プライバシーは、人間なら誰もがもっている権利の1つだ。[10]それがなければ、敬意をもたれ、尊厳のある人生を送ることができない。自分で選択する権利、世界に対してどのような自分を見せるかを自分で決める権利である。人々のインターネット上の行動を研究するダナ・ボイドが言うように[11]、「自分で決める力をもっている結果としてプライバシーが得られるというだけでなく、プライバシーをもつことがそのような力をもつことのあらわれでもある」のだ。

私たちはプライバシーを失うと、自分をどのように見せるかをコントロールできなくなる[12]。たとえば、フェイスブック上のあるグループの人たちに向けて述べたことが、なにかの間違いでほかの人たちにも知れてしまえば、私たちはそのコントロールを失ったことになる。もし政府にデータを収集されれば、私たちはそうしたコントロールを完全に失う。そして、「どうして、あの人がそんなことまで知っているの?」と当惑する羽目になる。

心の傷になっている子ども時代の経験や、下ネタを好む嗜好や、最近の海外旅行について、まだ教えていない人にも知られるようになるのだ。それがどういう気分か[13]は、あなたも知っているはずだ。フェイスブックなど、友達とだけやり取りしていたSNSに母親が首を突っ込んできたとき、あなたはどう感じただろう? そのときの経験を思い出せばいい。プライバシーを侵される[14]とは、他人に立ち入られたくない場所に踏み込まれることなのだ。

プライバシーの重要性を裏づける生理学的研究[15]は多い。生物学者のピーター・ワッツ[16]によれば、プライバシーへの欲求は生来のものだ。とくに哺乳類の動物は、監視されているとき、好ましい生理学的反応を示さない。私たちは監視されていると、自分が危険にさらされていると感じる。動物は自然界で捕食者に監視されているからだ。そのため、私たちは監視されているとき、自分が弱い獲物になったように感じる(監視する側に回るとは、強い捕食者のように感じる)。

心理学者、社会学者、哲学者、小説家、テクノロジー専門家はことごとく、監視されることが（あるいは、絶えず監視されていると感じることが）人に及ぼす悪影響を指摘している。さまざまな研究によると、そのような状況に置かれた人は、心身の健康が蝕まれるという。[17]自尊心が低下し、抑鬱状態に陥り、不安が高まる。監視は、私たちから尊厳を奪い、[18]自我を脅かす。[19]そのため、世界中の刑務所や収容施設で収容者の人間性を剝奪する手段として活用されている。

プライバシーの侵害がどのような結果を生むかは、ケースバイケースだ。それは状況に大きく左右される。空港の保安検査でスーツケースのなかからポルノ本を見つけられるのと、配偶者に見つけられるのでは、意味がまるで違う。違法薬物の使用を警察に知られるのと、友達に知られるのでも、結果は大きく変わってくる。プライバシー侵害によるダメージの大きさも人によって違う。社会的、経済的に弱い立場にある人や、人種的、民族的、政治的、宗教的に抑圧されているグループに属する人ほど、打撃は大きい。一方、つねに人々に承認される必要がある権力者も、プライバシー侵害により大きなダメージをこうむる。ある種の人たちの人生は、プライバシーが守られてはじめて成り立つのである。

私たちのプライバシーは、絶え間ない監視によって攻撃されている。脅かされているものの大きさを理解するうえでは、その攻撃がどのように起きているかを知ることがきわめて重要だ。

その場限りで消えない会話？

人類の歴史のほとんどの期間、会話やコミュニケーションは、その場限りで消えていくものだった。会話とはそういうものだと、私たちは当然のように思っている。例外はごく一部に限られていた。ずっと保管しておく日記への書き込み、法廷の速記録、録音や録画をされる政治家の演説などだ。しかし、時代は変わった。ビジネスの場では人と人が直接対面して話すことが減っているし、友人同士もオンライン上で付き合うことが多い。妻と私も携帯メールで親密なやり取りをする。私たちは、こうした「会話」がその場限りで消えるかのように行動しているが、実際は違う。コミュニケーションの内容は保存される。しかも、保存されるデータを私たちはコントロールできないのだ。

ひとたび記録されたデータは、抹消するのが難しい。1987年、アメリカと世界を震撼させたスキャンダル、イラン・コントラ事件の中心人物であるオリヴァー・ノース中佐は、それを思い知らされた。削除したつもりだったメッセージ[20]がホワイトハウスの「PROFSノーツ」システム（初期の電子メールシステム）に保存されていたのだ。10年後には、ビル・ゲイツも痛い目にあった。司法省はマイクロソフトに対する反トラスト法（独占禁止法）訴訟で、ゲイツが以前書いた電子メールを入手し、証拠として示した。[21] 2014年には、100人を超す女性セレブがアップルのクラウドサービス「iCloud」に保存していたヌードなどの自撮り写真[22]が流出した。そのなかには、本人が削除したつもりの写真も含まれていた。

コミュニケーションは次第に、その場限りで消えなくなってきている。現状で口頭の会話はほぼ記録されないが、それがいつまで続くかはわからない。小売店は、来店客を監視し、データを保管しはじめている。買い物せずに商品を見ているだけだったり、支払いをすべて現金ですませたりしても、それなりに記録は残る。客の個人データをすべて記録しているバーもある。[23] いまでは、旅客機内でワインを飲もうと思っても、現金払いでは売ってもらえない。自分の生活をつねに記録し続けるライフロガーが増えれば、その本人以外の言動もますます記録され、保存されるようになるだろう。

イギリスのSF作家チャールズ・ストロス[24]は、こうした状況を「歴史以前」の終焉と呼ぶ。すべての情報をいつでもどこかのコンピュータのメモリーから取り出せるようになり、私たちはあらゆることを忘れなくなる。[25] これは人類にとってははじめての経験だ。未来の歴史家と、自己分析と内省のために充実したデータを保存したい人にとっては、朗報なのだろう。

あらゆることが記録され、[26] 永遠に参照できるようになれば、私たちは個人単位でも社会単位でも大きな変化を経験する。人間の認識能力と記憶能力は、私たちが思っているほど強力でない。重要なことすら見落とすし、正確に覚えている自信があることまで間違って記憶していたりする。[27] ぜったい忘れないはずだったことまで忘れてしまう。日記をつけている人なら、覚えがあるだろう。昔の日記は、誰か他人が書いたもののように思えることがある。私自身、20年分の電子メールを保存していることで、自分の過去についての認識の正確性が大幅に高まっていることに気づいている。

アメリカの成人の4人に1人は、なんらかの犯罪記録がある。ごく些細な法律違反でも、[28] その人に永遠につきまとい、人生に重大な影響を及ぼしかねない。だからこそ、多くの国では、一定期間経過後に犯罪記録を抹消するものとしているのだ。しかし、コミュニケーションが

「その場限り」という性質を失えば、[29] 私たちは過去の言動に永遠につきまとわれてしまう。

私たちは、会話での言葉が発するそばから消えていくと思っているからこそ、リラックスし、録音されている場では話さないようなことも口にする。長い目で見れば、私たちは忘れること（あるいは記憶違いをすること）によって歴史を処理している。私たちが他人を許すプロセスでは、忘れることが果たす役割が大きい。個人レベルでも社会レベルでも、記憶が薄れれば、過去の傷が和らいでいく。そのおかげで、過ちを許せるようになるのだ。夫婦喧嘩の議事録をすべて残しておけば、妻と私の関係がよりよくなるとはとうてい思えない。コミュニケーションがその場限りでなくなることは、社会と人々の心理に計り知れない影響を及ぼす。しかし、私たちの社会は、その変化に対応する準備ができていないよう。

アルゴリズムによる監視

大量監視を擁護する論者がよく挙げる根拠の1つは、人間ではなくコンピュータのアルゴリズムによって監視がなされるので、プライバシー侵害は起きない、というものだ。この主張は、まったくの間違い[30]と言わざるをえない。

人間による監視か、コンピュータによる監視かという違いは、政治的には大きな意味をもつ。エドワード・スノーデンが膨大な量の最高機密文書を報道機関に提供して以来、私たちは国家安全保障局（NSA）が用いている言葉遊びの数々[31]を知った。国防総省の定義によれば、データの「収集」という言葉[32]は、きわめて特殊な意味で使われている。それは、データを集めることではなく[33]、誰かがそのデータを閲覧したり、分析したりすることを意味するとされている。2013年、ジェームズ・クラッパー[34]国家情報長官は、NSAが蓄えている膨大な量のデータを図書館になぞらえた。図書館には無数の本が所蔵されているが、実際に誰かに読まれる本はほんの一部でしかない。「安全を守り、同時に市民的自由とプライバシーを守るために我々に求められる課題は、どういうときにその図書館を訪れ、本を探し、ページを開いて実際に中身を読むかという判断を、できる限り緻密におこなうことだ」

あなたに、何千冊もの本をもっている友人がいるとしよう。アメリカ政府の荒唐無稽な定義によれば、その友人が「収集」した本は、実際に読んだ本だけということになる。

クラッパーは上院聴聞会[35]での虚偽証言を指摘された際、この定義を根拠にそれを否定した。上院聴聞会で「NSAは、何百万人、あるいは何億人ものアメリカ人について、なんらかのデータを収集しているのか？」と問われたとき、クラッパーは「ノー」と答えた。軍の理屈では、軍の要員や契約企業の職員が開発・導入したアルゴリズムがデータを繰り返し分析していても、人間がそのデータを見ていなければ、「収集」には該当しないことになるのだ。

この種の主張を聞かされるのは、これが最初ではない。Gメールのサービス開始初期に、電子メールの内容に即した広告を表示することを正当化するためにグーグルが訴えたのも同様の主張だった。この広告システムでは、グーグルのコンピュータが個々の電子メールの内容を吟味し、それに即した広告をメールの下部に表示する。電子メールのメッセージを読むのはコンピュータであって、人間ではない[36]、というのだ。当時あるグーグル幹部は、非公開の会話で私に言った。「コンピュータに電子メールを読まれることを心配するのは、飼い犬に裸を見られることを心配するようなものだ」

この主張は間違っている。飼い犬の例で考えるとよい。犬に見られているとき、私たちが過度に心配しないのには、3つの理由がある。第1に、犬は、人間のようには、見たものを理解したり、分析したりできない。第2に、犬は、人間のようには、見たものを記憶したり、それに基づいて判断をくだしたりしない。第3に、犬は、見たものをほかの人間や犬に教えない。

コンピュータに見られている場合は、そうはいかない。コンピュータは、見たものを分析して、それをもとに判断をくだす。「コンピュータはデータを保存していない」と説明されたとしても、その約束が守られている保証はない[37]。「コンピュータは、注目すべき情報を見つけても誰にも通知しない」と言われたとしても、それが本当に守られているかはわからない。「コンピュータのくだした判断が誰かに知られることはなく、コンピュータが見たものに基づいて評価をくだされたり、差別されたりはしない」と言われても、それが本当かは知りようがない。

コンピュータがデータを蓄えれば、情報流出の危険もついて回る。プライバシー・ポリシーが突如変更されて、あなたが明確な同意をしていないのに、過去のデータの用途が拡大されることもある。ハッカーや犯罪者がシステムに侵入し、あなたのデータを盗む可能性もある。あなたのデータを保持している団体が新たに公開の形でデータを用いたり、ほかの組織にデータを売ったりするかもしれない。ＦＢＩがその団体に国家安全保障書簡（ＮＳＬ）を発行し、データの提供を求めることもありうる。一方、あなたの裸について説明するよう飼い犬に命令できる裁判所は、地球上のどこを探してもない。

コンピュータと犬の大きな違い[38]は、犬がほかの人に(少なくとも意味のある)情報を伝達しないのに対し、コンピュータはほかの人に情報を伝えるという点にある。コンピュータのアルゴリズムは人間が書いており、それが生み出すデータは人間が利用する。だから、コンピュータのアルゴリズムが私たちを監視し、私たちの私的なデータを分析していると言うときは、アルゴリズムの背後にいる人間のことを考えるべきだ。実際に誰かがデータを見ているかどうかに関係なく、(1)その気になれば人間がデータを見ることができ、(2)人間がアルゴリズムを導いているのであれば、それは監視にほかならない。

このことは、あなたも理解できるはずだ。もしクラッパーの言い分に同意するなら、警察が寝室に監視カメラを設置したいと言ってきた場合、どういうときに警察が映像を閲覧できるかというルールさえ決まっていれば、この求めに応じないと理屈に合わない。データを閲覧できる条件が定められていれば、政府から支給される音声傍受装置を24時間装着することにも抵抗を感じないはずだ。

もし、あなたがこうしたことを受け入れ難く感じるなら[39]、それは、データが自動的に収集され、アルゴリズムによって分析される場合にも、プライバシーが侵害されると思っているからだ。そのプロセスに人間が直接関わっていようといまいと、違いはない。

個人の特定と匿名性

誰でも、インターネット上で自分が「本人」であることを証明しようとした経験があるだろう。ウェブサイトのなかには、金融機関や行政サービスなど、オンライン上の身元を実世界の身元と結びつけることを要求するものもあれば、クレジットカードなどの決済システムや銀行口座、携帯電話番号などと結びつけることを要求するものもある。実世界での素性に関心を示さず、そのサイト内だけのユーザーネームでよしとしているウェブサイトもある。非常に多いのは、この最後のパターンだ。たとえば、アップルの楽曲・動画配信ストア「ｉＴｕｎｅｓストア」は、利用者が何者かを知ろうとしない。当該の楽曲・動画をダウンロードする権利をもっているかどうかさえ確認できれば事足りるように設計されている。

オンライン上で本人確認をおこなう仕組み[40]には、パスワードに始まり、生体認証、ＵＳＢトークンにいたるまでさまざまなものがある。それぞれのシステムの長所と短所については、私の著書も含めて多くの解説書が出版されているので、ここでは細かい議論には立ち入らない。ひとことでまとめると、完璧なシステムは存在しないが、おおむねすべて十分に実用に耐えるものと言っていい。本人確認のシステムは、基本的には機能している。

これらの仕組みが機能しているのは、当事者が「本人」として認められたいと思っているからだ。あなたは、ウェブメールサービスに対して、いま利用しようとしているアカウントが自分のものだと証明したい。金融機関には、アクセスしようとしている口座が自分のものだと認めてもらいたい。携帯電話会社に対しては、スマートフォンのウェブ閲覧履歴をすべて記録してほしいとは思わなくても、自分宛ての電話はすべてつないでほしい。この場合、システムは、「この人物は、本人が名乗っているとおりの人間なのか?」という問いに答えるだけでいい。このように本人が自分の身元を明かすケースがあるために、オンライン上で私たちに関するデータを集めることが容易になっている。収集されるデータの大半は、私たちがどこかで意識的に提供したものなのだ。

それに対し、匿名でおこなう活動を特定の個人と結びつけるのはずっと難しい。このようなケースでは、私たちは身元を特定されることを望んでいない。たとえば、ウェブサイトに匿名のコメントを書き込んだり、どこかのネットワークにサイバー攻撃を仕掛けたりするケースがそうだ。この場合、システムが答えなくてはならない問いは、本人確認だけすればいい場合より難しい。それは、「これは何者なのか?」という問いである。

悪意をもった敵が探知を逃れようとした場合に、個々のハードウェアやソフトウェアを特定することは、根本的に不可能だ。インターネット上を行き交うデータの塊に識別情報を付与することはできない。地球上のどこかでキーボードを叩いている人物の身元を確認することもできない。これは、エンジニアリング上の障害を克服すれば解決する問題ではない。インターネットの仕組み自体について回る問題なのだ。

ブログに匿名のコメントを書き込んだ人物が誰かを完全に明らかにすることはできない(誰でも使えるコンピュータや共用のIPアドレスを用いている場合もあるからだ)。電子メールの送信者を100％特定することもできない（電子メールの送信者情報が偽造されている可能性もある。これは、迷惑メールを送る業者が日常的におこなっていることだ）。あなたの銀行口座に不正ログインを繰り返し試みた人物や、どこかの国の重要インフラにサイバー攻撃を仕掛けた人物を断定することもできない。

サイバー攻撃が犯罪者によるものなのか、いずれかの国の軍によるものなのか、そしてどの国がその背後にいるのかを確定することも不可能だ。[41] いたずら好きの高校生にせよ、金融機関からデータを盗もうとする犯罪者にせよ、どこかの国の政府が糸を引いたサイバー部隊にせよ、実行者が突き止められるのはたいてい、徹底した分析がなされるか、そうでなければ実行者がみずから認めるかした場合だけだ。2012年のニューヨーク・タイムズ紙へのサイバー攻撃が中国発と特定されるまでには、専門家による数カ月間もの分析[42]を要した。サイバー攻撃の実行者を特定することはきわめて難しい。近い将来、それが変わることはないだろう。

これまで、インターネット上の匿名性をなくすべきだ[43]という提案がたびたびなされてきた。すべての人のすべての行動をその人物のものと特定できれば——言い換えれば、すべての行為を源までたどれるようになれば——犯罪者やスパム業者やストーカーやインターネット・トロル（荒らし行為をおこなう者）を特定しやすくなる、という発想である。具体的には、インターネット利用者の1人ひとりに、運転免許証のような証明書の取得を義務づけようというのだ。

しかし、それを実行するのは不可能だ。まず、現実問題として、旅券や運転免許証、政府発行の身分証明書などの証明書に基づいてインターネット利用者に証明書を発行するようなインフラは、実世界に存在しない。それをグローバルな規模でおこなえるインフラが存在しないことははっきりしている。

仮にそのようなインフラを築けたとしても、ぜったいに破られないシステムはつくれない。既存の身分証明システムはことごとく、アルコールを買おうとするティーンエージャーによって破られている。直接対面によるシステムですら、この有り様なのである。今後、それより優れたシステムが登場するとは思えない。それに、もし過去に類のない強力なシステムを築けたとしても、かならず抜け道は残る。個人が特定されるシステムの下でも、匿名サービスをつくることは可能なのだ。中国のように、国内のインターネット利用者すべての身元を特定しようとする国は、すでにこの問題に頭を悩ませている。[44]

この点は、第3章で述べたことと矛盾するかもしれない。指摘したとおり、インターネット上で匿名であろうとする人の身元を特定することは簡単だ。しかし、そのためには、互いに照らし合わせられるデータを十分に入手できていること、そして調査に時間をつぎ込むことが必要とされる。インターネット上の匿名性を大幅に弱めるためには、大量監視が不可欠なのだ。第3章で挙げた例はことごとく、時間をかけていくつもの手がかりをつなぎ合わせることで素性を特定している。それと異なり、単一の電子メール、単一のウェブ接続、単一のサイバー攻撃など、単一のインターネット上での行動を源までたどることは格段に難しい。

そこで問題になるのは、データの照合と分析による個人特定のプロセスを自動化できるかどうかだ。第3章で紹介した事例のようなことを大々的に実行するために、監視データを分析して個人を特定する高度なコンピュータシステムを築くことは可能なのか？　そのようなシステムはまだ誕生していないが、遠くない将来に生まれるかもしれない。

それを目指す動きはすでに始まっている。中国やロシアのような国は、インターネット上で反体制的な発言をしている人物を自動的に突き止めるシステムをつくりたい。エンターテインメント産業は、映画と音楽の海賊版を流通させている人物を割り出すために、同様のシステムが欲しい。アメリカ政府は、一匹狼の個人にせよ、外国の政府にせよ、脅威とみなす人物や団体の正体を把握するために、そのようなシステムを望む。

2012年、当時のレオン・パネッタ国防長官は[45]、アメリカがサイバー攻撃の「発信源の特定に関して……大きな前進を遂げた」ことを公に認めた。しかし、おそらく、インターネット上の個人特定可能性と匿名性のバランスを根本から変えるような新しい技術や手法が開発されたわけではないだろう。敵対勢力のネットワークに深く入り込み、サイバー攻撃の計画を探知しやすくなった可能性のほうが高い。

オンライン上の匿名性を守ることは、いいことばかりではない。ヘイトスピーチや犯罪をおこなう人物を守ってしまうケースもある。それでも、個人識別が好ましい結果をもたらす場合はあるにせよ、本章で述べてきた数々の理由により、匿名性を守ることには大きな価値がある。匿名性は、プライバシーを守り、個人に力をもたせ、自由の土台になるものだからだ。

第11章 安全

大量監視とデータマイニングは、筋金入りの犯罪者やテロリストを見つける手段には適さない。大量監視プログラムに莫大な税金が浪費される一方で、約束どおりの安全は実現していないのが実情だ。大量監視とデータマイニングは犯罪やテロの予防より、差別の道具に適している。

安全は重要だ。私たちの安全は、サイバー空間の内外で発生する犯罪、テロ、外国からの攻撃によっても脅かされるが、脅威はそのほかにもある。ここまで4つの章では、そのような脅威の一部を取り上げてきた。

対処しなくてはならない脅威がきわめて多岐にわたるため、難しい問題が生まれている。テロから自分たちを守ろうとするあまり、過度に強力な警察や専制体制がもつリスクを無視することは、警察の暴走を恐れるあまりテロのリスクを無視するのと同じくらい、理屈に合わない。

私たちの社会は、数ある脅威のなかの1つにだけ注目し、それ以外の脅威を軽んじる傾向がある。しかも、確率の低い派手な脅威[1]に関心を引きつけられて、ありきたりな脅威を無視しがちだ。たとえば、飛行機は自動車より安全なのに、私たちは自動車に乗るときより、飛行機に乗るときに怖がる。警察よりテロリスト[2]に恐怖を感じるのも同じパターンだ。アメリカでは、テロリストに殺される確率より、警察官に殺される確率のほうが9倍も高い。

恐怖心に突き動かされている人は、賢明な安全対策を取れない場合がある。ある脅威に対して防御するためにほかの脅威に対する防御を捨てるのは、賢い戦略ではない。必要なのは、すべての脅威に対する安全対策のバランスを取ることだ。

テロリストと犯罪者からの安全

国家安全保障局（ＮＳＡ）が監視活動を正当化する根拠として再三用いてきたのは、「コネクト・ザ・ドッツ」と呼ばれる子ども向けのパズルの比喩だ。紙に多くの点が記されていて、その1つひとつに通し番号が振ってある。番号順に点を線で結んでいくと、1つの線画ができあがるというものだ。このパズルのようにテロの事前情報を結びつけて、テロを未然に察知するためには、監視が必要だというのである。実際、2001年の9・11テロ後にも、2009年の「パンツ爆弾」テロ未遂（容疑者は下着のなかに爆弾を隠して旅客機に搭乗した）のあとにも、2013年のボストン・マラソン爆弾テロのあとにも、アメリカ政府が事前情報を生かせなかったとの批判がもち上がった。

しかし、この主張はきわめて誤解を招く。コネクト・ザ・ドッツのパズルは点にすべて番号が振ってあり、目に見えるので、子どもでも楽しめるが、現実の世界では、事件後になってはじめて点が見えてくるのだ。

それでも、テロが起きると、私たちは政府に対して、どうして点と点を結びつけて、つまり事前情報をつなぎ合わせて、テロを察知できなかったのかと問わずにいられない。[4]確かに、あとから考えると、テキサス州フォート・フッド陸軍基地の銃乱射事件、ボストン・マラソン爆弾テロ、カリフォルニア州アイラビスタの銃乱射事件などは、事前に警告サインが十分にあったように見える。しかしそれは、あとづけの講釈（物語）にすぎない。リスク工学専門家のナシーム・ニコラス・タレブ[5]は、このような落とし穴を「講釈の誤り」と呼んでいる。人間は物語をつくる動物だ。物語のなかの世界は、すっきりしていて、予測可能で、一貫している。

だが、現実の世界は違う。不自然な行動を取ってFBIの関心を引きつける人物は何百万人にも上る。そのほぼすべてがまったく無害な人物だ。運輸保安庁が作成している旅客機の「搭乗禁止リスト」[6]には、2万人以上が記載されている。国家テロ対策センター（NTCT）のデータベース「テロリスト特定データマート環境（TIDE）」は68万人を監視リストに載せている[7]が、その40%は「テログループとの関わりが確認されていない」という。

データマイニングは、点と点を結ぶためのテクニックという触れ込みだ。確かに、企業はデータマイニングにより、私たちの私的なデータをもとに、金融詐欺を探知したり、最も効果的な対象に広告を見せたりしている。しかし、3つの重大な要因により、データマイニングはテロリストを見つけ出す手段には適さない。

まず、最も大きな問題はエラー率の高さだ。広告の場合、エラー率が高くてもデータマイニングは有効だ。しかし、テロリストを事前に発見しようとする場合は、もっと精度が高くなければ使い物にならない。データマイニングで達成できるレベルの精度ではまるで足りない。

データマイニングが効果を発揮するのは、探しているものの属性がはっきりしていて、対象となる出来事がそれなりの頻度で起きていて、しかも誤った警報が発せられた場合のダメージが小さいときだ。クレジットカード詐欺の探知[8]は、この条件に当てはまる。どのクレジットカード会社も自社の取引データベースのデータマイニングをおこない、盗難カードによる買い物のパターンに該当する取引を見つけ出そうとしている。アメリカで用いられているクレジットカードは10億枚以上。毎年、その8%近くが詐欺の被害[9]にあっている。そして、不正利用には共通のパターンがある。本来の所有者が普段訪れない店で買い物をしたり、旅行料金の支払いや高級品の購入、転売しやすい商品の購入などにカードを用いたりする傾向があるのだ。また、不正使用の被害を最小限に抑えるという効果が期待できる一方で、誤った警告が発せられた場合のコストは、カード所有者に電話確認する作業が無駄になるだけだ。

同じように、税務当局[10]は脱税を、警察は犯罪を[11]、金融機関はローン詐欺をデータマイニングによって見つけようとしている。どの程度の成果があるかは、データの質や用途によってまちまちだが、いずれもデータマイニングが有効な取り組みと言えるだろう。

しかし、テロの事前察知は違う[12]。その最大の理由は、詐欺がありふれた事件なのに対し、テロはめったに起きないことにある。どんなに精度の高い警報システムをつくっても、膨大な量の「誤警報」に埋め尽くされてしまい、実用に耐えないのだ。[13]

これは、簡単な算数の問題だ。あらゆる検知システムには、どうしてもエラーがついて回る。誤検出を最小限に抑えることを目指すか、見落としを最小限に抑えることを目指すかは、システム設計者の判断次第だ。テロ検知システムのケースで言えば、誤検出とは、無害なものを脅威と判断すること、見落としとは、実際のテロ攻撃を見逃すことを意味する。システムをどのように調整するかによって、誤検出が増えるのと引き換えに見落としを減らすこともできるし、見落としが増えるのと引き換えに誤検出を減らすこともできる。

問題は、テロの発生頻度がきわめて低いため、どんなにうまく調整しても、誤検出によってシステムが完全に破綻してしまうことだ。[14]「完全に」というのは誇張ではない。実際のテロを1件検知するごとに（本当に検知できるとしての話だが）、何百万人もの人が誤って告発されてしまうのだ。誤検出によるダメージが小さければ、無実の人がテロリストのレッテルを貼られることも容認できるかもしれない。たとえば、空港のフルボディ（全身透視）スキャナーの場合がそうだ。[15]このスキャナーはきわめて頻繁に警報を発するが、運輸保安庁の職員が当該の人物の全身に手で触れることにより、誤検出を簡単に解消できる。しかし、データに基づくテロ検知システムは、そうはいかない。警報が発せられれば、それが本当の脅威かを判断するために長時間の調査が必要になる。それには時間も金もかかるし、情報機関職員がほかの有益な仕事をする妨げにもなる。端的に言えば、あらゆるものを見ようとすると、なにも見えないのだ。

アメリカの情報機関は、テロの企てを検知することを干し草の山のなかに混ざった1本の針を見つけることになぞらえる。NSAの局長を務めたキース・アレキサンダーの言葉を借りれば[16]、「針を見つけるためには、干し草の山を集めなくてはならない」というのだ。この言葉に、大量監視とデータの大量収集がもつ問題点が浮き彫りになっている。本来なら、針を探すときに最も避けるべきなのは、針の上に大量の干し草を載せることなのではないか？

無実の人に関する無関係のデータをかき集めることにより、テロを検知しやすくなるという主張には、科学的根拠がない。むしろ、その効果はないという証拠のほうが多い。片端からデータを集めれば、シグナル（有益な信号）も少しは増えるかもしれないが、それよりはるかに多くのノイズ（雑音）が生まれてしまう。[17] これは、「全部集めろ」という発想が染みついているNSAも文書で認めていることだ。軍事情報機関では、その弊害を表現するために、「消火ホースから水を飲む」という言葉が使われる。関係のないデータを大量に入手する結果、重要な情報を見つけられなくなるのだ。[18]

この問題は、NSAの盗聴プログラム[19]にも見られる。誤検出がシステムを埋め尽くしているのだ。2001年の9・11テロ後の数年間、NSAはFBIに毎月何千件もの情報[20]を送り続けた。しかし、そのほぼすべてが誤警報だった。それが生み出したコストは計り知れない。すべての警報について調べなくてはならないFBIの捜査官たちは、苛立ちをつのらせることになった。これは、金融機関に義務づけられている「疑わしい取引の報告[21]（SAR）」にも言えることだ。金融機関は、マネーロンダリングなどが疑われる取引について当局に報告する義務が課されている。しかし、何万件の報告があっても、本当のマネーロンダリングは1件も見つかっていない。NSAが集めた膨大な量の電話通話メタデータも、わずか1件の摘発[22]にしか結びついていない。その1件では、ソマリアのあるグループに8500ドルを送金したタクシー運転手が有罪になった。もっとも、そのソマリアのグループはアメリカに直接の脅威を及ぼしておらず、そもそも容疑自体がNSAのでっち上げだった[23]可能性が高い。NSAとしては、議会に対して監視プログラムの正当性を主張するための材料が欲しかったのだろう。

データマイニングがテロリストを見つけ出す手段に適さない第2の理由は、1つひとつのテロ攻撃がすべてほかと違うことだ。2013年のボストン・マラソン爆弾テロで言えば、地元の大学に通う学生とその兄がバックパックのなかに圧力鍋爆弾を2つ入れて、マラソンのゴール地点近くに持ち込むなどと、誰が予想できただろう？ 新しいテロが起きるたびに、その実行者に特有の人物像を反映させてテロ容疑者の検出基準が修正される。[24]その結果、基準が歪められ、テロ検知の足がさらに引っ張られてしまう。

第3の問題は、対象者が検知を避けるために狡猾《こうかつ》に細工することだ。1人ひとりに合わせたマーケティングをおこなう場合、監視の標的となる人たちは、みずからの行動を隠そうとしないのが普通だろう。しかし、警察活動や安全保障の分野ではそうはいかない。敵対的な関係にある相手を検知することは格段に難しく、商業用のビッグデータ分析ツールはたいてい役に立たない。それらのツールは、監視から身を隠そうとする人の存在を無視しており、すべての人が正直に行動することを前提にしているからだ。政府による監視の場合、そのような前提は成り立たない。監視を避けたがる人間こそ、見つけたい人物なのだ。

監視を逃れる能力の高さは、対象者によって一様でない。大半のテロリストと犯罪者は——そして悲しいことに、政治的な反体制派のほとんどは——抜かりが多く、たくさんのミスを犯す。しかし、そのような脇が甘い人物を摘発できるからといって、大量監視によるデータマイニングを正当化できるわけではない。標的を特定しておこなう監視によっても、目的を果たせる可能性があるからだ。問うべきなのは、標的を絞った監視を上回る効果をあげられるかどうか、それも、大量監視について回る多大なコストを埋め合わせるだけの効果を得られるかどうかなのだ。NSAの監視活動すべてを分析したいくつかの調査によれば[25]、大量監視にそこまでの効果はないように見える。

ここまでの話から明らかなように、以上の3つの問題は修正しようがないものだ。データマイニングは、テロ検知の目的を達するためには誤った手段[26]と言わざるをえない。したがって、データマイニング用のデータを集めるための大量監視も正当化できない。キース・アレキサンダー[27]は、網羅的監視が実現していれば、NSAは9・11テロを防げただろうと述べたことがある。しかし、それは考えにくい。ボストン・マラソン爆弾テロの容疑者の1人はすでにテロリストの監視リストに載っており、容疑者2人ともソーシャルメディア上で油断の多い行動を取っていた。しかも、このときには、9・11テロをきっかけに監視手法に磨きがかけられはじめて10年あまりが経過していた。それにもかかわらず、アレキサンダーはテロを未然に防げなかった[28]。NSAは事件前に容疑者兄弟のデータを入手していたが[29]、それがほかの何百万人もの人たちのデータより重要だと気づけなかったのだ。

この問題は、9・11テロに関する独立調査委員会の報告書でも指摘されている。報告書は点と点を結びつけられなかった問題について論じており、大量監視推進派は、この問題を克服するためにさらに多くのデータを集める必要があると主張する。しかし、報告書が本当に指摘しているのは、大量監視をおこなわなくてもテロ計画の情報を入手できていたのに、不適切な分析のせい[30]でテロを察知できなかったという点なのだ。

大量監視は、2009年のデルタ航空機爆破テロ未遂事件[31]を防げなかった。ウマル・ファルーク・アブドゥルムタラブという男が下着のなかに爆弾を隠して旅客機に乗り込むことを阻止できなかったのだ。男の父親が再三にわたり、息子の危険性をアメリカ政府に警告していたにもかかわらず、である。一方、ロンドン警察[32]が2006年、液体爆弾による旅客機爆破テロの企てを事前に察知し、テログループをアジトのアパートで逮捕できたのは、大量監視の賜物ではない。それは、昔ながらの警察捜査の成果だった。NSAの監視活動の成功例として報じられているものはことごとく、大量監視ではなく、対象を特定しておこなう監視活動[33]の成果だ。ある調査によると[34]、FBIが潜在的なテロ計画を突き止めたケースの大半は、不審者やテロ計画に関する通報、そしてテロとは無関係の犯罪捜査を通じて情報を得ていたという。

この点はきわめて重要だ。大量監視とデータマイニングは、筋金入りの犯罪者やテロリストを見つける手段には適さないのである。大量監視プログラムに莫大な税金が浪費される一方で、約束どおりの安全は実現していないのが現実だ。こうした効果の乏しいプログラムに予算を使わなければ、これまで成果をあげてきた捜査活動や情報収集活動、緊急対応活動にもっと予算を割ける。[35]

大量監視とデータマイニングは、犯罪やテロの予防より、差別の道具に適している。特定の政治思想の持ち主や、ある人物と親しい人間、秘密の団体のメンバー、なんらかの会合や集会に参加した人たちをあぶり出すのには、打ってつけの道具だ。中国のように社会をコントロールしようとする政府は、このような人たちを特定しておきたいだろう。この用途にデータマイニングが有効なのは、クレジットカード詐欺の犯人と同様、政治的な反体制派に共通する行動パターンがかなりはっきりしているからだ。それに、専制体制の国では、誤った警報が発せられてもさほど問題はない。むしろ、無実の人を国家反逆罪で摘発すれば、国民に恐怖心を植えつける効果もある。

NSAの監視活動の問題点は、効果が乏しいことだけではない。私たちの安全を蝕んでもいる。この点を理解する前提として、以下では、インターネット・セキュリティと、暗号、コンピュータの脆弱性について手短に説明したい。この3つの項は、短いけれど重要だ。

インターネットにおける攻撃と防御

セキュリティ（安全確保）にまつわる局面ではかならず、攻撃側と防御側の間で「軍拡競争」が繰り広げられる。ある時点では一方が優位に立つが、技術革新が起こると形勢が逆転し、その後、また新しいテクノロジーが出てくると、再び形勢が逆転する。

軍事テクノロジーと軍事戦術の歴史もそうだった。19世紀に入るまで、軍事の世界で有利なのは防御側だった。防衛線を突破することは、それを守るよりはるかに大きな危険をともなったからだ。しかし、ナポレオンが台頭し、当時の新しいテクノロジーを活用した有効な攻撃方法を見いだすと、攻撃側有利の時代が訪れた。その後、第一次世界大戦が始まる頃には、火器、とくに機関銃が強力になり、防御側が再び有利になる。塹壕戦は、攻撃側にとって非常に厳しい戦いだったのだ。形勢が再逆転するのは、第二次世界大戦の時代だ。航空機による攻撃が可能になり、攻撃側が再び有利になったのである。

インターネット（とコンピュータ全般）の世界では、現時点で攻撃側が有利な立場に立っている。[36] 理由はいくつかある。

- ものを壊すことは、修理するよりたやすい。[37]
- 私たちのシステムはつねに複雑性を増しており、複雑性はセキュリティの最大の敵になる。[38]
- コンピュータ化されたシステムの性格上、防御側がすべての脆弱性を見つけ出し、すべてを解消するより、攻撃側がつけ込める脆弱性を1つ見つけるほうが簡単だ。
- 攻撃側は、1つの攻撃経路を選んでそこに全精力をつぎ込めるが、防御側は、あらゆる可能性に対して防御態勢を取らなくてはならない。
- ソフトウェアのセキュリティは、概してお粗末[39]なものにとどまっている。どうすれば安全なソフトウェアを書けるか、安全なコンピュータシステムをつくれるかがわからないのだ。もちろん、前進はしている。しかし、セキュリティを十分に高められているとはまだ言い難い。

●コンピュータ・セキュリティは、きわめて専門性が高いテーマだ。一般ユーザーは正しい知識をもっておらず、せっかく設けられているセキュリティすら無効化してしまう場合がある。

セキュリティ対策が無駄だと言うつもりはない。正反対だ。有利なのは攻撃側だとしても、防御の余地がないわけではない。適切なセキュリティ対策を取れば、多くのタイプの攻撃を困難にし、コストがかかり、大きなリスクをともなうようにできる。未熟な攻撃者に対しては、質の高いセキュリティによって完全な防御を実現できる可能性もある。

セキュリティの分野では、リスク管理という観点でものを考える。どのようなリスクが存在するかを明確にし、それに対してどのような予防措置を講じるのが合理的かを考えるのだ。コンピュータをもっている人なら、質の高いウイルス対策ソフトウェアをインストールし、つねに最新版になるように自動更新の設定にし、怪しげなウェブサイトにはアクセスせず、知らない人から送られた電子メールの添付ファイルは開かず、データはしっかりバックアップを取っておくべきだ。あとはいくつかの簡単な対策を取れば、普通の犯罪者やハッカーからは自分を守れる。

しかし、もしあなたが中国やシリアやウクライナのような国の反体制派だとすれば、逮捕や暗殺を避けるために、もっと徹底した対策を講じなくてはならない。警察に捕まりたくない犯罪者や、産業スパイをはねのけたい企業関係者、盗聴を防ぎたい大使館職員も同様だ。企業にデータを収集されたくない人は、また別のタイプのセキュリティ対策を実践する必要がある。

組織は、セキュリティをお金の問題として考える場合が多い。セキュリティを怠ることで発生する可能性が高い損失額より、セキュリティを導入するためにかかるコストのほうが小さければ、セキュリティが実行される。しかし、セキュリティを導入するコストのほうが大きければ、攻撃を受けることによる損失を甘んじて受け入れる。個人の場合は、損得勘定だけでなく、心理的要素も大きい。プライバシーを侵害されたり、政府の監視リストに載せられたりすることのダメージを金銭に換算して考えるのは、一般の個人には難しいからだ。それでも、基本的にはコストと便益を比較して判断がくだされる。

ここで重要なのは、無作為になされる攻撃と標的を特定した攻撃の違いだ。

犯罪者による攻撃のほとんどは、特定の標的に固執していない。2013年、小売大手のターゲット社はネットワークに不正侵入され、4000万人のクレジットカード情報[40]やその他の私的な情報が盗み出された。これは、当時（公になっているなかでは）最も大がかりなハッキング被害で、会社は多大なダメージを受けた[41]（グレッグ・スタインハフェルCEOは辞任に追い込まれた）[42]。しかし、ハッカーたちは、イデオロギー上の理由でターゲット社を狙ったわけではない。詐欺をおこなうために、クレジットカード番号を盗みたかっただけだ。別にほかの会社でも構わなかった。ターゲット社のセキュリティがもっと厳しければ、ほかの会社を狙っただろう。この点では、普通の空き巣と同じだ。空き巣犯は、好みの地区や住居のタイプはあるにせよ、特定の1軒の家にこだわる理由はない。そこで、私たちがすべきなのは、自分の家が近隣の家よりも空き巣犯にとって魅力的に見えないようにすることだ。自分が狙い撃ちされているのでなければ、セキュリティは相対的に優れていれば十分なのである。

一方、2012年、中国からニューヨーク・タイムズ紙におこなわれた攻撃[43]（中国政府が関与していた疑いもある）はどうだったか？　ハッカーの狙いは、記者たちと中国の反体制活動家の間の通信内容を知ることだった。どうしても、ニューヨーク・タイムズの電子メールと社内ネットワークに不正侵入する必要があった。求めている情報がそこにあると考えていたからだ。このように、自分が狙い撃ちされている場合は、相対的に優れているレベルでは足りず、絶対的なセキュリティを構築しなくてはならない。隣人たちのセキュリティ対策のレベルがどうであろうと関係ない。攻撃者の攻撃能力を上回る防御体制を敷くことが必要なのだ。

もう1つ例を挙げよう。グーグルは、Gメール利用者がやり取りするメールをすべてスキャンし、そこから引き出した情報をもとに、1人ひとりの利用者に合わせた広告を表示している。もちろん、社員の誰かがその作業をしているわけではない。コンピュータが自動的にそれをおこなう。だから、グーグルが自動的に翻訳できないような珍しい言語でメールを書けば、グーグルのアルゴリズムから逃れられる。グーグルにとっては、わざわざ人力で翻訳するのは割に合わないからだ。しかし、あなたがなんらかの理由でFBIの捜査の標的になれば、FBIは手間を惜しまず、メールを翻訳するだろう。

この2種類の監視形態の違いは、よく理解しておいてほしい。本書でもこのあと繰り返し、この問題に立ち返ることになる。

暗号化の効果

インターネット・セキュリティでは、つねに攻撃側が有利だと前述した。その優位は大きいが、それはあくまでも程度の問題だ。映画やコミックの世界ならまだしも、一方が強大なテクノロジーをもっていて、他方にまったく勝ち目がないという状況は基本的にありえない。その例外の1つが暗号技術だ。防御側が暗号化をおこなえば、防御が攻撃より容易になる。というより、攻撃を成功させることはほぼ不可能と言ってもいい。

数学的に考えると、暗号化をおこなう側は、暗号を破ろうとする側よりはるかに有利だ。セキュリティの強さは、暗号鍵の長さによって決まる。鍵を少し長くするだけで、攻撃側の手間は途方もなく膨れ上がる。攻撃の難しさは、倍々ゲームで増大していく。64ビットの鍵を破るには、1日あれば十分かもしれない。しかし、65ビットの鍵の場合は、その2倍、つまり2日かかる可能性がある。128ビットの鍵――防御側の手間は64ビットの2倍程度にすぎない――になると、攻撃側には2の64乗の時間、つまり約1000兆年の時間がかかる（ちなみに、地球が誕生してから現在までの年数はざっと45億年だ）。

そのため、「攻撃側が地球上のすべての原子を使って巨大なコンピュータをつくっても、宇宙が熱死するまでにこの暗号を破れない」などとよく言われる。驚くかもしれないが、別に誇張表現ではない。暗号化をおこなう側と、それを破る側の数学的不均衡は、それほどまでに大きいのだ。

ただし、これは理屈の上の話だ。暗号鍵を生成するための数学的処理は、ひとりでに実行されるわけではない。それはコンピュータコードに書かなくてはならないし、そのコードをコンピュータ上で動かす必要がある。そしてコンピュータは、ハードウェアとＯＳ、その他のソフトウェアによって構成される。しかも、コンピュータは人間が操作し、ネットワークに接続しなくてはならない。こうしたすべての要素がかならず脆弱性を生む。その結果、数学的処理で完璧になったはずのセキュリティが弱まってしまう。結局は、攻撃側がきわめて有利な状況に変わりはないのだ。

ＮＳＡが極秘の数学的な方法論と莫大なコンピューティング能力《パワー》を擁していて、ある種の暗号を比較的容易に破れることは間違いない。テネシー州オークリッジに建設された「マルチプログラム研究施設」[44]は、そのための研究所だ。しかし、エドワード・スノーデンの暴露文書が明らかにしたように、ＮＳＡはおおむね、真正面から暗号破りに挑むのではなく、コンピュータや人間やネットワークといった脆弱性を突くことにより、隠された情報にアクセスしている。犯罪者と同じように、ハッキングを実行しているのだ。たとえば、局内の「特別アクセス工作（ＴＡＯ）」部門にネットワークへの侵入をおこなわせて、暗号鍵を盗み出させる。お粗末なパスワードを設定していたり、デフォルトの暗号鍵をそのまま利用していたり、弱い暗号鍵が用いられていたりするのにつけ込む場合もある。あるいは、裁判所の命令を通じて暗号鍵のコピーを提供させたり、製品や手続きに脆弱性をこっそり仕込んだりもする。[45]

スノーデンは、２０１３年にオンライン上でおこなった質疑応答でこう述べている。[46]「暗号化には効果がある。適切に導入された強力な暗号システムは、信頼できる数少ないものの1つだ。しかし残念なことに、現実にはネットワークの末端部分のセキュリティがあまりにおざなりなために、NSAはしばしば暗号を破るまでもなく、情報にアクセスできる」

しかし、NSAが暗号破りをせずにデータにアクセスするために用いている方法を見れば、暗号化の重要性がよくわかる。適切に暗号化をおこない、数学的な優位を武器にできれば、攻撃者はコミュニケーション経路上で待っていても通信を傍受できず、すべての人のデータをごっそり集める道が断たれる。特定のコンピュータシステムに侵入し、暗号化前のデータを盗み出す作業が必要になるかもしれない。このように暗号を迂回してデータにアクセスしようと思えば、暗号化されていないデータを一括入手するよりも手間がかかるし、情報収集活動が露見するリスクも大きくなる。そのため、標的を絞り込む必要性が高まる。

ビッグデータの経済原理によればどのデータを保存すべきかを判断するより、すべてのデータを保存するほうが効率的で、誰を監視すべきかを判断するより、全員を監視するほうが手っ取り早い。しかし、暗号化が一般的になれば、大量監視が効果を発揮しなくなり、監視側は対象を厳選する必要が出てくるかもしれない。プライバシー保護の観点から言えば、これは大きな勝利と言える。監視側には、全員を監視するための予算などないからだ。

脆弱性の蔓延

脆弱性とは、ひらたく言えばミスのことだ。具体的には、システムへの不正な侵入を許してしまう設計上・実装上のエラー、すなわちコードやハードウェアの欠陥のことである。サイバー犯罪者は、脆弱性を利用してあなたのコンピュータに入り込み、インターネット上の行動を監視し、オンラインバンキングのパスワードを盗み出すかもしれない。政府の情報機関は、脆弱性を突いて外国のテロ組織のネットワークに侵入して活動を妨害したり、外国企業の知的財産を盗んだりするかもしれない。情報機関は、反体制活動家や野党政治家の通信を盗聴する場合もあるだろう。軍はサイバー攻撃を仕掛けるかもしれない。これらは、いずれもハッキングの一種だ。

脆弱性を発見した人物は、それを攻撃のためにも防御のためにも使える。防御に用いる場合は、製品のメーカーに知らせて修正させたうえで、今後の参考になるように情報を公表する。メーカーが脆弱性を見つけ、ひっそりと修正しているケースも多い。研究者や善玉ハッカーが見つける場合もある。

発見者は、脆弱性を利用して他者に攻撃を仕掛けることもできる。なかでも、存在が公になっていない脆弱性は「ゼロデイ脆弱性」と呼ばれ、攻撃側にとって非常に価値がある。誰も防御を取っておらず、世界中で好き勝手にその脆弱性を突けるからだ。しかし、いずれはソフトウェアメーカーが気づいて、修正プログラムを配布する。それまでにどれくらいの時間を要するかは、その脆弱性を利用した攻撃がどの程度大々的に実行されるかにも左右される。

軍のサイバー部門やサイバー兵器メーカーが脆弱性を見つければ、いずれサイバー兵器を開発する際に利用するために、秘密にしておくだろう。ほとんど用いず、用いる場合も密かに使用すれば、脆弱性を長く隠しておける。まったく使用しなければ、ほかの誰かが見つけない限り、ずっと秘密のままだ。

脆弱性を発見した人は、その情報を売ることもできる。[47] ゼロデイ脆弱性の情報が売買される活発な市場も存在する。[48] 買い手は、政府やサイバー兵器メーカーだ。[49] 犯罪者が情報を買うヤミ市場もある。[50] 一方、一部のソフトウェアメーカーは、問題を早く修正するために、脆弱性に関する情報の提供者に報奨金を支払っている。しかし、報奨金の額は、攻撃側に情報を売って得られる金よりずっと少ない。

未発見のゼロデイ脆弱性[51]はいたるところにある。あなたが使っているスマートフォンやコンピュータに始まり、原子力発電所を動かす組み込みシステムにいたるまで、あらゆる商業用のソフトウェアには、数百、ことによると数千の脆弱性がある。その大半はまだ発見されていない。プログラミングの科学と工学は、欠陥のないソフトウェアをつくれるレベルに達しておらず、近い将来に状況が変わることもないだろう。ソフトウェア開発の損得勘定[52]では、セキュリティよりも性能や商品化のスピードが優先されているからだ。

要するに、ハッキングの脅威はなくならない。少なくとも当分の間は、攻撃側に高いスキルがあれば、防御側のシステムの脆弱性を見つけられる。こうしたことは、サイバー兵器を構築しようとする軍隊にも、通信傍受のためにシステムに侵入しようとする情報機関にも、そしてさまざまなタイプの犯罪者にも可能だ。

インターネットのセキュリティを弱める

第6章で述べたように、NSAは既存の脆弱性につけ込んだり、新たにつくり出した脆弱性を利用したりして、ハッキングを実行している。問題は、そうした行動がセキュリティより監視を優先させ、その結果として私たち全員のセキュリティを弱めていることだ。スノーデン文書に基づくガーディアン紙の記事[53]は、NSAとイギリスの政府通信本部(GCHQ)がこの点をどう考えているかを暴露している。「両機関は機密扱いのやり取りのなかで、『ネットワーク・セキュリティとプライバシーを破る』ことに成功したことを祝福していた」という。

政府機関は、どのようにしてセキュリティとプライバシーを破っているのか？　明らかになっているのは、NSAが主に以下の4つの手法[54]を実践しているということだ。アメリカだけでなく、ロシアや中国、その他のさまざまな国が同様のことをしていると考えていい。サイバー犯罪者もそれに近いことをしているだろう。

手法1——私たちが日々使う商業用ソフトウェアの脆弱性を修正せず、放置する

NSAがみずから脆弱性を発見したり、発見者に報酬を支払って情報を買ったりした場合、それをメーカーに教えて、まだ誰にも知られないうちに修正させることもできるが、そのままにしておいて、標的のコンピュータシステムに侵入する際に利用することもできる。いずれもアメリカの重要な政策上の目標の追求に役立つが、ＮＳＡはその都度、どちらを選ぶかを判断することになる。

現在、ＮＳＡとアメリカ軍サイバー司令部は、ゼロデイ脆弱性を大量に貯め込んでいる。具体的にどれだけ蓄えているかは不明だ。２０１４年にホワイトハウスのブログ[55]がこの問題を取り上げたことがあったが、実質的な説明はなかった。わかっているのは、前出の「スタックスネット[56]」によるサイバー攻撃の際に４つのゼロデイ脆弱性が用いられたということだ。１つのサイバー兵器のために４つも惜しげなく使ったことから推測すると、アメリカ政府は何百ものゼロデイ脆弱性を蓄えているのだろう。

マイケル・ヘイデン元ＮＳＡ局長は、局内で使われる「ＮＯＢＵＳ[57]」という言葉を披露したことがある。「我々以外は誰も知らない（=Nobody but us）」の略で、ＮＳＡ以外は誰も発見しておらず、用いない可能性が高い脆弱性のことだ。ＮＳＡは、一定の非公開の手順にのっとって、脆弱性への対処を決めているという。ほとんどの場合は情報を公開して修正させているが、「ＮＯＢＵＳ」と思われる一部の脆弱性はそのまま秘密[58]にしているとのことだ。その数がどれくらいかは公表していない。

適切な基本方針に思えるかもしれないが、これを実践することは不可能だ。私たちセキュリティ専門家の多くは、どの脆弱性が「ＮＯＢＵＳ」かを見わけられない[59]。政府にもその判断はできないだろう。

大量の脆弱性を温存させる行為は、すべての人を危険にさらす。脆弱性が修正されないまま残ると、私たち全員の安全が弱まるのだ。誰かがその脆弱性を見つけて、攻撃に利用しかねない。脆弱性は、本質的に安定を脅かす要因になる。[60] 対処される前に、攻撃に使いたいという意識がはたらくからだ。しかも、脆弱性を利用した攻撃が実行されると、ほかの勢力がその脆弱性に気づき、それを用いて攻撃をおこなう可能性が出てくる。また、同系統の脆弱性がいくつもある場合が多く、1つを隠しておこうとすれば、同系統の脆弱性がすべて秘密扱いになり、修正されないままになる。アメリカやその他の先進国は、電子インフラが充実しており、重要な知的財産を多く擁し、個人もたくさんの富をもっているため、ことのほかゼロデイ脆弱性に弱い。それに比べて、中国やロシアは――そして北朝鮮はそれに輪をかけて――そうした弱みをもっていないので、脆弱性を修正することへのインセンティブが非常に小さい。

手法2――広く普及しているハードウェアとソフトウェアにバックドアを仕込む

製品にバックドアが仕込まれるのは、最近始まったことではない。[61] セキュリティ業界ではかなり前から、ハッカーがソフトウェアに仕込むバックドアを見つけ、それをふさぐために多くの労力を費やしてきた。しかし、ここにきて、アメリカ政府が意図的[62]にハードウェアとソフトウェアにバックドアを仕込んでいることが明らかになった。

スノーデンが暴露したNSA内部文書の1つ[63]は、「SIGINT可能化計画」について詳述している。その文書によれば、同計画の下で遂行されていた戦術の1つは、「標的が用いている商業用暗号化システム、ITシステム、ネットワーク、末端のコミュニケーション機器に、脆弱性を仕込む」というものだ。このプロジェクトについては、明らかにされていないことが非常に多い。メーカーの同意を得ているケースがどのくらいあり、政府の指示に従って動く社員を使ったり、マスター・ソースコードを操作したりして秘かにやっているケースがどのくらいあるかも不明だ。2億5000万ドルの予算が毎年与えられていることはわかっているが、暴露された文書に記されている情報には限りがあり、計画がどの程度成功しているかも明らかになっていない。また、アメリカ以外に、自国の政治的なコントロール下にある企業が設計しているシステムについて同様のことをしている国がどれだけあるかも知りようがない。

それでも、いくつかの実例は知られている。第6章で述べたように、NSAはインターネット電話のスカイプのセキュリティを弱めさせたことがあった。FBIもマイクロソフトに圧力をかけ、「ウィンドウズ」に搭載されているハードドライブ暗号化ソフトウェア「ビットロッカー」[64]にバックドアを設置させようとしたという(マイクロソフト側はそれに抵抗したようだ)。ほかの製品やサービスに関しても、同様の試みがなされてきたに違いない。この種の試みが失敗に終わったケースについて、私はオフレコでいくつかの実例を耳にしている。

しかし、政府のためにバックドアを設けることは非常に危うい。[65]政府にしか使えないバックドアなどというものは、ありえないからだ。政府の命令でバックドアを設置すれば、[66]すべてのユーザーにとって製品やサービスのセキュリティが低下する。

たとえば、ギリシャでは2004年6月〜05年3月にかけて、何者かが政府関係者などの携帯電話100台を盗聴していた。そのなかには、首相や、国防省、外務省、公安省の高官たちの携帯電話も含まれていた。この盗聴機能は、スウェーデンの通信機器メーカー、エリクソンがボーダフォン社[67]の携帯電話に組み込んでいたものだが、エリクソンは、当該国の政府から要請があった場合に限ってその機能を作動させるものとしていた。しかし、ギリシャ政府はその要請をしていない。素性不明の勢力——政権と対立する政治勢力か、あるいは犯罪組織か——が密かにその機能を作動させる方法を見いだしたのだ。2006年には、イタリア[68]でも同様のことが起きている。また、2010年に中国のハッカー[69]がGメールアカウントへのハッキングに成功した際は、グーグルがアメリカ政府の要請により設けた通信傍受システムが利用された。2012年には、アメリカ国防総省に販売された電話スイッチすべて[70]に、セキュリティ上の脆弱性が存在することがわかった。それが意図せざるものだったのか、意図的に仕込まれたものなのかは明らかになっていない。

NSAも日常的[71]に、ほかの国がなんらかの目的で設けたバックドアを利用している。たとえば、バハマの携帯電話システム[72]に組み込まれていた通信傍受システムを利用して、同国内のすべての通話を傍受したことがあった。どこかの国が同様の方法によりアメリカで通信を傍受しないという保証は、どこにもない。

手法3——暗号化のアルゴリズムと標準技術を破りやすいものにする

「SIGINT可能化計画[73]」のもう1つの目的は、「商業用の公開鍵暗号技術の標準的なポリシー、技術、仕様に影響を及ぼす」ことだ。詳細は不明だが、おそらく、暗号化アルゴリズムのような公開の標準技術より、携帯電話のセキュリティのような非公開の標準技術を主に標的にしているのだろう。たとえば、NSAは、GSM方式の携帯電話向けの暗号化アルゴリズムとして、同局が破りやすいものが普及するようにはたらきかけている。[74]また、よく知られている例としては、ある乱数生成機[75]にバックドアを組み込んだうえで、その乱数生成機を普及させようとしたこともあった。狙いは、インターネット上の通信とウェブ閲覧の情報を保護するための暗号化を無効化することにあった。しかし、この試みはあまり成功を収めなかった。

手法4——インターネットをハッキングする

NSAの「特別アクセス工作（TAO）」部門のハッキング活動については、第5章で述べた。NSAは、そのようにコンピュータやネットワーク機器に直接侵入するだけでなく、フェイスブックやリンクトイン（そして、おそらくそのほかの多くのウェブサイト）に成りすまして標的のコンピュータにマルウェアを送り込み、[76]データを吸い出すこともしている。GCHQ[77]は、フェイスブック上で個人の私的な写真を見つけたり、特定のウェブサイトへのアクセスを人為的に増やしたり、特定のウェブサイトでの動画の閲覧を妨げたり、特定の人物のアカウントをコンピュータから削除したり、オンライン意識調査の結果を歪めたりすることもできる。

以上のような活動は、インターネット・ユーザーに強烈な不信感をいだかせるだけではない。それは、監視を優先させて、セキュリティをないがしろにすることにもなる。NSAはすべてのユーザーのためにインターネットのセキュリティを高めるのではなく、みずからの利便性のために、あえてインターネットのセキュリティに欠陥を残しているのだ。

これもすべての人に害を及ぼす。インターネット上でセキュリティの欠陥を利用するのは、NSAだけではないからだ。ほかの国の政府や犯罪者もその恩恵に浴する。スノーデンが暴露した監視テクノロジーのなかには、NSA専用ではないものが驚くほど多い。それは各国の情報機関専用とも限らない。なにしろ、用いられているのは、高価なハッカー用ツールにすぎないのだ。[78]研究者の間では、[79]NSAが擁する情報収集・分析ツールと同じものを、オープンソースのシステムと商業用のシステムで再現できるのではないかと言われている。

私がガーディアン紙と共同でスノーデン文書を分析したとき、[80]NSAがどうしても報じてほしくなかった最高機密プログラムの1つが「QUANTUM」[81]だ。これは、NSAのパケット・インジェクション、すなわちコンピュータにハッキングするためのプログラムである。しかし実は、このテクノロジーを使っていたのは、NSAだけではなかった。中国政府[82]もパケット・インジェクションにより、コンピュータへの攻撃を実行している。サイバー兵器メーカーのハッキング・チーム社[83]に金を払えば、どの国の政府もそのためのテクノロジーを購入できる。犯罪者もこのテクノロジーを使っているし、一般の個人が利用できる[84]ツールもある。このような状況はすべて、私が「QUANTUM」について報じる前にすでに存在していた。つまり、

NSAはインターネットの防御体制を強化するのではなく、みずからが攻撃を実行するために知識を活用する結果、誰でもパケット・インジェクションによってハッキングを実行できる状況をつくり出しているのである。

NSAが内部で開発したテクノロジーの場合も、いつまでもそれを独占してはおけない。今日の最高機密レベルのプログラムは、すぐに博士論文のテーマになり、そのあとハッカーの間で普及するのは時間の問題だ。軍事用のサイバー兵器である「スタックスネット」のために開発されたテクノロジー[85]も、サイバー犯罪者が送り込むマルウェアに用いられるようになっている。エルコムソフト社[86]が各国政府機関に販売しているパスワード破り用のソフトウェアは、2014年にアップルのiCloudからセレブの写真が盗み出された際にも用いられた。また、以前は携帯電話監視のための秘密のテクノロジーだったものが、いまは非常に広く[87]用いられている。

いっさい制約を受けずに監視をしたいというアメリカ政府の願望は、すでにインターネットの世界を変えつつある。今後、監視活動が多国間協力型になれば、監視のニーズがますます優先されるようになるだろう。しかも、ネットワークエンジニアが政府の要請にこたえられるような仕組みを採用すれば、それがその後長い間用いられる可能性が高い。わざわざ変更するより、同じものを使い続けるほうが楽だからだ。しかしその結果として、サイバー攻撃を受けやすくなる。セキュリティより監視を優先させているNSAは、私たちすべてのセキュリティを弱体化させているのだ。

各国が互いをハッキングし続ける過程で、世界のインターネット・ユーザーが巻き添えになるケースが増えている。ほとんどの場合、私たちがその詳細を知ることはない。それでもときどき、実態を垣間見せる情報が浮上してくる。

情報収集のためにせよ、相手に損害を与えるためにせよ、グローバル化したインターネットを通じて世界の国々が互いに攻撃し合うことが多くなるほど、民間のネットワークが巻き添えになるケースも増えていく。

また、第9章では、NSAの活動がアメリカの経済的利益を脅かすことも指摘した。しかし、害を受けるのは企業活動だけではない。アメリカの政治的利益も脅かされる。

政治学者のイアン・ブレマーが指摘するように[88]、NSAの監視活動が暴露された結果、「多くの同盟国に対するアメリカの信頼性が大きく傷ついた」。ヨーロッパや中南米、アジアの友好国など、自国の国民や指導者が盗聴されていることを知る国が増えるほど、アメリカの国益[89]は大きくそこなわれていった。NSAがドイツのアンゲラ・メルケル首相の携帯電話を盗聴していたことが明るみに出たことで、ドイツとの関係[90]にはとくに緊張が走った。また、きわめて異例のことだが、ブラジルのジルマ・ルセフ大統領[91]は2013年、アメリカへの公式訪問の延期を決めた。大統領とブラジル国民は、それほどまでにNSAの監視活動に怒りを覚えたのだ。

水面下の外交チャンネルでは、もっと多くのことが起きている。はっきり言おう。アメリカは、精力的な監視プログラムを実行することにより、自国の世界での地位とリーダーシップを蝕んでいるのだ。

第3部

超監視社会への対抗策

WHAT TO DO ABOUT IT

第12章 原則

理解すべきなのは、社会全体にとっては監視よりセキュリティが重要だということだ。セキュリティ確保を優先させたシステムを築けば、世界を行き交う情報を盗聴や、もっと大きな被害を生む窃盗、破壊などから守ることができる。世界をいっそう安全な場にできるのだ。

大量監視は大きな弊害をもたらす。個人と社会がこうむる損失は、恩恵を圧倒的に上回る。だから、大量監視を抑制するための対策を講じなくてはならない。できることはある。次章以降で法的・技術的・社会的な方策を具体的に提案するが、本章では、その前にいくつかの一般原則を示したい。以下に挙げるのは、監視に関する一般的な真理であり、政府による監視と企業による監視の両方に当てはまる。

もちろん、一般論を唱えるだけなら簡単だが、具体的な場面でそれをどのように実践するかを考えるのは何倍も難しい。「生命、財産、幸福追求の権利」の重要性には誰もが同意するが、ワシントンでの議論を見れば明らかなように、その原則を実地に適用することは簡単ではない。

私はこれまで多くのパネルディスカッションなどに参加してきたが、データ収集、監視、安全、プライバシーの問題について、一般論のレベルではあらゆる立場の論者が合意できるのに、その原則を目の前の問題に適用する段になると激しく対立するのをさんざん見ている。

安全とプライバシー

この問題は、「安全VSプライバシー」という図式で論じられることが多い。そうした単純化した見方をすると、必然的にトレードオフ（二律背反）の関係を突きつけられる。安全を高めるためには、プライバシーを犠牲にして監視を受け入れなくてはならず、ある程度のプライバシーを確保するためには、安全をある程度犠牲にせざるをえない、という話になるのだ。

しかし、ここにトレードオフの関係があるというのは誤解だ。まず、ある種の安全確保措置がプライバシーの放棄を要求することは事実だが、プライバシーをまったく犠牲にしない安全確保措置もある。ドアに施錠したり、高いフェンスを建てたり、警備員を配したり、ハイジャック対策で旅客機のコックピットのドアを強化したりするのは、その例だ。それに、プライバシーと安全は切り離せない関係にある。プライバシーが守られなければ、私たちは丸裸にされたように心細い。安全が弱まったように感じるのだ。逆に、私的な空間や記録の安全[1]が守られなければ、プライバシーが弱まる。合衆国憲法修正第4条は、「身体、家屋、書類および所持品の安全を保障される権利」を謳《うた》っている。憲法の起草者たちは、プライバシーが個人の安全に欠かせないものだと理解していたのだ。

　安全かプライバシーかという議論[2]になると、両者の価値評価が偏ってしまう。たいてい、このトレードオフの関係は、金銭的価値に換算する形で示される。「プライバシーにいくら払う?」「安全にいくら払う?」といった具合だ。しかし、このトレードオフも現実には存在しない。安全の欠如がもたらすコストは、問題がまだ現実化していなくても、皮膚感覚で現実味をもって感じられる。一方、プライバシーの欠如がもたらすリスクは、問題が現実になるまでは漠然としか感じられず、被害が生じてはじめて実感できる。私たちは、プライバシーがあるときはその価値を軽んじ、失ってはじめて気づく。だから、プライバシーに金を払う人はいないと主張され、安全はつねにプライバシーより重要だという結論に落ち着く傾向がある。

　安全とプライバシーのトレードオフが「生か死かの選択」と位置づけられた瞬間に、理性的な議論はできなくなる。人命が脅かされている状況で、プライバシー保護を主張できる人はいない。人は恐怖を感じるとき、安全を感じたいために唯々諾々とプライバシーを手放す。2001年の9・11テロ後、アメリカ政府の好き勝手な大量監視が認められたのは、そのためだ。政府は実質的[3]に、私たち全員に対して、安全と引き換えにプライバシーを捨てろと迫ったのである。ほとんどの人はよくわからずに、この悪魔の契約にサインしてしまった。

　問題は、安全の全面的な喪失とプライバシーの縮小が天秤にかけられていることだ。アメリカの裁判所は、この種の議論をしばしば展開する。「この政府プログラムによりプライバシーが失われるリスクがあることは、当裁判所も理解している。しかし、ニューヨークの中心で核爆弾が炸裂することのリスクは、それより大きい」という具合だ。これは、トレードオフの考え方としてあまりに粗雑な議論と言わざるをえない。実際には、監視を受け入れれば、核爆発を完全に防げるわけではないし、監視を受け入れなければ、かならず核爆発が起きるわけでもない。核爆弾が炸裂する可能性は非常に低く、プライバシー侵害をともなう安全確保措置は、その可能性をごくわずかに引き下げる効果しかない。本来は、プライバシーの侵害と、安全のわずかな改善とを天秤にかけて考えるべきだ。

そもそも、安全とプライバシーのバランスを取るという考え方が間違っている。[4] この2つは両立できるものであり、そうすべきものなのだ。

監視より情報セキュリティのほうが大切

情報セキュリティを確保する仕組みと監視を実現する仕組みは、衝突する関係にある。セキュリティ確保を重んじて築かれたシステムは、監視が難しい。逆に、監視しやすいように築かれたシステムは、セキュリティが弱い。監視を可能にしてあるシステムは、どうしてもセキュリティに欠陥が生まれざるをえない。第11章で述べたように、好ましい人物だけが監視をおこなえるシステムをつくることは不可能だからだ。

理解すべきなのは[5]、社会全体にとっては監視よりセキュリティが重要だということだ。つまり、監視の容易な低セキュリティの情報インフラではなく、監視を阻止できる高セキュリティの情報インフラを選択すべきなのである。

情報インフラに限らず、社会のインフラは、好ましい目的にも利用できるし、悪い目的にも利用できる。善良な人物も銀行強盗も、高速道路や電力サービスを利用し、金物店で買い物をし、終夜営業のレストランで食事をする。携帯電話や電子メール、「ドロップボックス」のようなオンライン・ストレージ・サービスは、犯罪に無縁な人物も犯罪者も利用する。聖書の表現を借りれば、神は、正しい者にも正しくない者にも恵みの雨を降らせるのだ。

それにもかかわらず社会が機能しているのは、悪用されるケースより、好ましい使い方をされるケースのほうが圧倒的に多いからだ。高速道路を走っているドライバーに占める銀行強盗の割合は、無視しても差し支えないほど小さい。その点では、すべての電子メール利用者に占める犯罪者の割合も同じだ。したがって、システムを築く際は、大多数の善良な人たち、すなわち犯罪者や広告・勧誘業者からの、そしてときには自国の政府からのセキュリティを欲する人たちのことを考えるほうがずっと理にかなっている。

セキュリティ確保を優先させたシステムを築けば、世界を行き交う情報（そこには、私たち自身の情報も含まれる）を盗聴から守り、もっと大きな被害を生む窃盗や破壊からも守ることができる。さまざまな国の政府や、国家以外の勢力、犯罪者などから情報を守ることにより、世界をいっそう安全な場にできるのだ。

ブラウザの「Ｔｏｒ[6]（トーア）」は、それを実現している素晴らしい例だ。Ｔｏｒは、最初はアメリカ海軍調査研究所、のちにはアメリカ国務省の資金的支援により開発されたオープンソースのソフトウェアで、無料で利用できる。これを使えば、匿名でインターネットを閲覧することが可能だ。世界中の反体制派が監視と検閲を避ける手立てとして用いている。ただし、犯罪者にも利用されていることは言うまでもない。このブラウザを禁止しようとする中国政府に対抗するために、Ｔｏｒの開発者たちはプログラムを絶えずアップデートしている。国家安全保障局（ＮＳＡ）もＴｏｒの匿名性を破ろうとし続けているが、[7] エドワード・スノーデンの暴露文書によれば、[8] 少なくとも２００７年の時点ではそれに成功していない。Ｔｏｒの匿名性を破れていないため、ＦＢＩが２０１３年と１４年にコンピュータへの不正侵入を実行した[9]こともわかっている。その一方で、ＮＳＡやイギリスの政府通信本部（ＧＣＨＱ）で働く人のなかには、Ｔｏｒの匿名性を守るために密かに協力している人[10]もいるようだ。しかし、ここにはジレンマがある。Ｔｏｒの匿名性を強化すれば、私たちにとって好ましい人物だけでなく、好ましくない人物もその恩恵にあずかり、匿名性を弱めれば、好ましくない人物だけでなく、好ましい人物も守られなくなってしまう。

スパイなき世界が訪れることは永遠にないだろう。それは、現実離れした夢物語でしかない。歴史が始まって以来、[11] 政府はスパイ活動をおこなってきた。なんと旧約聖書[12]にも、スパイの逸話がある。問題は、私たちが次の2種類の世界のどちらを望むかだ。１つは、政府による監視と検閲と統制を弱めて、政府の力と市民の力の不均衡を縮小する世界。もう１つは、政府が私たちに対してさらに大きな力をもつことを許す世界である。

もちろん、「監視より情報セキュリティを優先する」というのは、絶対的なルールではない。

ときには、ひと握りの不誠実な人間の悪事から残りの人々を守るための仕組みが必要になる場合もある。空港の保安検査はその例だ。旅客機に搭乗するテロリストの数は、テロリスト以外の乗客に比べればゼロに等しいくらい少ない。それでも、空港の保安検査は、ごく一部のテロリストの存在を前提に設計されている。もしも旅客機で安全が破られれば、大惨事になるからだ。その被害の大きさは、地上のどこかで爆弾テロが発生する場合より大きい。しかし、これはあくまでも例外で、(少なくとも現時点では)テロ防止を優先させて社会全体の仕組みを設計するまでにはいたっていない。[13]

適切な監視システムの導入が好ましいケースもある。宅配便を発送するときは、配送状況をリアルタイムで追跡したい。携帯電話から救急隊に出動要請があった場合は、現在地がどこかを把握できるようにしたい。ただし、このようなケースでは、「監視」という強烈な言葉は使われない。「荷物追跡」のように、強い抵抗感をかき立てない表現が用いられている。

基本的には、次の原則に従うべきだろう。まず、システムを設計する際、監視は、システムを機能させるために必要最小限にとどめること。そして、実際に監視をおこなう際は、収集する情報の量とデータの保存期間を必要最小限にとどめることである。

透明性の拡大

透明性は、オープンで自由な社会に不可欠だ。情報公開法は、国民が政府の活動内容を知り、民主主義体制における国民の役割を果たし、政府を監視できるようにしている。企業に情報開示を義務づける法律が担っている役割も同様だ。もちろん、政府や企業にも、ある程度の秘密は必要だろう。しかし、透明性が高ければ高いほど、私たちは正しい知識に基づき、それらの機関を信頼すべきかを判断できる。[14] アメリカには強力な情報公開法が存在するが、それでも情報公開の対象外になっている情報があまりに多い。[15]

私的なデータについて求められる透明性のルールはもっと単純だ。人々は、自分について誰がどのようなデータを収集・保存していて、そのデータが誰によってどのように用いられているかを知る権利を認められるべきなのだ。インターネットが国際化している一方で、監視と統制に関わる法律が国ごとに異なる現状では、自分についてのデータがどこに保管されているかを知っておくことも必要になる。これらの点が明らかにされていれば、監視の程度がどうあれ、監視に対して私たちがいだく抵抗感は和らぐだろう。ウェブサイトなどのプライバシー・ポリシーは、長たらしく、わざとわかりにくく書くのではなく、この情報を示すべきだ。

データをもとに私たちについて判断をくだすアルゴリズムにも、透明性がなくてはならない。そのために、アルゴリズムのコードを公表してもいいし、その仕組みを説明してもいいだろう。現状では、アメリカ運輸保安庁が「特別スクリーニング」[16] を受けさせる旅客機搭乗客を選別するために用いているアルゴリズムの公正性は判断しようがない。同じことは、国税当局が精査する対象[17] を選び出すアルゴリズムにも言える。ユーザーごとに表示する検索結果を決める検索エンジンのアルゴリズム、警察がどの地区のパトロールを手厚くするかを決める犯罪予測のアルゴリズム、金融機関が誰に住宅ローン融資を認めるかを判断するために使うクレジット・スコアのアルゴリズムなども同様だ。アルゴリズムの一部は、システムの裏をかく人が出てこないように秘密にしておく必要があるが、その必要がない部分も多い。EUデータ保護指令は、この種の情報の多くを開示するよう義務づけている。

私は、強制的な監視より、個人の秘密を重んじるべきだと主張する一方で、政府や企業の秘密より、透明性を優先させるべきだとも主張している。もしかすると、矛盾するように感じるかもしれない。しかし、私がこのような主張をしているのは、政府や企業と個人の間の力の不均衡が非常に大きいからだ[18]。一般的に、政府や企業はどうしても個人より強大な力をもっている。政府や企業に秘密を大幅に認めれば、その力がさらに大きくなり、力の不均衡もいっそう広がる。これは、個人の自由にとって好ましくない。一方、個人の秘密が拡大すれば、個人の力が強まり、力の不均衡が縮まる。これは、個人の自由にとって好ましい。この点は、監視と透明性に関する議論[19]にも当てはまる。政府や企業の透明性が高まれば、力の不均衡が縮小して好ましいが、政府や企業による個人の監視が強まれば、力の不均衡が拡大して好ましくない[20]。

しかし、透明性を確保するのは簡単でない[21]。力をもつ者は、みずからの行動を見られたがらないからだ。現に、アメリカの警察はその傾向を強めている。アメリカでは、警察の行動を撮影しようとする人たちが嫌がらせを受けたり、訴追されたりすることが各地で起きている[22]（ただし、そうした措置を違法と判断する裁判所[23]も出てきている）。シカゴの警察官[24]たちは監視カメラの切り替えをおこない（おそらくみずからの行動を隠すためだろう）、サンディエゴ警察[25]は警察映像の公開を拒んだ（捜査中だからと説明した）。2014年、警察が丸腰の黒人青年を射殺したことをきっかけに、ミズーリ州ファーガソンで大々的な抗議活動が起きたときは、地元警察が抗議活動参加者による警察官の撮影をしばしば禁止した。[26] 抗議活動の様子を撮影していた記者も数人逮捕されている。一方、ロサンゼルス警察[27]では、パトカー車内の録音システム（裁判所の命令で設置されたものだ）がしばしば破壊されていた。

政府と企業は、透明性を要求する法律にことごとく抵抗してきた。しかし、状況は変わりはじめている。プライバシー法の専門家であるピーター・スワイヤー[28]は、秘密の短命化が起きていると指摘する。秘密が明るみに出るまでの期間が昔より短くなっているのだ。テクノロジーの進歩により、秘密を保つことが難しくなった。とりわけ、インターネットの性質上、秘密を長時間保持することがきわめて難しくなりつつある。インターネットの世界では、電子メールの「送信」をクリックするだけで、膨大な量のデータが瞬く間に移動する。親指程度の大きさのUSBメモリーに記録できるデータの量も年々増えている。政府やその他の組織は、昔に比べて秘密が暴露されやすくなり、秘密を保持できる期間が短くなっていることを知るべきだ。

秘密が暴露されるまでの期間が短くなれば、暴露されたときのダメージは大きくなる。2013年、エドワード・スノーデンが暴露した文書により、NSAがドイツのアンゲラ・メルケル首相の携帯電話[29]を盗聴していたらしいということが明るみに出た。文書に日付はなかったが、明らかに過去数年のものだ。このニュースに、ドイツ国民は激怒した。もし、暴露が20年後だったら、ドイツ国民の反応は違っていただろう。しかし、メルケルは現役の首相であり、盗聴のニュースは歴史上の出来事ではなく、現在進行形の出来事と受け止められたのだ。

文化の変容も、秘密を守ることが難しくなっている一因だ。昔、組織の秘密は、人が生涯守り通すものだった。情報機関は若い人を雇い、生涯にわたり雇用し続けた。情報機関は、暗号と秘密に満ちた会員制社交クラブのような世界だったのだ。[30]情報機関だけではない。民間企業でも、1つの会社で生涯働き続けることが当たり前だった。しかし、時代は変わった。情報機関は多くの仕事を外注するようになり、企業の現場でも終身雇用文化が崩れている。人材の流動性が高まり、雇用のアウトソーシングが珍しくなくなり、働き手は消耗品になった。こうして人の入れ替わりが激しくなった[31]結果、秘密に触れる人の数が多くなり、しかもその人たちは秘密を守ることにさほど関心を払わなくなっている。すでに述べたように、いまアメリカで機密事項の取り扱いを認められている人は約500万人[32]に上る。その過半数は、政府職員ではなく、契約企業の従業員だ。

情報を公開することに価値を見いだす人も増えている。とくに、若い世代にその傾向が強い。[33]若者たちは年長世代に比べて、私的な情報を他人と共有することへの抵抗がずっと小さい。よく言われるように、「情報は自由になりたがっている」と考えていて、みんなが情報を知り、論じ合うことによって安全が守られると思っているのだ。若者たちはオンライン上できわめてプライベートなことを語り、ソーシャルメディアに恥ずかしい写真を投稿する。誰でも読めてしまうオンラインフォーラム上で恋人から別れを言い渡されたりもする。要するに、あまりに多くのことを開けっぴろげに公開している。そして、そのような行動を取っても、なんの害もこうむっていない。このような世代の若者たちに、政府の機密が市民の知る権利より優先されるという考え方に同意させることは、ますます難しくなる。[34]

以上のような技術的・社会的な変化は好ましい潮流だ。私たちは可能な限り、透明性を拡大させるよう努めるべきなのだ。[35]

監督と責任

ほとんどの場合、社会を機能させるためには、人々がほかの誰かに、自分に対して権力を振るうことを許す必要がある。しかし、権力をゆだねることには、つねに大きなリスクがついて回る。そこで、私たちは有史以来、権力を譲渡しつつ、権力からみずからを守る方法を確立してきた。透明性、監督、責任がそのための手立てだ。権力をゆだねた人物がその力をどのように使っているかがわかっていれば、私たちは権力が乱用されていないと安心できる。権力を乱用した人物を罰することができれば、私たちはもっと安心して権力をゆだねられる。これが民主主義の核を成す社会的契約だ。

権力の監督には、戦略レベルの監督と戦術レベルの監督の2通りがある。戦略レベルの監督とは、政府に課すルールを適切なものにすることだ。たとえば、NSAはルールの範囲内でみずからの活動のあり方を決めていいが、準拠すべきルール自体を決めることは許されるべきでない。この点は、マイケル・ヘイデン元局長の言葉[36]によく表現されている。「我々が中に入って行動する箱を与えてください。そうすれば、箱の隅々まで使って活動しましょう。……国民は、選挙で選んだ代表を通じて、私に活動の場を与えています。私はそのなかで精力的に活動するのです」。ある意味でこの言葉は正しい。確かに、ルールをつくるのはNSA局長の役割ではない。しかし別の面では、この言葉は間違っている。その点については第13章で論じたい。

いずれにせよ、私たちは戦略レベルの監督能力を高める必要がある。政府とその監視活動にどのような制約を課すべきか？　この点をもっとオープンに話し合わなくてはならない。立法府の議員たちは、形だけではない監督をおこない、先を見通した対応をすべきだ。また、情報機関の行動を追認するのではなく、情報機関に法律を守らせることができる独立した公開の裁判所もなくてはならない。政府の行動がつねに報道され、報道機関と監視団体によって分析されて議論されるようにする必要があるし、内部告発を促す法的枠組みも必要だ。そして、国民もこうした問題に関心をもたなくてはならない。このテーマには第13章で再び触れる。

一方、戦術レベルの監督とは、ルールが正しく守られているか目を光らせることを言う。そのためのメカニズムとしては、手続きを定めたり、監査をおこなったり、認可制度を設けたり、トラブル解決の手順を決めたりといったことが考えられる。NSAは、みずからに課されている規制について職員の研修をおこない、規制が守られているか調べる監査制度を設け、もし守られていなければ、報告し、関係者を罰する仕組みをつくっている。

戦術レベルの監督は、異なる機関同士が互いに対して実行する場合もある。捜索令状制度はその一例だ。警察が法律上許されているときだけ捜索を実行するものと信頼してもよさそうなものだが、実際には、中立の第三者（裁判所の裁判官）の許可を得させるようにしている。裁判官は、警察の望む捜索がルールに違反していないと確認したうえで、令状を発行する。

強力な監督を実現するカギを握るのは、独立性だ。そのため、組織内部の監督制度はどうしても疑いの目で見られる。その点は、監督に熱心な人物がそれを担当しても変わらない。これは、国土安全保障省の最高プライバシー責任者が逃れられない大きな問題だ。２００９〜１２年にその職を務めたメアリー・エレン・キャラハンという女性がいる。プライバシーの重要性を強く主張している人物で、プライバシー上の理由により国土安全保障省のいくつかの制度の廃止を勧告した。

しかし、あくまでも当時のジャネット・ナポリターノ長官の部下であり、提案以上の権限はもっていなかった。もし、国土安全保障省の外部に最高プライバシー責任者が設置されていれば、もっと大きな公的権限を与えられていただろう。監督機能は、多くのスタッフを擁し、十分な知識をもっていて、組織の外に身を置く人物が担うほうがずっと効果的だ。

戦略レベルの監督と戦術レベルの監督の違いは、「正しいことをする」ことと「ものごとを正しくおこなうこと」の違いと思えばいい。これは両方とも必要なことだ。

戦略レベルの監督も戦術レベルの監督も、権力乱用の責任が問われない状況では機能しない。権力を託された人間が、罰される心配をせずに好き勝手に権力を乱用できる――そんな状態はなくすべきだ。権力を乱用した人間は、処罰される必要がある。処罰の仕組みを欠いた監督制度は、状況を変える力をもたないのだ。その落とし穴にはまった実例は、枚挙にいとまがない。

その点、リスク専門家のナシーム・ニコラス・タレブが言うように[37]、大きなペナルティを課される恐れがあれば、権力の乱用は起きにくくなる。

透明性、監督、責任の重要性を訴えるだけなら簡単だが、それを実現するのは難しい。それでも、実現するよう努めなくてはならない。そのための方法論は次章で論じる。この3つの要素は、私たちが強力な組織を信頼するために不可欠なものだ。組織に権力をゆだねる以上、その組織が権力を乱用せず、私たちの利益のために権力を用いると信用できる必要がある。

レジリエンスをもたせた設計

システムを設計する際は、ダメージを受けたときに破綻しないようにレジリエンスをもたせることが重要だ。この点は、システム設計の大原則と言ってもいい。最新技術はたいてい、完全無欠という触れ込みで登場するが、知ってのとおり、そんなことは実際にはありえないからだ。人も組織もシステムも、かならず欠陥をもっている。政府機関に始まり、巨大な多国籍企業にいたるまで、あらゆる組織がなんらかの弱点を抱えているのだ。

問題は、好ましいシステムのなかで悪意ある人物が悪しき行動を取る結果として引き起こされる場合ばかりではない。官僚的な組織における平凡な行動が問題の原因になる場合もある。活動や権限が際限なく拡大していったり、組織のメンバーが組織のニーズばかり考え、組織外への影響を考えなかったりするケースだ。社会の変化が問題を生む場合もある。私たちの価値観は、時代とともに変わるものだからだ。テクノロジーの進化[38]が既存のシステムを揺るがし、不安定を生み出すケースもある。

システムが完璧ではありえない[39]とすれば、私たちはその事実を受け入れなくてはならない。法律、政府機関、企業、個人、社会は、すべて弱点をもっている。そうした欠陥を前提に、それを克服して機能するシステムを築かなくてはならない。トラブルが起きるとしても、それが想定内のものになるように[40]する必要がある。それがレジリエンスである。

システム設計におけるレジリエンスは、いくつかの要素を組み合わせること[41]で実現する。具体的には、どこかに障害が発生してもシステムが機能し続けるようにすること、トラブルによるダメージを緩和できるようにすること、いざという場合に備えてシステムに余力をもたせること、問題に対する対応力、リカバリー能力、そして問題を生き延びる能力を確保することが必要となる。本書で論じてきたような複雑で絶えず変化し続ける世界では、そうしたレジリエンスをもつことが不可欠だ。

私は、監視システムと監視をコントロールするシステムの両方について、いくつかのレジリエンスの必要性を指摘している。[42]それは、ハードウェアとソフトウェアの事故に対するレジリエンス、技術革新に対するレジリエンス、政治的変化に対するレジリエンス、圧力に対するレジリエンスである。たとえば、情報セキュリティを守る枠組みが確立されていれば、政治の気まぐれによって監視が正当化されそうになったときに、レジリエンスを発揮できる。複数の組織が互いに重なり合う権限をもっていれば、圧力に対してレジリエンスをもてるだろう。適切な法律があれば、テクノロジーの変化に対してレジリエンスをもてるし、自由が守られていれば、専制体制に対してレジリエンスをもてる。もちろん、以上のいずれについても完璧なレジリエンスを実現することは不可能だ。ましてや、以上のすべてに対するレジリエンスなどありえない。しかし、それでもできる限りのことをするべきだ。私たちのレジリエンスが不完全なものだという前提で考えるくらいの心構えをもっていたほうがいい。

すべての人が運命共同体

昨今アメリカで監視をめぐる議論が戦わされるときは、たいていNSAの権限がテーマになる。NSAの力を制限した場合に、ほかの勢力の力を強める結果を招かないかが問題にされることが多い。しかし、この議論は間違っている。NSAがスパイ活動を実行すれば、中国やロシアやイスラエルがスパイ活動をやめるわけではない。私たちが選択すべきなのは、あらゆる攻撃者に脆弱性をさらすような情報インフラを築くか、あらゆるユーザーがセキュリティを確保できるような情報インフラを築くかなのである。

NSAは1952年の創設以来、2つの役割を課されてきた。[43] 1つは、SIGINT（信号情報）、つまり敵の通信を傍受すること。もう1つは、COMSEC（通信保安）、つまり自国の軍と一部政府機関の通信を敵に傍受されないようにすることである。この2つの機能を1つの機関にゆだねるのは、理にかなっていた。盗聴防止のためには盗聴の知識が必要だし、盗聴を実行するためには盗聴防止の技術が必要だからだ。

当時は、この2つの機能が相互補完的な関係にあった。しかし、それは、国によって通信システムが異なり、軍と民間が別々の通信システムを使っていた時代の話だ。第5章で述べたように、時代は変わった。今日、NSAの2つの使命は、互いの足を引っ張り合っている。

どのような監視方法が合法かは法律によって決まるが、どのような監視方法が可能かはテクノロジーによって決まる。したがって、監視に対抗するためにどのようなセキュリティ技術を採用するかを判断する際は、自国だけでなく、世界の状況に目を配らなくてはならない。

今日の世界では、自国のネットワークを守りつつ、敵のネットワークだけ脆弱にすることは不可能だ。世界の国々の情報機関は同じ脆弱性を使って互いを攻撃しており、その脆弱性は、あなたの銀行暗証番号を盗もうとする犯罪者たちにも利用される。私たちはみな同じ製品、同じテクノロジー、同じ規格・標準を使っているので、全員が全員をスパイしやすくするか、全員が全員をスパイしにくくするかのどちらかを選ぶしかない。それは自由を選ぶか統制を選ぶかの選択であり、この選択に関してはすべての人が運命共同体なのだ。ジョージ・W・ブッシュ政権で司法次官補を務めたこともあるハーバード大学法科大学院のジャック・ゴールドスミス教授は、こう述べている[44]――サイバーの世界では「攻撃に使える武器はことごとく、私たちの防御体制の（潜在的な）裂け目でもある。そして、逆もまたしかりである」。

たとえば、アメリカの「法執行機関のための通信援助法（CALEA）」は、デジタル交換機を電話傍受可能なものにするよう義務づけている。アメリカ国民は、アメリカの警察がこの機能を利用することには反対しないかもしれない。人々は司法の令状プロセスをおおむね信用しているし、警察が権限を乱用しないと思っているからだ。しかし、同じ交換機は（傍受機能つきで）世界中で売られている。第11章で紹介したギリシャの携帯電話盗聴事件は、世界中で同じテクノロジーの製品が売られていることの意味を浮き彫りにした。私たちは、誰もが通信傍受能力を手にできるようにするか、誰もその能力を手にできないようにするかを選択しなくてはならない。

携帯電話監視システムの「IMSIキャッチャー」（通称スティングレイ）にも同じことが言える。この種の偽の携帯電話基地局を使っていることは、FBIの機密事項かもしれないが、このテクノロジー自体は秘密でもなんでもない。[45] ワシントンDCを含めてアメリカ国内のいたるところで、どこかの国の政府やその他の団体によってこの種の機器が用いられている。[46] 犯罪者の間で普及するのも時間の問題だろう。犯罪捜査を助けるために、携帯電話ネットワークに対するIMSIキャッチャーの使用を可能な状態にすれば、外国政府と犯罪者が同様の機器を私たちに対して使用する道を開くことになるのだ。

この点については、第11章で多くの例を挙げた。要するに、私たちはどのような情報インフラを築くのかを選択しなくてはならない。セキュリティの強いシステムか、そうでないシステムか、監視を可能にするシステムか、そうでないシステムか、プライバシーが守られるシステムか、そうでないシステムか、レジリエンスをもったシステムか、そうでないシステムか。選択する際には、選ばれたシステムを全員が利用するのだと、よく理解しておくべきだ。

第13章 国家に関する提案

電子的監視は、価値があり、今後も続けるべきだ。問題は、国民全体を対象とする大量監視が、裁判所の同意を得ずに、標的を狭く絞り込むこともなく実行されていることにある。好ましいのは、データの収集に枠をはめ、昔のように標的を特定した監視だけを実行するようにすることだ。

エドワード・スノーデンが国家安全保障局（NSA）の監視活動を暴露して以降、提案された情報機関改革案は数知れない。たとえば、バラク・オバマ大統領が2013年、情報機関と監視活動に関する検討委員会を設置し[1]、同委員会により、NSAについて46項目の改革案がまとめられている。2014年には、私も含めて世界の500の団体、専門家、政府機関関係者が「通信監視への人権適用に関する国際原則」[2]（資料1、いわゆる「必要性と相当性の原則」）に署名した。アメリカ議会もささやかな改革案をいくつか検討しており、本書が読者の手に届く頃には、1つか2つは新しい法律が成立しているかもしれない。

本章では、国家安全保障と警察活動のあり方について政策の基本的な方向性を提案したい。

政府がいっさい監視活動や妨害活動をすべきでないと言うつもりはない。私たちはすでに警察に対して、市民のプライバシーを侵してデータを入手する幅広い権限を与えている。私たちは了解の上で、もっと言えば好んでそうしてきた。それが犯罪捜査を助け、私たちをより安全にしてくれるからだ。難しいのは、政府機関にそうした権限を与えつつ、権限が乱用されないようにすることだ。私たちには、政府による安全と政府からの安全の両方がなくてはならない。これは、合衆国憲法や欧州連合（EU）基本憲章などが目指しているものであり、それを実現するために令状制度が整備されている。しかし、9・11テロ後にテロからの安全をしゃにむに追求しはじめた結果、2つの要素のバランスが崩れている。

以下では主にアメリカについて論じるが、提案自体はどの国にも当てはまるものだ。提案のなかには、アメリカの場合、大統領が大統領令により独断で実施できるものもあるし、議会の同意が必要とされるものや、議会で新しい法律を成立させる必要があるものもある。国によっては、これとは異なる三権分立のあり方を採用しているケースもあるだろう。提案のいずれか1つでも実行に移そうと思えば、政府が劇的に変わらなくてはならない国も多い。

秘密を減らし、透明性の拡大を

9・11テロ後、ブッシュ政権とオバマ政権[3]は、自国の行動を敵に知られないために極度の秘密主義が必要だと繰り返し主張してきた。確かに、第一次世界大戦時レベルの秘密主義は今日も必要だ。ある戦術的な情報が大きな価値をもつ間は、その情報を秘密にしておかなくてはならない。ときには、もっと大きな秘密を守るべきケースもある。[4] 国際交渉の交渉方針や、外国にいる工作員の素性、軍事的な計画、情報機関の集めた情報の一部などがそれに該当する。スパイ活動と監視活動の違いという観点で言えば、スパイ活動には、監視活動よりずっと多くの秘密が必要とされる。

しかし、もっと透明性を高められる領域も多い。NSAは高度な秘密主義を採用しているが、似たような分野でも多くの秘密なしでおおむねうまくいっているケースもある。それは、警察による犯罪との戦いだ。合衆国憲法修正第4条は警察による監視に枠をはめており、それに関する裁判所の決定はすべて公開されている。透明性が確保されているため、犯罪者は制度を詳細に検討したり、詳しい弁護士に依頼したりして、法律の抜け道を利用する方法論を事細かに割り出せる。[5] 法律には多数の抜け道があり、そうしたことに精通した弁護士も多い。しかし、それでも警察活動が停止する事態は起きていない。犯罪者はたいてい逮捕され、有罪判決を受けている。

犯罪と戦う警察の活動に関しては、監視活動に限らず、大半のことが公開されている。私たちはアメリカの警察予算をすべて知っているし、警察がどのような能力を備えていて、どのくらい有能かも知っている。警察がなにをしていて、どの程度成功しているかも知っている。覆面捜査官の素性は非公開だが、彼らがどのような任務に携わり、どのような活動が許され、あるいは許されていないかは、おおむね知ることができる。[6]

それに比べて、現在のテロ対策に関する秘密主義は過剰だ。テロ対策では、国内の問題に対して軍事レベルの秘密主義が採用されているが、テロリストは犯罪組織より賢いわけでもなければ、手ごわいわけでもない。テロリストのほうが多くの損害[7]を生むわけでも、多くの人の命を奪っているわけでもない。私たちがテロリストのほうを強く恐れているだけだ。必要なのは、旧来の警察活動に関する秘密管理の原則を国家安全保障にも適用することであって、警察活動に関する秘密主義のレベルを高めることではない。ところが残念なことに、警察活動の秘密主義は強化されつつある。私たちが設計すべきシステム[8]は、細部まで公開されていて、しかも敵に知られても安全を保てるようなものだ。今日、秘密の保持が昔より難しい時代になっていることを考えると、秘密の数は少なくしておくほうがいい。

1980年代、アメリカは暗号研究を秘密にしておくこと[9]を諦めた。それは、アメリカの数学者とエンジニアをほかの国より不利な状況に追いやっただけだったからだ。もっと新しいところでは、アメリカは（生物学上の）ウイルスをつくり出す研究を阻止することも断念した。アメリカがどのように行動しようと、いずれどこかの国の誰かがその情報を発表することになるからだ。軍事思想家たち[10]がよく知っているように、偵察衛星やその他のテクノロジーの普及により、戦略上の軍事機密を保持することは難しくなっている。監視活動に関わる政府の機密についても事情は同じだ。

監視活動の透明性を求める法律は、アメリカにはすでに存在している。1968年制定の盗聴法は、政府による盗聴について徹底した報告を義務づけている。その規定に基づいて毎年発表される報告書は200ページ以上に上り、膨大な量の詳細な情報が公開されている。おかげで私たちはFBIの活動内容を知り、同局の権限乱用を防げている。しかし9・11テロのあと、これ以外の政府の監視機能が拡大された際、同様の報告制度は設けられなかった。この状況は改める必要がある。

アメリカ政府は、情報収集活動の範囲と規模について詳細な情報を隠さずに公表すべきだ。あらゆる情報収集プログラムの法的根拠も明らかにしなくてはならない。1つひとつのプログラムがどのようなデータをどのくらい集めていて、収集するデータを最小限に抑えるためにどのような手続きを定め、データの保管についてどのような規則を設けているかも明らかにする必要がある。また、外国情報監視裁判所——外国情報監視法（FISA）と改正外国情報監視法（FAA）に基づいてNSAの監視活動を監督している機関だ——の一般意見はすべて開示すべきだ。監視対象とされている個人や団体の名前を公表しないのは妥当だが、どのようなルールに基づいて監視を実行しているかを公表しないのは妥当でない。

監督機能の拡大と強化

NSAの監視活動を制御するためには、情報収集と警察活動の2つの面で監督を強化しなくてはならない。

まず必要なのは、戦略面の監視だ。NSAは、議会の監督を受けていることを理由にみずからの活動を正当化してきた。[11] NSAの指導部に言わせれば、同局の職員は、議会が可決した法律や大統領が署名した命令に従って行動しているだけだというのである。「NSAは、関連する法律、規制、政策に準拠してすべての活動をおこなっている」と、報道資料でも記している。しかし、これは事実に反する。それどころか、きわめて不誠実な主張と言わざるをえない。最近公開された外国情報監視裁判所の法廷意見、[12] とくにジョン・ベイツ判事の意見によれば、NSAはしばしば法廷で虚偽の主張をおこない、監視活動を最小限にとどめるという義務を守らず、法律で認められた権限をしばしば逸脱しているのだ。

NSAはこれまで、議会の監督についての規則を操作することにより、[13] 実質的に活動内容を明かさず、厳しい審査を受けないようにしてきた。NSAが議会に提出する文書は、自分たちの主張を受け入れさせるためのプロパガンダ文書か、さもなければ、相手を煙に巻くために専門用語を散りばめた文書のいずれかだ。おまけに、議員たち[14]は、セキュリティが施された保管室から文書を持ち出すことが許さない。メモを取り、それを持ち帰ることも許されていない。許されているのは、[15] 機密取り扱い資格のあるスタッフを同伴して、文書の解読を手伝わせることだけだ。しかし、最高機密を扱う資格があり、そのうえ、しかるべき専門知識をもったスタッフを雇っている議員は、ほとんどいない。しかも、NSAのロビー活動も熾烈を極める。ロン・ワイデン[16]上院議員によれば、情報機関幹部は議会の聴聞会で再三にわたり「誤解を招く陳述や虚偽の陳述」をしたという。上院情報特別委員長として政府の監視活動を長年支持してきたダイアン・ファインスタイン[17]上院議員も、情報機関の活動について「十分な情報を提供されていなかった」と悔しそうに語る。アラン・グレイソン[18]下院議員は、議会によるNSAの監督などというのは「お笑い種」だと言っている。

私は2014年[19]、民主党と共和党の議員6人から招かれて、NSAの活動について説明したことがある。エドワード・スノーデンの暴露文書の多くを未公表の段階で読んでいた私は、このテーマについて議員たちより詳しかった。NSAの真の活動内容について、議員たちは私から聞かされる以上の情報をもっていなかったのである。そのような状況で、アメリカの民主主義は機能するのだろうか？

そもそも、議会に課されている監督責任を果たそうとしない議員も多い。腰が引けた態度を取るのは、1つには、問題が起きたときに知らぬ存ぜぬで逃げ通したいという思惑があるからだ。行政府に任せきりにし、トラブルになったときにすべての責任を押しつけたほうが政治的には安全なのだ。それに、法執行機関に盾突くことの政治的なリスクもある。[20]結局、機密文書の保管室に足を運ぶ議員はほとんどいないのが実情だ。

NSAは、自局の権限をきわめて広く、ご都合主義的に解釈している。第5章で述べたように、NSAは、3つの法令を根拠に監視活動を正当化している。大統領令12333号[21]、米国愛国者法第215条、改正外国情報監視法（FAA）第702条である。

問題は、司法、立法、行政の3部門がことごとく、監督の責任を放棄していることだ。法律に基づいて規則をつくり、規則に基づいて手続きをつくるという民主政治のごく当たり前のプロセスでは、それぞれの段階で解釈の余地が生じるため、段階ごとに監督する必要がある適切な監督がなされなければ、政府機関は権力を乱用するからだ。現に1970年代[22]には、FBIとNSAが「SHAMROCK」や「MINARET」などのプログラム、そして麻薬との戦いの一環として実施されたさまざまなプログラムを通じて、国民を違法に監視していた。それと同じことがいま再び起きようとしている。

アメリカだけの話だと思ったら大間違いだ。同様のことは、イギリスでも[23]2000年に成立した捜査権限規制法の下で起きている。政府通信本部（GCHQ）は、法案が議論されているときにはほとんど注目されなかった第16条3項を根拠に、イギリス国民を監視している。この条項はそれを目的に起草されたもの[24]であり、議会の一部メンバーが熱心に支持し、曖昧で複雑な文言を強硬に擁護した。その文言は大量監視を認めていないが[25]、それを正当化する根拠として用いられることになった。アメリカの改正外国情報監視法第702条は、イギリスの捜査権限規制法第16条3項にヒントを得てつくられたのだろう。

2013年、バラク・オバマ大統領[26]はアメリカ国民を安心させるために、NSAの監視プログラムは政府の3部門すべてによって審査され、承認されていると説明した。しかし、この説明は著しく正確さを欠く[27]。スノーデンの暴露以前、アメリカ政府の監視活動の全容を知る者は、行政府のひと握りの人間だけだった。立法府では、ごく数人の有力議員が部分的に知らされていたにすぎない。そして、司法府による承認のプロセスは、外国情報監視裁判所の1人の判事にゆだねられていた。同裁判所で、1979年の設立から2013年までの間に申請された3万4000件の令状のうち、発行を拒否したケースは11件にすぎない。これでは、本当の意味の監督とは言えない。ただし、フランス、ドイツ、イギリスなどのヨーロッパの民主主義国も含めて、ほかの国の監督体制はもっと心許ないのだが。

アメリカ議会にはNSAの活動に枠をはめようとしている議員もいて、効力のある提案もなされている。ひょっとすると、それが状況の改善につながるかもしれない。しかし、いますぐに本格的な改革が議会から生まれることはまったく期待できない。提案されている改革案はすべて、米国愛国者法第215条に基づく電話メタデータ収集プログラムや、[28]改正外国情報監視法第702条に基づく通信記録の一括収集プログラムなど、[29]個別のプログラムや権限を変更するものでしかないからだ。そのような断片的な改革では効果がない。もはや、単純な法的措置で問題が解決する段階ではなくなっているのだ。秘密主義が大きく広がっていて、[30]さまざまな法的根拠に基づくプログラムが互いに補完し合っている。

もし、企業が国家安全保障書簡（NSL）による要請を拒めば、[31]政府は米国愛国者法第215条に基づく命令を発するだけのことだ。NSAはたびたび、米国愛国者法第215条と改正外国情報監視法第702条に基づく権限が制限された場合は、大統領令12333号――もっと政府の裁量が大きく、規制が緩やかで、大きな秘密が認められる――に基づく活動に切り替えると、議会を牽制してきた。[32]

監督強化を目指す動きはほかにもある。2013年にオバマ大統領が設置した検討委員会は、NSAの能力と活動について多くの情報を調べ、46項目の改革案を提案する素晴らしい報告書をまとめた。[33]大統領も提案の多くを実行に移すと約束した。[34]問題は、本当にそれが実行に移されるかだ。２００４年、議会は９・11テロ独立調査委員会の勧告に従い、政府内に「プライバシー・市民的自由監督委員会」[35]を新設した。国家安全保障に関わるプライバシー侵害に目を光らせる機関だ。しかし、２０１２年までほとんど予算もスタッフも与えられず、権限は現在も限られている。２０１４年[36]には改正外国情報監視法第７０２条に基づくＮＳＡの情報収集活動について報告書を発表したが、このテーマについて論じただけにとどまり、不十分な内容という評価[37]が多い。

実のあるＮＳＡ改革に本腰を入れる議員がもっと増えるべきだ。そして、全面的な情報開示に基づいて、独立機関による包括的な監督をおこなう必要がある。アメリカ国民のデータの収集・保管を最小限にとどめるための実効性あるルールも不可欠だ。ＮＳＡが入手すべきでないデータを入手した場合に削除させる規則をつくるべきだろう。１９７０年代に上院に設置された情報活動調査特別委員会（通称「チャーチ委員会」）は、ＮＳＡ、ＣＩＡ、ＦＢＩの情報収集活動を調査した。その徹底した調査と情報発掘があってはじめて、これらの機関の改革が実現した。いま、同様の委員会が必要[38]とされている。また、２０１３年の検討委員会の提案を採用するよう大統領を説得し、プライバシー・市民的自由監督委員会には実質的な捜査権限をもたせるべきだ。

ここまで論じてきた提案は、すべて大量監視に対する戦略面の監督の手段だった。次は、戦術面の監督について見てみよう。ここで主たる役割を果たすのは令状プロセスだ。令状プロセスが安全を守るのを阻んでいると主張する政府当局者は多いが、そんなことはない[39]。令状プロセスは、安全を守るための仕組みなのだ。この制度は、私たちを政府の過剰な監視から守る役割を果たしているのである。

しかし、秘密令状[40]にはそこまでの効力がない。NSAの活動を審査するのは、秘密裁判所である外国情報監視裁判所の裁判官だ。この裁判所は、一般の裁判所に比べてはるかに甘い基準で令状を発行する。審理も判決も非公開で、NSAの主張に異を唱える人物が出廷することもない。このようなバランスを欠いた状況を考えれば、同裁判所はこれまでNSAに待ったをかけるために健闘してきたと言っていいくらいだ。もっとも、令状の申請を拒絶することはほとんどないのだが。

ときには、このプロセスすら完全に迂回して、[41]企業などに監視への協力が命じられる場合もある。携帯電話会社のUSセルラーは2012年、裁判所の承認に基づく通信傍受への協力命令を2件しか受けていない。その一方で、同社は同じ年、司法の監督をまったくへずに同様の情報を求める召喚状を1万801件も受け取っている。この状況は放置すべきでない。

まず、秘密裁判所である外国情報監視裁判所をもっと公開の存在に変えていく[42]必要がある。裁判長の任命には上院の同意を要するものとし、法廷意見も可能な限り公開すべきだ。そして、法廷で監視反対の弁論をおこなう公益代理人を配置し、判決を上訴裁判所や最高裁判所に上訴できる制度も設けるべきである。

ただし、NSAを信頼性のある戦術面の監視の下に置くには、これだけでは十分でない。[43]現状のNSA内部のシステムでは、意図せずして誤った人物が監視対象にされたケースはまだしも、職員個人レベルやＮＳＡ組織ぐるみで意図的に規制を迂回しようとした場合はあぶり出すことが難しい。この問題を是正するためには、外部監査が不可欠だ。また、法的に許される範囲を逸脱したり、違法行為をはたらいたりした政府職員が個人責任を問われるようにする必要もある。自分の知人の通信を不正に傍受する「ＬＯＶＥＩＮＴ（ラブ情報収集）」をおこなったＮＳＡ職員は、これまで１人も解雇されていない。ましてや、訴追もされていない。エドワード・スノーデン[44]は、ＮＳＡがアメリカ国民を大々的に監視していることに局内で懸念を表明しようとしたが、いつもはねつけられたという。

ＦＢＩなど、ほかの法執行機関[45]もそれぞれ内部の監督メカニズムをもっている。そこでも、透明性は高ければ高いほど好ましい[46]。私たちは、警察に犯罪捜査のために強力な権限を与えてきた。これは私たちが了解の上で選択していることであり、社会の安全を高める効果を生んでいる。それができているのは、警察の活動が制御されており、権限乱用を防ぐための異議申し立ての仕組みも設けられているからだ。それが実際にどの程度機能しているかはともかく、基本的なアプローチとしては健全な考え方と言える。

内部告発者を守れ

コロンビア大学法科大学院のデーヴィッド・ポーゼン[47]は、民主主義には水漏れが不可欠だと述べている。政府の権力乱用に対する安全を確保するために、リークと内部告発が必要だというのだ。ポーゼンによれば、リークは、政府の秘密主義の拡大に対抗する役割を担う。それは、究極的には政府が過剰な秘密主義により失った信頼を取り戻す手立てにもなりうる。

インターネット上でエスノグラフィー調査をおこなっている研究者のダナ・ボイドは、内部告発を情報化時代における市民的不服従[48]と位置づける。個人が権力乱用に対抗する手段になるというわけだ。「政府の悪事を暴露する者は……民主主義社会にとって重要な役割を果たしている」と、人権擁護団体のヒューマン・ライツ・ウォッチ[49]も記している。

このような発想に立てば、内部告発者も監督メカニズムの1つ[50]とみなせる。抜き打ち査察のような役割を果たせるのだ。そこで、企業の内部告発者を守る法律[51]があるように、政府の内部告発者を守る法律をつくり、内部告発の法的な枠組みとルールを確立するべきだ。

内部告発者を自称すれば、誰でも好き勝手に政府の機密を漏洩していいわけではない。内部告発者保護の趣旨は、良心に突き動かされて政府の悪事を暴露した人物が裁判にかけられたとき、内部告発を理由にみずからの行動を擁護できるようにすべきだという点にある。その主張が正当かは、裁判のプロセスを通じて判断すればいい。また、ジャーナリストが内部告発に基づく報道をした場合、情報源の秘匿を法的に認めることも必要だ。この方法なら、「内部告発者」をどう定義するかという難しい問題を回避し、個別の事案ごとに[52]、その人物の行動が内部告発に該当するかどうかを裁判所に判断させることができる。もし内部告発者保護が実現すれば、スノーデンのような人物[53]もアメリカに帰国し、裁判で自分の主張を訴えられるようになる。第7章で述べたように、現状ではそれができない。

機密情報を入手したジャーナリストを保護する法律もつくる必要がある。情報を公にすることはスパイ行為とは異なる。ジャーナリズムを犯罪扱いすることが民主主義に及ぼす害は著しく大きい。

オバマ政権が内部告発者の訴追に血眼《ちまなこ》になってきたことは、第7章で述べたとおりだ。そのような方針は欺瞞に満ちているし、危険でもある。民間企業の法律違反[54]についての内部告発を奨励するのなら、政府の行為について[55]の内部告発者も保護するべきだ。

標的の絞り込みと司法機関の承認を

電子的監視は、警察活動と情報収集活動の両方にとってきわめて価値のある手段であり、今後も用い続けるべきだ。問題は、国民全体を対象とする電子的監視、とりわけ大量監視が裁判所の同意を得ずに、標的を絞り込むこともなく実行されている点にある。第11章で述べたように、そうした監視が私たちの安全を高めるわけではない。むしろ、安全を高めるために有効なものから資源と関心を奪い、安全を弱めてしまう。好ましいのは、データの収集に枠をはめ、昔のように標的を特定した監視だけを実行することだ。

サイバーセキュリティと情報法を研究しているアクセル・アーンバック[56]は、政府による監視について「正面玄関は法律により、裏玄関はゲーム理論により統治されている」と述べている。趣旨はこういうことだ。標的を特定しておこなう監視は、相当な理由と令状が要求され、監視の範囲が制限されるなど、私たちの安全とプライバシーを守るための法律によって規制されている。それに対し、大量監視は、どのような情報が収集可能で、その活動が問題にならない確率がどの程度あるかという冷徹な計算に基づいて実行される、というわけだ。令状プロセスをへずに大量監視をおこなう能力を与えられれば、NSAのスタッフは、なにが合法かではなく、なにが可能かという観点でものを考えるようになる。こうしてNSAの人々が傲慢に、そして貪欲になり、そのツケを私たちが払わされるのだ。

データを一括入手する監視手法は、旧来の捜査のやり方とは正反対のプロセスで進む。通常の捜査活動では、まず法執行機関がなんらかの理由である人物を疑い、そのあとで捜索令状を申請する。それに対し、一括監視の場合は、法執行機関がすべての人に関する情報を収集し、その情報をもとに犯罪の容疑をかける材料を探す。こうした捜査のやり方は、アメリカ合衆国憲法が明確に禁じているものだ。憲法にこの規定が設けられているのには、十分な理由がある。2014年の国連報告書[57]も、同様の理由により大量監視が国際法に違反する危険性を指摘している。

情報機関と法執行機関に対して、監視活動の標的を限定することを義務づける法律が必要だ。新しい法律を制定し、既存の法律を徹底することを通じて、これらの機関が必要な情報だけ入手するようにし、権限の乱用を防ぐのである。

2013年、アメリカ連邦最高裁判所[58]は、この方向に向けたささやかな一歩を踏み出した。警察官が容疑者の自動車にGPS追跡装置を取りつける際に、令状の取得を義務づけたのである。2014年[59]には、警察官が職務質問したり逮捕したりした人物の携帯電話を調べる際にも令状が必要だという判断をくだした。

時代遅れの「第三者理論」〔訳注／本人が任意に第三者に提供した情報は、合衆国憲法修正第4条による保護の対象にならないという法理論〕を覆さなくてはならない[60]。私たちがオンラインサービス業者に提供した情報も、プライバシー保護の対象として認めるべきだ。警察は、私の書斎に置いてある紙の手紙にせよ、職場のコンピュータに保存されている電子メールにせよ、世界のどこかにあるグーグルのサーバーに保管されている電子メールにせよ、私のやり取りした通信にアクセスしたければ、令状を取得すべき[61]なのである。

これらの問題は、しばしば国際的な性格を帯びる。ここで提案した仕組みを機能させるためには、各国政府が自国民だけでなく、他国の国民の権利と自由を守る義務も負っているという前提に立たなくてはならない。これは、これまでにない考え方だ。現状では、監視に対する保護を定めたアメリカの法律の規定は、アメリカ国外の非アメリカ人には適用されない。しかし、国の責任は国境の内側だけにとどまらないという合意を国際的に結ぶべきだ。道徳上の理由でそれが強く求められるだけでなく、現実的な理由によってもそれが必要とされる。外国人のプライバシーの権利を守ることは、自国民を守ることにつながる。また、それを怠れば、第9章で論じたように自国の企業に経済的なダメージが及ぶのだ。

ほぼすべての脆弱性を修正せよ

アメリカ政府、とくにNSAと米軍サイバー司令部がインターネット上の脆弱性を蓄えるべきか、その情報を公開して修正するべきかという議論があることは、第11章で述べたとおりだ。これは単純な問題ではなく、サイバー空間における攻撃と防御をはっきり区別することの難しさを浮き彫りにしている。

サイバー空間では軍拡競争が繰り広げられており、アメリカだけでなく[62]、中国やロシアなど多くの国も脆弱性に関する情報を蓄えている。もし、アメリカが脆弱性を修正せずに放置すれば、ほかの国がそれを発見し、アメリカや同盟国へのサイバー攻撃に利用しかねない。しかし、自国が発見した脆弱性をすべて修正すれば、サイバー攻撃に使える武器を手放すことになる。

一部の人たちに言わせれば[63]、NSAは発見した脆弱性をすべて公表して、それを修正させるべきだという。それに対し、それは一方的な武装解除に等しい愚行だと批判する人もいる[64]。

2013年にオバマ大統領の下で設けられた検討委員会は、2つの考え方の中間の提案をしている[65]。脆弱性を蓄えることは、特殊なケースにおいて短期間に限って認められるべきだと提案したのだ。これは、私も提案してきたことだ[66]。NSA、さらには米軍サイバー司令部は、すでにそうした方針に従っていると主張している[67]。ほかの勢力がその脆弱性を発見する可能性が高いか（第11章で紹介した「NOBUS」の考え方を思い出してほしい）、それがアメリカにとって戦略上どのくらい好ましいかなど、いくつかの要素のバランスを考えて判断しているという。しかし、実際の証拠から判断すると、開示している脆弱性より、蓄えている脆弱性のほうがはるかに多い。

この比率は、逆でなくてはならない。判断を迷ったときは、誤って非公開にするリスクを負うくらいなら、誤って公開するリスクを負うべきだ。この道を選んだ場合、とりわけ大きな恩恵に浴するのは、インターネットのインフラに大きく依存している国だ。その代表格がアメリカである。それだけでなく、監視よりセキュリティを重んじる姿勢を印象づけることにより、アメリカは世界の国々の信頼も取り戻せる。公開しないと決めた脆弱性は秘密にしておかなくてはならないが、どのような脆弱性を非公開扱いにするかという判断基準はオープンであればあるほど好ましい。その判断を適切におこなうためには、しかるべき技術的専門知識をもった独立機関を設け、その任に当たらせるべきだ。

サイバー軍拡競争のなかで、世界各国の軍が脆弱性を発見したり、脆弱性に関する情報を買い取ったりするために費やしている金額は、産業界が脆弱性を修正するために費やしている金額を上回る。大量の脆弱性が蓄えられていると、私たち全員の安全が脅かされる。サイバー犯罪者やほかの国がどのような行動を取ろうと、アメリカは、監視能力の構築を優先させすぎて失敗するより、セキュリティを優先させすぎて失敗することを選ぶべきだ。つまり、見つけた脆弱性をほぼすべて修正し、情報開示のプロセスをもっと公にしなくてはならない。そうすることで私たちはいっそう安全になるし、アメリカの政策とインターネットの技術的土台に対する信頼も生まれる。

製品や手続きのセキュリティを弱体化させない

信頼は、社会に欠かせない要素だ。それは、私的で、相対的で、状況に左右される流動的な性格をもっている。人類が成し遂げてきたことの土台には、ことごとく信頼がある。私たちはお互いを、政府と企業を、社会を機能させる技術的システムを信頼できなくてはならない。そのため、システムを築く際は、システムの有効性だけでなく、信頼性も確保する必要がある。

インターネットにおける信頼とはどういうものかを考えると興味深い。私も含めてテクノロジーに通じた人間は、インターネットが安全だとか、十分な能力と意欲をもった政府や犯罪者やハッカーによってもシステムやネットワークへの侵入が起こりえないなどという幻想をいだいたことはない。プログラマーが完全無欠だとも、コードにバグが含まれていないとも、数学的暗号が破られないとも思ったことはない。そして、インターネット・セキュリティの分野では軍拡競争が戦われていて、攻撃側がつねに有利だと心得てもいた。

それでも、インターネットの安全が守られるか破られるかは、テクノロジー自体の強みと弱みによって決まるということは、私たちも信じていた。エドワード・スノーデンの暴露は、その信頼が誤っていたことを思い知らせるものだった。だからこそ、NSAとイギリスのGCHQの監視プログラムに対して世界中で批判の声が上がり、NSAがインターネット製品と規格と手続きを弱体化させていることに対して、テクノロジー界がとりわけ強い怒り[68]をあらわにしたのである。NSAやGCHQの行動は、インターネットの土台を成すテクノロジーに対する世界の信頼を弱めてしまった。

第6章では、FBIがつねに、[69] セキュリティを破るためのバックドアの設置をIT企業に義務づける法律の制定を目指してきたことを指摘した。第11章では、NSAがスパイ活動をおこなうために、インターネット製品や規格にバックドアを密かに仕込んでいることに言及した。ほかの国も自国の製品に（さらには互いの国の製品に[70]）同じことをしていると考えておいたほうがいい。多くの論者の見るところ、ベリント、ナラス、アムドックスなど、イスラエル人の開発チームを擁する企業は、[71] イスラエル政府と緊密な関係をもっていて、中国企業であるファーウェイ（華為技術）の製品には、中国政府のバックドアが仕込まれている。では、中国の工場でつくられたアメリカ企業の製品は信用できるのか？　マイクロソフトで働いているイスラエル人社員は信用できるのか？　ロシア製のハードウェアとソフトウェアは？　フランス製やドイツ製は？　ほかの国の製品は？

こうした不信の蔓延はきわめて有害だ。だから、セキュリティをまず優先[72]させなくてはならない。情報収集はその次でいい。法執行機関が令状を取得して通信傍受を試みることは許されていいが、通信を確実に傍受するために通信企業に協力を強いることは許されるべきでない。いま必要なのは、「法執行機関のための通信援助法（CALEA）」を廃止し、電話回線とインターネットのセキュリティを取り戻すことだ。

このような主張に対して、法執行機関関係者は脅しの言葉[73]で対抗する。コンピュータや通信のデータを解読できなければ、誘拐犯や小児性愛者や麻薬密売人やテロリストが野放しになるというイメージを植えつけようとするのだ。2014年にアップルがiPhoneの暗号化を大幅に強化したときもそうだった。法執行機関関係者が相次いで発言し、誘拐犯など、子どもに危害を及ぼす犯罪者の影をちらつかせたのである。このように人々の恐怖を煽る主張はよく耳にするが、その不安が現実化した実例を1つでも挙げている人はいない。2013年に重犯者の通信傍受を許可する令状が発行された件数は3576件に上るが、そのうち誘拐関連の事件は1件だけにすぎない。[74] しかも、その事件の被害者は子どもではなかった。そもそも、暗号化が犯罪捜査の重大な妨げになるという証拠もない。[75] 2013年、暗号化により警察のデータ収集が妨げられたケースは9件あったが(2012年は4件)、これらのケースでは別の方法で捜査が続けられた。

法執行機関が活用できる捜査手段[76]はきわめて多岐にわたる。令状を取得して、クラウドサービス上のデータやさまざまなメタデータを入手することもできる。標的とする人物のコンピュータに侵入する能力ももっている。これらの手法を用いれば、私たち全員のセキュリティを弱めることなしに、必要なデータを得られる。適切なセキュリティを維持しても、私たちが犯罪などの危険にさらされると決まったわけではないのだ。

アメリカの情報機関は、秘密裏にせよ公然にせよ、もっぱら外国の軍や政府が用いるシステム以外に脆弱性を意図的に仕込むことはすべきでない。それよりも、学術界とビジネス界と協力して、敵対的な勢力によって仕込まれた脆弱性を発見し、修正することに努めるべきだ。

世界のすべての国が合意して、自国のコントロール下にあるインターネットのセキュリティを弱体化させないと約束する日は、けっして訪れないだろう。しかし、アメリカがみずからのコントロール下にあるインターネットでそのように行動することはできる。インターネットを機能させているハイテク企業の大半はアメリカ企業なので、アメリカが及ぼせる影響力は世界でも突出して大きい。それに、セキュリティを弱めることに精を出すのをやめれば、アメリカは他国のそうした活動を発見して阻止するために、資源を割けるようになるだろう。その結果、世界規模でインターネットへの信頼を高めることができる。

監視とスパイ行為を区別する

2013年、NSAがドイツのアンゲラ・メルケル首相の携帯電話[77]を盗聴していたことが明るみに出た。NSAが世界の多くの国の大使館や政府代表部[78]を盗聴していたこともわかった(標的になったのは、ブラジル、ブルガリア、コロンビア、EU、フランス、ジョージア、ギリシャ、インド、イタリア、日本、メキシコ、スロバキア、南アフリカ、韓国、台湾、ベネズエラ、ベトナムなど)。NSAは国連も盗聴[79]していた。当然、国際関係に緊張が走ったが、このニュースを聞いて本当に驚いた人がどれだけいただろう? 外国政府をスパイすることは、NSAの任務なのだから。

政府VS政府のスパイ活動は、政府という機構が生まれたときから存在した。それは、戦時と平時の両方で重要な軍事活動の1つだ。今後もなくならないだろう。スパイ活動は標的を特定して実行され、世界に安定をもたらす効果がある。[80] 国々が他国の意図を正しく把握できるようになるからだ。

こうしたスパイ活動は、NSAが国内外で実行している大量監視とは根本的に性格が異なる。第5章で述べたように、NSAが大量監視をするようになったのは、同局の主たる役割がテロ防止に移ったためだ。9・11テロのあと、テロ対策のための監視活動を主に担わされたのがNSAだったのである。これはFBIにゆだねてもいい任務だったが、転用しやすい能力を元々もっていたNSAがその役割を与えられたのだ。

問題は、NSAの新しい任務に、それまで実行してきたスパイ活動の軍事的手法と法的枠組みが持ち込まれてしまったことだ。世界の国々（アメリカを含む）の国民全体を標的にした監視活動が、他国政府に対するスパイ活動と同様に機密扱いとされたのだ。

しかし、他国政府に対するスパイ活動と大量監視は区別して考える必要がある。ほかの国の政府を標的にしたスパイ活動は、国務省と軍の管轄内にとどめなくてはならない。大統領が軍の最高司令官として、どの大使館と誰の携帯電話を盗聴するかを決め、NSAがその命令を実行するようにすべきだ。一方、大量監視は、国内でも国外でもほぼつねに許されない。政府が民間人を監視することが許されるのは、犯罪捜査の場合に限られる。その種の監視活動は、NSAと軍の管轄外に移し、FBIと司法省の管轄とし、相当の理由、適正手続き、監督という警察活動のルールを適用すべきだ。そして、ルールの適用は、通常の裁判所の公開法廷でおこなう必要がある。

ただし、警察に問題がないわけではない。アメリカの警察は、大々的な改革を必要としている。警察の秘密主義については第7章で論じたとおりだし、警察の軍隊化[81]と、多くの警察署に蔓延する人種差別的傾向も深刻な問題だ。しかし、これらの問題は本書のテーマではない[82]。いずれにせよ、これまでテロ対策を主として担ってきた機関はFBIであり、いまもそうであるべきだ。

2014年1月、バラク・オバマ大統領は、NSAに関する演説[83]のなかで2つのきわめて重要なことを述べた。まず、NSAがメルケル首相のような友好国の指導者の携帯電話を盗聴することは、原則としてもうしないと約束した。さらに、さすがに8200万人のドイツ国民全体を通信傍受の対象から除外するとは述べなかったが、令状のない監視を禁じるアメリカ合衆国憲法の規定の一部を全世界の人々に適用すると表明した。この理想を実現するためには、市民に対する監視活動を文民の管轄下に置き、警察活動のルールに従わせることが非常に有効だ。

サイバー空間における軍の役割を制限する

19世紀後半のアメリカが成し遂げた特筆すべき政治的成果の1つは、文民政府を軍から切り離したことだ。歴史を振り返れば、そして今日の一部の国の状況を見れば明らかなように、軍の指導者が国を統治すると、社会に大きな害が及ぶ。それに対し、多くの自由で民主的な国々が実証しているように、軍と文民政府を切り離せば、自由と民主主義が花開く余地が生まれる。

問題は、サイバー空間では伝統的な意味での文民の領域と軍の領域を区別するのが難しいということだ。もし、あなたが物理的に攻撃を受ければ、助けを求められる先はいろいろある。警察、軍、テロ対策機関、弁護士などに頼ればいい。これらの機関や制度による防御を正当化する法的な仕組みは、2つの要素が明らかになってはじめて機能する。誰が攻撃しているのかという点と、なぜ攻撃しているのかという点だ。しかし、サイバー空間で攻撃を受けた場合[84]、この2つの点は自明でない。

加えて、サイバー空間には実世界のような国境がない[85]。国境がまったく存在しないと言ってもいいだろう。そのため、国内と国外を区別することが実世界よりずっと難しい。おまけに、攻撃者は暇をもてあましたティーンエージャーの場合もあれば、プロの犯罪者の場合もあるし、国家の場合もある。そのすべてがおそらく同じ戦術と武器を用いるので、攻撃者のタイプを特定することは困難だ。攻撃はコンマ数秒の間に実行されるが、ダメージが及ぶ範囲は非常に大きい。

この状況に対する安易な反応は、素性不明の攻撃者による攻撃を十把一絡げにして「サイバー戦争」と位置づけるというものだ。軍の戦略計画の領域では、サイバー戦争が流行のテーマになっている。前述のように、軍のなかにサイバー戦争部門を設けている国はすでに約30カ国に上る。サイバー空間は敵だらけだという認識、言ってみれば「サイバー包囲[86]」を受けているという感覚をもっている国も多い。

軍隊は、基本的にみずからの活動の正当性を疑わない組織だ。新しく未知の戦場が出現し、あらゆることが瞬時に起きる状況では、安全保障の穴（に見えるもの）をふさぐためにあわてて行動せずにいられない。このように軍事上の問題が存在するという認識をいだくと、その問題を解決するために軍事的対策が必要だという結論に陥る危険がある。そうした軍事的対策は、超法規的に、ひどい場合は全体主義的[87]になりやすい。

このような状況を改めなくてはならない。

アメリカの法律は、軍に国外からの脅威に対抗する態勢を整えさせる一方で、軍が通常の平時に国内問題に関わることを許していない。1878年の民警団法[88]などにより、国内の治安維持のために軍が出動することは禁じられているのだ。このように軍の役割が外敵との戦いに限定されているからこそ、私たちは安心して軍に大きな権限を与えられる。たとえば、軍は、法執行機関に適用される通常の捜索・押収に関する法規の適用を受けない。これは、戦争の最中にそのようなルールに従うことを求めるのが非合理だからだ。

サイバー空間における攻撃的な軍事作戦は、スパイ活動にせよ、サイバー攻撃にせよ、すべて軍が担うべきだ。アメリカでは、サイバー司令部[89]の役割ということになる。そして、他国の電子インフラを攻撃する場合は、ほかの形態で他国を攻撃する場合と同様の扱いをすべきだ。つまり、（サイバー空間上、もしくは実世界での）スパイ活動とみなすのではなく、あくまでも攻撃と位置づける必要がある。攻撃的な軍事作戦である以上、行政府のトップの承認を受け、現実世界の軍事行動と同様の国際法の基準に従うことが求められる。

NSAを解体せよ

本章では、NSAのスパイ活動と監視活動を分離すること、そしてサイバー空間における軍の役割を他国の軍事的標的への攻撃に限定することを主張した。それを実行に移すために、NSAを解体し、9・11テロ以前にさまざまな政府機関が担っていた役割を復活させ、強化することを提案したい。

●NSAは、国防総省の一部局として他国政府に対するスパイ活動に専念する。
●法執行関連とテロ関連の捜査は、司法省が管轄する。その役割を果たすために、標的を特定した合法的な監視活動を国内外でおこなう。その際は、FBI捜査官の専門技能によって得た手がかりを追求し、NSAのデータベースには頼らない。
●暗号化、コンピュータ・セキュリティ、ネットワーク防衛に関わる防御機能[90]は、NSAから切り離し、公開性と透明性を高める。ネットワーク・セキュリティの標準技術の確立に関しては、国防総省外の文民機関である国立標準技術研究所（NIST）によるコントロールを強化すべきだ。1987年のコンピュータ・セキュリティ法[91]は、セキュリティ関連の標準技術の確立をNIST（当時の名称は国立標準局）が主導することを明記し、国内のセキュリティ分野からNSAを排除しようとしていた。この法律を強化し、その規定が遵守されるようにすべきだ。
●アメリカのサイバー空間上の攻撃能力は、米軍サイバー司令部に担わせる。NSAのハッキング能力（前述のＴＡＯ部門）も、同司令部に移管する。サイバー司令部司令官とＮＳＡ局長の兼務はやめるべきだ。

実行に移すには長い時間がかかるだろうが、これらのことを目指さなくてはならない。それまでの間、差し当たりは、ＮＳＡの予算規模を9・11テロ前の水準まで縮小すべきだ。これだけでも非常に大きな効果がある。

サイバー主権運動と戦う

20年前、インターネットを規制している国はほとんどなかった。いまは、あらゆる国が規制している。きわめて厳しい規制を課している国もある。別に驚くようなことではない。インターネットは、各国政府にとって無視できないくらい大きな存在になっているからだ。ところが、多くのインターネット・ウォッチャーはこの変化に驚いた。その認識は、いまも変わっていないようだ。

世界の国々は次第に、インターネットの本質である国際的な性格と戦おうとしはじめている。ある国の政権が国民を監視し、国民が触れる情報を制限し、国民の発言を検閲しようと思えば、自由でオープンなインターネットが邪魔になるからだ。

ロシア、中国、サウジアラビアなどは長年、自国内のインターネットに対するコントロール

ment

を強めてきた。これらの国々は、通信技術の国際標準を策定する国際電気通信連合（ＩＴＵ）などの国際機関を通じて、現在インターネットのルールづくりを担っている国際的な団体の数々（多数の利害関係者が関わり、より非公式な性格が強い）から、インターネットの支配権を奪おうとしている。一見すると、とくに問題のある主張には見えないかもしれない。しかし、こうした動きを推進している国々の動機は、善良なものとは言えない。これらの国々が望むのは[92]、インターネットの世界に国境を持ち込み、国境内のインターネットを政府がコントロールできるようにすることだ。それは、監視と検閲の強化をもたらす。

問題は、ＮＳＡの監視活動が暴露されたことにより、この類いの主張に追い風が吹いていることだ。いくつかの国の政府は、自国民のプライバシーを守るために、アメリカのインターネット支配に抵抗しはじめた。たとえばブラジル[93]やドイツ[94]は、自国民のデータをもっと国内で保管するよう求めている。一方、別の思惑から同様のことを主張する国もある。ロシア[95]は２０１４年の法律により、オンラインサービス企業に対して自国民のデータを国内で保管することを義務づけた。ＮＳＡには手が届かないが、ロシア政府なら容易にアクセスできる場所に、データを保管させようというわけだ。

この問題について、私は２つの相矛盾する考えをいだいている。一方では、世界の国々がプライバシー法を強化し、自国民のデータを自国の管轄内に置くよう義務づけてほしいと思う。しかしその半面、このやり方では、ＮＳＡの監視活動から国民のデータを守ることはできないとも思っている。ＮＳＡは、アメリカ国内で収集する情報に関してはいくらかの制約を課されているが、同じデータがブラジルやドイツのサーバーに保管されていれば、そうした法的制約は課されない。それに、NSAの技術力を考えると、欲しいデータにはどっちみちアクセスするに違いない。

監視と検閲がおこなわれている国に生きる人たちに対して、インターネットの国際的な性格は途方もなく大きな恩恵をもたらす。その点、サイバー主権論は、外国政府や外国企業の干渉なしに自国民を監視・統制したい政治指導者の口実にすぎない場合が多い。一方、反サイバー主権論は、世界中の通信データへのアクセスを増やしたいNSAの口実とみなされることが多い。私たちにとって重要なのは、自由でオープンでグローバルなインターネットの重要性を再確認すること、そして、そのようなインターネットを存続させるために努めることだ。

「共有地」への寄与を

誰にも所有されていない公共の場は、社会にとって非常に大きな価値をもつ。道路や公園は特定の個人や団体が所有しているわけではなく、そうした「共有地《コモンズ》」という性格を反映した法律が適用される。インターネットの世界は違う。あらゆるものが個人や団体の所有物だ。あなたの友達が自律的に運営しているウェブサイトも、どこかの企業のサーバー上に存在している。インターネットの世界に「共有地」は存在しないのだ。

ところが、私たちはオンライン上の体験をする際、それが「共有地」のない世界だということを十分に理解していない[96]。私たちはフェイスブック上で「会話」するとき、相手と直接対面して話すのと同じ感覚でコミュニケーションを取っている。そして、フェイスブックが投稿を削除したり、ユーザーを締め出したりすると、私たちは驚く。そうした処分に異議申し立てしたり、自分についてのデータの提供を求めたりする権利がないことを知ると、さらに驚く。実は、最初の登録時に利用規約への「同意」をクリックしたとき、そうした権利をすべて放棄することを受け入れている。しかし、ほとんどの人は利用規約など読まない[97]ので、自分がそんな選択をしたことにも気づいていない。

「共有地」の概念が重要なのは、現実世界における自由の多くがこの概念を土台にしているからだ。アメリカでは、憲法修正第1条が公共の場での言論の自由を保障している。公共の場での泥酔や猥褻行為を禁じる法律もある。しかし、これらの法律はインターネットの世界には適用されない[98]。そこは、すべて私的な空間だからだ。私たちがフェイスブックやツイッター、インスタグラム、ミディアムなどで発言する内容は、誰でも読めるものだが、公共の場に関する法律の適用対象にならない[99]。ニュースサイトのコメント欄への投稿も同じだ。

インターネットの黎明期、公開の議論フォーラムは「ユーズネット」というネットワークの上に存在していた。それは分権型のシステムで、誰がなにを発言できるかを特定の企業が管理することはできなかった。しかし、議論フォーラムの舞台がウェブサイトと企業所有のプラットフォームに移行すると、そうした自由は消えてしまった。

いまのインターネットにも、どの個人や組織にも私的に管理されない場が必要だ。誰もが発言し、会話し、集い、抗議を表明できる場がなくてはならない。それは、政府が運営してもいいし、私企業が運営し、それを真の公共財として扱う特別なルールを適用してもいい。電話会社に対して、データの種類による差別的扱いを禁じるコモンキャリア規制があるように、SNSの運営会社に対しても同様の規制を導入して、その空間を所有する運営会社による監視や検閲を禁じてもいいだろう。

SNSにせよ、「共有地」は社会にとって欠かせない存在だ。サイバー空間にもつねに「共有地」が確保されるように特段の努力を払わなくてはならない。

第14章

企業に関する提案

企業があらゆるデータを収集、保存してもデメリットはない。しかし、企業が収集できるデータとその利用方法を制限し、自社の管理下にあるデータに責任をもたせ、データとその利用方法を顧客にすべて開示するよう義務づければ、価値あるデータだけを収集、保存するようになるだろう。

企業による監視を制限しようとするとき、忘れてはならないのは、私たち誰もがデータ収集・利用のおかげで計り知れない恩恵を得ているということだ。データ収集は、昔ならありえなかった数々の恩恵と利便性を私たちにもたらしている。道路の渋滞データに基づくリアルタイムのカーナビサービスを利用できたり、スーパーマーケットが前回の来店時になにを買ったか記録していてくれたり、お店のレシートをなくしても返品を受けつけてもらえたり、自宅の照明を消してドアにカギをかけたかを外出先で確認できたり、世界中の人たちと瞬時にコミュニケーションを取れたり……これらはその恩恵の一部にすぎない。今後はもっと便利な時代になる。ＳＦ映画を見ると、完全にコンピュータ化された世界の便利さに目を見張らされる。よく観察すると、それらの便利なテクノロジーの多くは、コンピュータが人々の行動を監視し、それに反応し、それを記録することを前提にしていることに気づく。このような監視が当たり前になる世界——それが私たちを待つ未来だ。この未来は、私たちの暮らしをよりよく、より楽しくしてくれるものに満ちている。

テクノロジーを無制約に利用できることには大きな価値がある。本書は主にテクノロジーの負の側面を論じているが、テクノロジーが私たち全員にきわめて大きな恩恵をもたらしていることを見落としてはならない。テクノロジーのおかげで、私たちはさまざまな複雑な課題を、より速く、より簡単に、より正確に実行できる。より頑丈な建築資材を開発したり、情報を発見して拡散したりすることもできるし、物理的現象を正確に描写し、地理的制約なしに他人とコミュニケーションを取り、出来事を記録し、多くの食糧を生産し、長く生きることもできる。インターネットがなければ、私がこの本を書くこともできなかっただろう。もちろん、問題がまったくないわけではない。地球上のあらゆる地域の人たちが等しくテクノロジーの恩恵に浴せるわけではなく、テクノロジーに関しても「持てる者」と「持たざる者」の格差が生まれている。それでも、基本的には、テクノロジーは多ければ多いほど好ましい。

ぜったいに避けるべきなのは、そのような明るい未来が訪れるのを妨げることだ。将来どのようなテクノロジー[1]が発明されるかは予想がつかないし、そのテクノロジーによってどのような問題が解決できるかもわからない。そこで、新しいテクノロジーと、それに基づく新しいビジネスを実験できる環境をつくる必要がある。その対象には、監視テクノロジーも含まれる。

難しいのは、私たちのデータを収集、分類、分析する企業がもたらす恩恵を最大化しつつ、その弊害を最小化することだ。

検討に値するアイデアはいくつもある。1980年代に経済協力開発機構（OECD）が発表した「プライバシー枠組み」[2]（資料2）は、有効な出発点になるだろう。この指針は、データの収集、保管、利用の制限を打ち出している。1995年には、EUが「EUデータ保護指令」[3]を制定した。企業による個人データの収集に規制を課す内容である。しかし、アメリカの緩やかな規制に慣れているアメリカ企業は[4]、ヨーロッパのルールに抵触することが多い。EUでは現在、テクノロジーの進歩に対応するために、データ保護指令の改訂が議論されている。[5]

本章の提案はすべて、民間企業によるデータの収集と利用を対象にしている。変革を市場の力によって促せる場合もあるが、ほとんどの場合は法律による後押しが必要だ。その意味では、本章で指摘することは、政府がおこなうべきことのリストであり、それはとりもなおさず市民が政府に要求すべきことのリストでもある。企業の行動を規制する措置であるため、この章にまとめたにすぎない。

企業にプライバシー漏洩の責任を負わせる

収集されたデータのセキュリティを高める方法の1つは、漏洩の責任を企業に負わせるというものだ。

企業はつねに、コストと便益を天秤にかけて行動を決めている。データとプライバシーに関して言えば、収集して保管しているデータのセキュリティを確保するためのコスト、漏洩した場合のコスト、そして集めたデータがもつ価値を比較して考えることになる。現状では、企業にとってセキュリティが弱いままにしておくことのコストは小さい。前出のスーパーマーケット大手ターゲットの事件など、大々的に報道されたごく一部の事件を別にすれば、セキュリティの高さをＰＲするキャンペーンに資金をつぎ込み、ときおりセキュリティが破られた場合にメディアの批判と訴訟をやり過ごし、問題が公になったあとで修正するほうが割に合うと感じているのだ。

これは、プライバシー漏洩のコストの大半がデータ当事者に降りかかることが原因だ。意思決定のもたらす影響が意思決定者以外に及んでいるのだ。経済学では、このような関係を「外部性」という言葉で表現する。この外部性が存在するために、企業はセキュリティを改善しようというインセンティブをもてないのだ。

ユーザーがセキュリティの低い製品よりセキュリティの高い製品を選べばいいのではないか、と思うかもしれない。消費者は市場でみずからの購買行動を選択しているのだから、そうできるはずだ――と言いたいところだが、ほとんどの場合、それは不可能だ。ソフトウェア企業が市場で独占状態にあり、消費者が選べる製品の選択肢が限られている場合もある。これまで使ってきた製品の独自規格のファイル形式や、みずからがすでに整備しているインフラ、互換性の問題、サービス形式で提供されるアプリケーションなどの要因によって行動を縛られる

「ロックイン効果」がはたらく結果、ほかの企業の製品に乗り換えることが難しい場合もある。誰に自分のデータを収集されているかがわからない場合も多い。第2章で論じたように、私たちの目に見えない形で監視が実行されることも珍しくないのだ。しかも、消費者がデータ関連サービスのセキュリティの強さを把握するのはつねに難しい。これは、テクノロジーに精通していないユーザーに限った話ではない。このような本を書いている私自身、個々のサービス業者を信用できるかどうかをあなたに伝えることはできない。

しかし、企業にプライバシー漏洩の責任を負わせれば、状況は変わる。企業のコストを高めることにより、[6]外部性のコストを企業に負担させるようにすれば、プライバシーを守るための支出を増やさせることができる。アメリカでは、医療関連のデータについてすでにそのような仕組みを導入している。プライバシー漏洩を起こした企業は、重い罰金を科されるのだ。[7]

小売業界[8]でも変化が起きつつある。ターゲット社は、[9]2013年にハッカーにデータを盗まれたことでいくつかの訴訟を起こされた。ほかにも、顧客のプライバシー保護が不十分だったとして、金融機関が裁判に訴えられるケース[10]が出てきている。このような事件が起きた場合には、盗まれた可能性のある個人情報すべてを本人に知らせるよう義務づけてもいいだろう。

この種の事件は複雑に入り組んでいて、複数の企業が関わっているケースもある。そのため、個々の企業にどの程度の責任があるかを確定するのは難しい。[11]また、裁判所は、プライバシーに価値を認めることに消極的な態度を取ってきた。人々がごく些細なものと引き換えに、やすやすとプライバシーを差し出すからだ。しかも、プライバシー漏洩によって害が生じたことは立証しづらいため、プライバシーを侵された側が裁判に勝つのは容易でない。

この問題には、もっと有効なアプローチの仕方がある。プライバシー漏洩により害が生じたかどうかではなく、プライバシー漏洩が起きたこと自体を害と位置づけるといい。具体的には、アメリカの1973年の「公正情報取り扱い綱領[12]」(資料3)のような規則に従うことを企業に義務づける(現時点では義務化されていない)。そうすれば、プライバシー漏洩が規制違反になる。

これは、アメリカ環境保護局(EPA)の環境汚染物質規制[13]に似た考え方だ。工場が環境に排出できる汚染物質の量の上限が法律で定められており、その上限を超えれば企業は罰金を科される。近隣地域でガン患者が想定外に急増するなどの結果が生じるのを待つ必要はない。問題が理解され、それを是正するための規制がしっかり設けられているのだ。石炭炉を設けた工場をつくるか、太陽光発電システムを備えた工場をつくるかは企業の自由だが、基準を守れなければ制裁が待っている。個人データに関しても、同様の方向を目指すべきだ。

システムのセキュリティを高めれば、コストが上昇する。企業は可能なら値上げをして、コストをユーザーに転嫁するだろう。しかし、ユーザーは現状のままでも、セキュリティの弱いシステムのせいで余計なコストを負担させられている。プライバシー漏洩による直接と間接のコストが降りかかっているのだ。プライバシー漏洩の責任を企業に負わせれば[14]、そのコストが企業に移り、企業はセキュリティを高めようとする。経済学に、「最安価費用回避者[15]」という考え方がある。それによれば、経済的に最も効率的なのは、リスクを最少化するのに最も適した立場にある者に責任をもたせることだとされる。個人データの場合、それはデータを保有している企業だ。少し考えれば、すぐわかる。あなたがフェイスブックに自分のデータのセキュリティを高めさせたいとして、なにができるだろう？　できることは少ない。だから、セキュリティの弱さが生むコストは、フェイスブックに担わせるべきなのだ。

データの利用を規制する

ＥＵと異なり、アメリカでは、あなたの個人データはあなたの所有物ではない。[16] それは、データ収集者の所有物だ。金融機関、医療機関、教育機関、ＤＶＤレンタル会社などが保有する個人データには法律による保護があるが、ヨーロッパのような包括的なプライバシー保護法制は存在しない。しかし、問題を解決するには、包括的な法的保護が不可欠だ。市場にゆだねて問題を解決させようとすれば、いっそうプライバシーを侵すような大量監視に道を開く。

具体例で説明しよう。データイウム社は、消費者がオンライン上で自動車をチェックする際の行動を追跡している。さまざまなメーカーのウェブサイトで、消費者がどのような車種のページを閲覧したか、どのようなオプションについて詳しく知ろうとしたか、どのような支払い方法の選択肢を調べたか、どのページにどれくらいの時間滞在したかを記録する。自動車販売業者は、この情報を得るために金を払う。自社で販売している車種についての情報だけではない。消費者がチェックした他社の車種についての情報も入手する。そうした情報を買うことにより、その消費者がショールームに来店したとき、より高く自動車を販売できるようにするのが狙いだ。[17]

ここに、どのような経済原理がはたらいているのか？　自動車販売業者にウェブ閲覧履歴を把握されることにより、消費者が自動車に支払う価格が300ドル高くなるとしよう（金額はあくまでも大ざっぱな数字と思ってほしい）。この場合、消費者がデータイウムの戦術から自分を守ることの価値は、300ドルでしかない。しかし、アメリカで1年間に販売される自動車は1600万台に上る。データイウムがウェブ閲覧履歴を入手している消費者が全購入者の2％にすぎないとしても、同社が自社の戦術の有効性を保つことの価値は約1億ドルを上回る。

このような非対称性があるために、市場を通じた解決策はうまくいかないことが多い。これは集団行動の問題だ。私たちが自分たちをデータイウムから守れれば、みんな合わせて1億ドルの価値があるが、私たちはそのための結束した行動が取れない。データイウムは当然のごとく自動車販売業者を結束させられるが、消費者が結束して行動するためには、政治的な集団行動が最善の方法だ。

データの利用段階で規制をおこなうのは理にかなっている。個人データの収集には、たいてい本人が同意している。私たちが反発するのは、その情報が意図しない形で用いられた場合だ。密かに私たちの判断や行動に影響を及ぼすために、データが保存されたり、共有されたり、販売されたり、相互に照らし合わせられたり、利用されたりするとき、私たちは抵抗を感じる。したがって、必要なのは、個人データの利用を制限することだ。とくに、収集目的と異なる用途での利用を規制する必要がある。

企業がデータ分析のアルゴリズムを企業秘密として扱うことにより、問題が生じる場合もある。グーグルがどのような検索結果を表示するかを決めるために用いるアルゴリズムの「ページランク」や、融資対象としての個人の信用度を数値化したクレジット・スコアを算出するためのアルゴリズムがその例である。企業が秘密を守りたいと考えるのは正当なことだ。企業としては、ライバル社にまねされたり、人々がアルゴリズムの裏をかくようになったりすると困る。しかし、アルゴリズムが人々の人生に直接影響を及ぼす場合は、企業の権利より透明性が優先されるべきだと[18]、私は思う。公開しようと思えば公開できるアルゴリズム[19]は、いまよりもっと多い。現状のままでは公開できなくても、変更を加えれば公開できるアルゴリズムも少なくない。金融機関はすでに、融資条件の公表や融資の公正性に関わる法律により、アルゴリズムを説明可能で法的に正当化できるものにすることを義務づけられている。アルゴリズムが人々に対して強い影響力をもつ分野には、このような透明性の義務化を広げていく必要がある。アルゴリズムを公開するべきなのだ。また、アルゴリズムを公開しないまでも、それが公正なものかを監査するようにしてもいい[20]。

企業は概して合理的にリスクを分析し、法規制には従う。規制に実効性をもたせるためには、監督と責任が不可欠だ。規制を課すのは、別に特殊なことではない。現に、規制下に置かれている産業は多い。重要で危険なことをしているとみなされる産業が規制の対象にされている。それなら、個人データとその分析に用いられるアルゴリズムにも規制を導入していいはずだ。頻繁に監査をおこなうようにすれば、企業をルールに従わせ、違反した場合に罰を与えられる。

以上の提案は理にかなったものだが、実行に移すのは容易でない。ぜったいに避けたいのは、政府がデータに関して「やっていいのはこれだけ。それ以外はダメ」と言い渡すような事態だ。許可型の規制は、イノベーションと変化を押しつぶしてしまう。いわば権利型の規制が望ましい。「禁止されていない限り、なにをやってもいい」というアプローチだ。

データ収集も規制する

データの利用の仕方を規制することは重要だが、それだけでは十分でない。プライバシーは、データの収集段階、保存段階、利用段階、そして紛争の段階それぞれで保護する必要がある。前出のOECDプライバシー枠組みには、その点が見事に反映されている。そこに盛り込まれている指針は、すべて重要なものだ。

アメリカ企業は長年足並みをそろえて[21]、データ収集の規制は必要なく、利用の規制だけで十分だと主張してきた。企業は、データ収集の制限をことごとく除去したがる。利用の制限はつねに穏やかなものにとどまり、データを入手しさえすれば利用範囲を押し広げていけるとわかっているからだ（利用の制限に抵抗する際には、利用制限は検閲の一種だと主張することが多い）。それに対し、収集が制限されれば、その規制を変更することはずっと難しい。このように企業はデータ収集の制限を受け入れたがらないが、政府による大量監視の場合と同様、企業によるプライバシー侵害は、データが利用されなくても、収集されるだけでも発生する。[22]第10章で論じたアルゴリズムによる監視の話を思い出せば、この点は理解できるだろう。企業によるデータ収集が無制約におこなわれると、データがごっそり収集され、それが政府に大量に提供される結果、ただでさえ不徹底なデータ利用の制限がますます骨抜きにされていくのだ。

私たちは、こうした企業側の運動と戦わなくてはならない。データの収集に制限が課されている例はすでにある。たとえば、企業が採用候補者に対して、妊娠しているかどうかを尋ねることは禁じられている。融資の申込書に、人種を記載させることも許されていない。企業が求職者に犯罪歴を尋ねることを禁じる法律をつくることを目指す「バン・ザ・ボックス」という運動もある。以前アメリカ軍で採用されていた「尋ねない、明かさない」と呼ばれる方針（軍は兵士に性的指向を尋ねず、兵士は同性愛者であることを公言しなければ軍務に就くことを認められるというルール）も、データ収集を制限するものだ。アメリカ国勢調査局が尋ねていい質問の種類にも、制限が課されている。

私たちのあらゆる行動がコンピュータを介しておこなわれる世界に、このような制限を広げていくことは容易でない。それでも、どのようなデータの収集をぜったいに許すべきでないかを議論しはじめるべきだ。まず、明らかに収集させてはならないデータが数種類ある。オンライン上でなにを読むかは、紙媒体でなにを読むかと同じように、個人の秘密であるべきだ。この点を徹底するためには、閲覧したウェブページ、クリックしたリンク、検索した内容を記録することを法律で禁じる必要がある。記録させてはならないという点では、私たちの移動履歴も同じだ。常時監視を受け入れることを携帯電話利用の条件とすることを許すべきでない。誰とコミュニケーションを取り、街で誰と会うかなど、私たちの交際関係が継続的に監視されることもあってはならない。企業がデータをリアルタイムで使用することは許される場合もあるかもしれないが、そのあとはただちに消去させるべきだ（もっとも、短期間に限ってデータの保存を認めていいケースもあるかもしれない）。

興味深いアイデアの1つに、マイアミ大学法科大学院のマイケル・フルームキン[23]の提案がある。環境影響報告の制度にならい、大量のデータを収集する政府機関と民間企業の両方に「プライバシー影響通知」の提出を義務づけるという案だ。これが実現すれば、どのようなデータがなんの目的で収集されていて、それがどのように保存・利用されているかを人々が知ることができる。政府や企業の意思決定者たちもそれをきっかけに、プロジェクトの早い段階でプライバシーの問題について考え、人々の意見を聞く機会を得られる。

本人の明確な同意があった場合に限って、データの収集を認めるようにしてもいいだろう。人々の同意を得る方法は、大きくわけて2つある。オプト・イン方式とオプト・アウト方式である。オプト・イン方式は、本人が明確に同意してはじめてデータの収集と利用が許される。逆に、オプト・アウト方式は、本人が明確に不同意の意思表示をしない限り、データの収集と利用が許される。フェイスブックのような企業は、オプト・アウト方式を好む。不同意の意思表示をする方法をわかりにくくするという手が使えるし、わざわざ不同意を表明しない人が大半だと見抜いているのだ。しかし、公正性を大切にするなら、オプト・イン方式にすべきだ。また、データ収集を受け入れることをサービス利用の条件とすることは許してはならない。

tions

現状では、ありとあらゆるデータを収集、保存しても、企業にとってデメリットはない。しかし、企業が収集できるデータとその利用方法を制限し、自社の管理下にあるデータに責任をもたせ、収集しているデータとその利用の仕方を顧客にすべて開示するよう義務づければ、価値があると考えるデータだけを収集、保存するようになるだろう。

アメリカ議会は、行動しないことの言い訳をやめて、プライバシー法制の刷新という難事業に着手すべきだ。裁判所も、すでにあるプライバシー法制を徹底することを通じて、消費者のプライバシーを守るために大きな役割を果たせる。現在いくつかの分野では、連邦取引委員会(FTC)や連邦通信委員会(FCC)などの規制官庁[24]が消費者のプライバシー保護に関してある程度の権限をもっている。しかし、いまアメリカに必要なのは、ほかの国々にあるような独立したデータ保護官庁[25]だ。大きな害が発生するのを待って対策を講じるのでは十分でない。問題はきわめて大きく、複雑だ。実効性のある対策を取るためには、十分な専門知識と予算や人員をもった機関が欠かせない。

たいていの組織は、データを集める量を減らし、保存する期間を短くしても問題がない。それを実現するカギを握るのは、どのような目的のためにどの程度のデータが必要か知ることだ。

たとえば、個人の素性を特定できる情報を収集しているシステムは、多くの場合、本当はその情報を必要としていない。アカウントをもっている本人がアクセスしていると確認できれば十分なのだ。SNSも、利用者の本名を把握する必要はない。クラウド・ストレージ・サービスも同様だ。

また、ある種のデータ分析は、大勢の人のデータを集める必要はあっても、すべての人のデータを集めることまでは必要でない。スマートフォン向けのカーナビ・アプリを提供しているウェイズ社は、道路の渋滞状況を推測するために監視データを用いているが、すべてのドライバーのデータはなくてもいい。主な道路の状況をおおよそ把握できれば、それで事足りる。多くの小売企業は、網羅的監視を通じて広告の有効性を確認したり、顧客の購買パターンを推測したりしている。しかし、やはり全員のデータは必要ない。これらの目的を達するためにはサンプル調査で十分だ。実際、データ収集のコストが高い場合は、そのような方法が一般に用いられている。

一方、全員のデータを集めたほうが分析の有効性が高まるため、それが好まれるケースもある。[26]たとえば、グーグルのビジネスは、半分の利用者のデータしか集めなかったり、すべての検索入力の半分しか保存しなかったりしても十分に成り立つが、収益性は落ちる。それに対し、データの利用方法によっては、すべてのデータが不可欠な場合もある。携帯電話会社は、すべての利用者の現在位置を把握しなければ、通話をつなげない。

どのくらいの期間、データを保存する必要があるかも、用途によって変わってくる。ウェイズ社や携帯電話会社の場合は、リアルタイムでデータをもっておけば十分だ。広告に利用する場合は、過去のデータもある程度必要だが、データは新しいほど価値が高い。一方、学術研究のために、保存しておくことに大きな価値があるデータもある。たとえば、ツイッター社[27]はアメリカ議会図書館にデータを寄贈している。

企業に対して、必要最小限のデータだけを収集し、必要最小限の期間だけそれを保存し、保管するデータのセキュリティをいまより高めるよう義務づける法律をつくるべきだ。やはりと言うべきか、ドイツ語には、このようなデータの扱い方を1語で言いあらわす「Datensparsamkeit（データ最小化）」という単語[28]がある。

個人に自分のデータへの権利を与える

アメリカは、多くのヨーロッパ諸国と異なり、基本的なデータ保護法がない[29]。一部の種類の情報[30]は保護されているが、それはあくまでも例外だ。概して、アメリカ人は自分のデータに関する権利を十分に認められていない。グーグルは、私について私自身がとっくの昔に忘れてしまったことも「覚えて」いる。過去の検索履歴をすべてもっているからだ。しかし、私自身が記憶を呼び覚ますために、そのデータにアクセスすることはできない[31]。医療機器メーカーのメドトロニック[32]は、自社製の植め込み式除細動器から得られる患者データを自社のものと主張し、除細動器を植め込んでいる患者にはデータへのアクセスを認めない。EUでは、自分に関して企業がどのようなデータをもっているかを知る権利が人々に認められている。第1章で紹介したオーストリア人のマックス・シュレムスがフェイスブックに対して、同社が彼についてもっているデータをすべて開示させられたのは、この権利のおかげだ。アメリカで暮らす人には、そのような権利がない。

実際にどのような権利を認めるべきかは難しい問題だ。たとえば、私たちに関するSNS上のデータには、以下のようなものがある。[33]

●**サービスデータ**――ユーザーがSNSを利用するために登録するデータ。サイトによっては、本名や年齢、クレジットカード番号の提供を求められる場合もある。

●**公開データ**――ユーザーが自分のページに投稿するデータ。ブログの記事や写真、メッセージ、コメントなどだ。

●**委任データ**――ユーザーがほかの人のページに投稿するデータ。データの中味は基本的に公開データと変わらないが、投稿後の委任データは管理できない。それを管理できるのは、そのページをもっている人物だ。

●**付随データ**――ユーザーについて、ほかの人が投稿するデータ。投稿した文章のなかでその人のことが言及されていたり、その人が写った写真が投稿されたりするケースだ。本人はデータを管理できないばかりか、そもそもそのデータを自分で生み出してもいない。

●**行動データ**――サイトがユーザーの行動パターンについて集めるデータ。具体的には、その人がサイト上でどのような行動を取り、誰と関わり合うかを監視する。

●**派生データ**――ほかのすべてのデータから、ユーザーについて推測されるデータ。たとえば、ある人のSNS上の友達の80%が同性愛者であれば、その人も同性愛者と推測される。

こうしたさまざまなタイプのデータについて、私たちはそれぞれどのような権利を認められるべきなのか？　現状は、データの種類によってまちまちだ。つねに非公開扱いのものもあれば、本人が非公開を選択できるものもあるし、つねに公開されるものもある。本人が編集したり削除したりできるものがある一方で、それができないものもある（あるサイトは、投稿後24時間以内なら、委任データの編集・削除を認めている）。本人の閲覧が認められているものもあれば、認められないものもある。アメリカには、こうしたことを規制するルールが存在しない。決めるのはデータの保有者だ。当然、データ保有者はすべてのデータにアクセスしている。

ユーザーがみずからのコミュニケーションの公開範囲を自分でどの程度決められるかは、個々のオンラインサービスごとに異なる。以前、フェイスブックでは、投稿を誰にでも読めるようにするか、友達だけが読めるようにするかのどちらかしか選べなかった。しかし２０１１年、フェイスブック上の友達をカテゴリーわけし、一部の友達だけが投稿を読めるように設定することも可能になった[34]。ツイッター[35]では、誰でも読める投稿以外に、特定の相手にダイレクトメッセージを送ることもできる。写真共有サイトのインスタグラム[36]やピンタレスト[37]も公開範囲を選択できる。

このようにユーザーの管理が及ぶ範囲がまちまちな状況を改めて、ユーザーの権利について統一的なルールをつくることが必要だ。２０１２年、ホワイトハウスは「消費者プライバシー権利章典」[38]（資料４）を公開した。その後、アメリカ政府のビッグデータとプライバシーに関する検討委員会は２０１４年[39]、この権利章典を土台にプライバシー保護のための法律を制定すべきだと提唱した。私も同意見だ。

この考え方を極限まで推し進めるとどうなるか？　コンピュータ科学者でテクノロジー批評家のジャロン・ラニアー[40]は、広告を表示する検索エンジンやリアルタイムの渋滞情報を表示する地図アプリなどで私たちのデータが利用された場合に、自動的にデータ使用料が支払われるようにすることを提案している。もちろん、金額はごく少額だ。マイクロペイメント、いやナノペイメントと言ってもいいくらいだろう。それでも、積み重なれば、数ドルにはなるかもしれない。しかし、これを機能させるためには、きわめて複雑な仕組みが必要とされる。それに、すべての人に収益をもたらすことが目的とはいっても、常時監視が不可欠になる。それ以上に問題があるのは、プライバシーを商売の対象と位置づける発想だ。プライバシーは資産というより、基本的人権の１つと考えるべきである。

私たちは、自分に関するデータを消去する権利も認められるべきだ。データをゆだねている企業に対して、いつでも「もう退会します。私に関するデータをすべて消去してください」と言い、データブローカーに対して「私はあなたの商品ではありません。私に関するデータを収集して他人に売ることを認めた覚えはない。データベースから私のデータを削除していただきたい」と言う権利が認められなくてはならない。これは、ＥＵが目指している方向だ。いわゆる「忘れられる権利[41]」である。欧州司法裁判所[42]は２０１４年、状況によっては検索エンジンが検索結果から個人に関する情報を削除すべきだという判断を示した。この判決をきっかけに、グーグルに対して、みずからの評判を落とすような情報を検索結果から削除するよう求める人が続出している。[43]そのなかには、政治家もいれば、医師や小児性愛者もいる。裁判所の判断がバランスの取れたものだったかどうかなど、判決自体には議論の余地もあるだろう。しかし、忘れられる権利は、個人データから利益を得ている企業に対して人々がもつべき重要な権利だ。[44]

データ収集とプライバシー問題を可視化する

私たちはひっきりなしに、家族や友人、知人、恋人、はたまた見ず知らずの他人に対しても、自分に関するデータを明かしている。医師や投資カウンセラー、心理療法士にも、私的なことを話す。このように、私たちは多くの個人的な情報を他人に知らせている。しかし、これらのケースでは、特定の相手に対して情報を明かす。その人に知っておいてほしいから、その人なら秘密を洩らさないと信じられるから、その人が自分の私的なことを打ち明けてくれたからといった理由で、みずからの私的な情報を伝えるのだ。

このようなややこしいプライバシー上の意思決定をおこなうために、私たち人間はさまざまな心理的システムを築いてきた。それは非常に高度なシステムで、状況ごとに対人関係を緻密に織り込んで判断をくだす。私たちはパーティー会場に足を踏み入れると、その瞬間にどう振る舞えばいいかを察する。誰に話しかけ、どういうことを話すべきか、周囲に誰がいて、誰が自分の話を聞いているか――たいていの人は、こうしたことをとっさに見て取り、それに基づいて行動できる。問題は、テクノロジーを介することにより、このような対人関係能力が阻害されることだ。舞台をフェイスブック上に移すと、たちどころに直感がはたらかなくなる。誰が自分の投稿を読んでいるかを忘れて投稿したり、私的な情報を誰でも読める場所にうっかり投稿したりしてしまう。見えないところで自分のデータがどのように監視されているかに気づかず、自分が用いているテクノロジーになにができて、なにができないかも理解していない。

問題の主たる原因は、オンライン環境でのプライバシー保護の度合いが目に見えにくいことにある。プライバシーの問題が意識されなければ、直感はうまく機能しない。人間の存在を直接認識できないために、そういうことが起きる。私たちは、「営利企業が私の発言をすべて記録し、広告に利用しようとしている」とか、「アメリカ政府や、もしかするとほかの国の政府も、私の発言をすべて記録して、テロリストや犯罪者や麻薬密売人や、そのほか目下標的になっている悪者を見つけようとしている」などとは思わない。それが目に見えないからだ。「私はいまバーチャル・パーティーに参加して、友達や知り合いと私的なことがらを話している」という認識しかない。

このような事情を考えると、人々がオンライン上で個人データを明かしているからといって、監視に同意していると判断するわけにはいかない。人々は、サイバー空間のシステムが現実世界と似たようなものだとみなし、それに同意しているだけだ。[45] 現実世界のシステムをサイバー空間に持ち込むとどういう結果になるかを、十分に理解していないのだ。

フェイスブックのような企業にとっては、こうした状況が好ましい。そこで、ユーザーがプライバシーを気にしないように仕向け、友達の写真を見えるようにするなどの認知的な仕掛けを使ってユーザーの信頼感を高めている。そのもっと上を行くのが政府だ。監視活動の多くを秘密にし、人々が監視されていることに気づかないようにしている。人々がプライバシーの重要性を口にするくせに、プライバシーを軽く見ているかのような行動を取る理由は、ここにある。私たちが使っているシステムは、プライバシーの問題が意識されないように設計[46]されているのだ。

いま必要とされるのは、人々がオンライン上で真のプライバシーを選択できるようにし、その選択肢を理解して実際に選ぶ力をもたせることだ。企業は、顧客や利用者に対してデータ利用の正当性を示すことを義務づけられれば、これまでのようにはプライバシーを侵さなくなる。[47]一方、ユーザーは、真のコストを知れば、無料サービスの魅力に屈しにくくなるだろう。[48]これを実現するためには、企業がデータの扱いについて正確な情報を開示するよう義務づける法律をつくらなくてはならない。政府に対しても同様の法律が必要だ。

その出発点として、ウェブサイトには、どのような第三者が訪問者を追跡しているかを開示させ、スマートフォン・アプリには、ユーザーについてどのような情報を収集しているかを明らかにさせるべきだ。現状では、密かに監視が実行されているケースがあまりに多い。そうした監視活動を目に見えるようにすることも必要だ。

ただし、それは簡単でない。ユーザーに通知し、選択肢を与え、同意を得る――これが適切なアプローチ[49]だが、誰もが知ってのとおり、法律用語で書かれた長たらしいプライバシー・ポリシーではその役割を果たせない。たいていの人は、文面を読みもせずに、「同意」をクリックしてしまう。プライバシー・ポリシーは、意図的に長く詳細なものにしてあるため、退屈でわかりにくくなっているのだ。これでは、ユーザーの実質的な同意は実現しない。そうかといって、たとえばフェイスブックになにかを投稿するたびに、「あなたが書き込んだことは、すべてフェイスブックによって保存され、マーケティングのために使用され、要求があれば政府に提供されます」という警告文が表示されるようにするのも、現実的でない。この中間の道を選ぶべきだろう。統一的なプライバシー・ポリシーをつくり、なんらかの形で第三者による認証制度を設けてはどうだろうか?

情報の受託者責任を確立する

私たちは日々、きわめて私的な情報をさまざまな専門職に提供している。その情報が本人の利益のためだけに用いられるようにするために確立されてきたのが、受託者責任という考え方だ。法律により、医師、弁護士、会計士は受託者と位置づけられ、みずからの利益よりも依頼人の利益を優先することを義務づけられている。いつ、どのように、依頼人の提供した情報と力を利用できるかが決められており、依頼内容と関係ない目的で情報を用いることは基本的に禁じられている。どういうときに、警察がこうした受託者たちに個人データの提供を要請できるかも法律で決まっている。受託者責任の下、専門職の人たちには、ほかの責任よりも優先すべき注意義務も課される。

個人データにも、受託者責任の考え方が必要だ[50]。具体的には、個人データを保有する組織のうち、1つのカテゴリーに属する組織を特別な法的規制の対象にし、データを特別な保護の対象にすればいい。そのカテゴリーに加わるかどうかは、企業が選べるようにする。これは、受託者責任を負う投資顧問業者[51]と、その責任を負わない証券ブローカーの違いのようなものと思えばいい。受託者になる企業を増やすために、受託者として多くの責任を負うのと引き換えに、特別の税制優遇措置や免責制度を設けてもいいだろう。ただし、おのずと大量の個人データを集めることになる企業には、自動的にすべて受託者責任を負わせるべきかもしれない。インターネット接続業者、携帯電話会社、電子メール事業者、検索サービス業者、SNS業者などのことだ。

受託者責任制度を設ければ、人々は自分の情報が政府に提供されたり、第三者に販売されたり、そのほかの形で自分にとって有害な使われ方をされたりしないと安心できる。受託者である企業に提供されたデータは、特別な保護の対象になるからだ。企業は、一定の水準以上のセキュリティ、頻繁な監査などの注意義務を課される。それが信頼を生み出すのだ。

同様の発想の下、インターネット・セキュリティ専門家のダン・ギア[52]は、インターネット接続業者に、コンテンツ企業になるか、通信企業になるかを選択させればいいと提案している。ギアの提案によれば、コンテンツ企業であることを選択した場合は、データを利用し、利益を得ることが許されるが、そのデータに関して責任を負う。一方、通信企業であることを選択した場合は、データに関して責任を負わないですむが、データの閲覧がいっさい認められない。

中世のカトリック教会は聖職者に対して、告解の場で信者が懺悔した罪について口外しないよう厳しい責任を課した。聖職者が秘密を漏らすかもしれないと思えば、誰も告解の秘跡に参加しないからだ。今日のオンラインの世界にも、同様の秘密保持の仕組みが必要とされている。

新しいビジネスモデルを後押しする

監視がインターネットのビジネスモデルになった[53]のは、それが儲けるために最も手軽な方法で、しかもそれを規制するルールが存在しなかったからだ。そして、その後も監視がインターネットのビジネスモデルであり続けてきたのは、コストが小さい半面、潜在的な利益がきわめて大きく、おまけに（少なくともアメリカでは）規制がいまだに存在しないからである。

データの収集と利用を規制し、データを保有するコストを高めれば、監視に依存しない新しいビジネスモデルの誕生を後押しできる。それは、技術的にはすでに可能だ。製品やサービスに最初からプライバシー保護の仕組みを織り込む方法については、多くの研究がなされている。「プライバシー・バイ・デザイン」[54]と呼ばれる考え方だ。クレジットカード会社は、購買行動をすべて追跡しなくても、利用者に料金を請求し、詐欺を防止できる。携帯電話会社は、ユーザーの位置情報を恒久的に保管しなくても、通話やメールをつなげる。インターネットに強力な匿名性保護の仕組みを導入することも、電子マネーに安全性と匿名性の両方をもたせることもできる。こうしたことはすべて実現可能だ。それがまだ実現していないのは、私たちがそれを要求しないからにすぎない。

しかし、ビジネスモデルの転換が実現するまでには時間がかかる。私たちのデータをとりわけ大々的に集めているような企業は、それが広告収入を飛躍的に伸ばす可能性をもっていると信じているからだ。インターネット広告は、世界全体で1250億ドル規模のビジネスになってはいるものの、まだ広告市場全体の25％を占めているにすぎない。グーグルやフェイスブックといった企業は、テレビ広告（広告市場の40％）、新聞・雑誌広告（36％）につぎ込まれている資金[55]を獲得したいと考えてきた。そのため、ビッグデータが――言い換えれば、あらゆるデータをかき集めて、そのあとで使い道を見つけるという手法が――価値あるものだという可能性に多くの資金を投じており、簡単には方向転換できないだろう。ジャーナリストのジェームズ・クンストラーの表現[56]を借りれば、「投資済みの心理」がはたらくのだ。自分の判断が誤っていたと認めるのは、誰だってつらい。データ収集と保存にかかるコストがきわめて小さい状況では、方向転換はことのほか難しい。しかし、そうした心理は、損に損を重ねる結果を招く。

市場経済では、ある企業が利益を生み出せるビジネスモデルを考案できなければ、それに成功した別の企業が台頭する。監視とデータ収集のコストを高められれば、それに依存しない新しいビジネスモデルが登場し、既存のビジネスモデルに取って代わるだろう。

政府による監視と戦う

これまでのところ、エドワード・スノーデンの暴露がもたらした最も大きな影響は、第6章で述べた官民の監視パートナーシップに亀裂を走らせたことだ。スノーデン以前、企業が国家安全保障局（NSA）に協力してもデメリットはなかった。NSAの要請に応じて、インターネット上でやり取りされるデータのコピーをごっそり提出したり、セキュリティ・ソフトウェアにバックドアを設けたりしても、そのことは永遠に秘密のままだと当てにできたのだ。公正を期すために指摘しておくと、すべての企業がいそいそとNSAに協力したわけではない。裁判所で戦った企業[57]もあった。しかし、多くの企業、とくに政府の規制下で独占的地位を得ている電話会社やインターネット基幹回線運営業者は、NSAに言われるままに、あらゆるものに対して無制約のアクセスを許したようだ。それが簡単な道だったのだ。こうしたことは、20世紀の冷戦時代、そして2001年の9・11テロ後にも、ひっそりと続けられていた。

状況は変わりつつある。プライバシーを擁護し、NSAと戦うことがビジネス上の価値を生み、NSAに協力することがビジネスの足を引っ張るようになりはじめたのだ。企業が戦う方法は、大きくわけて4つある。透明性、テクノロジー、裁判、ロビー活動である。

まず、透明性について見てみよう。今日、ヤフー、グーグル、マイクロソフトなど、多くのテクノロジー企業が「透明性レポート」を頻繁に発表している。[58]政府からどれくらいデータ提供の要請を受け、どれくらいそれに応じたのかをおおよそ公表しているのだ。これは、主としてＰＲ上の動機に基づく行動だ。政府に提供されているのはユーザーのデータのごく一部だと、私たちを安心させることを意図している。たとえば、グーグルは２０１３年[59]、メタデータをアメリカ政府に提供した利用者の数は１～２０００人の範囲内、通信内容を提供した利用者の数は１万８０００～２万人の範囲内だったと公表した。この人数の幅はルールで決められている。これより具体的な数字を明らかにすることは禁じられているのだ。多くの企業はアメリカ政府に対して、もっと詳細な情報の公表を認めるよう求めている（グーグルはすでに、ほかの国からのデータ提供要請についてはもっと具体的に発表している）。

２０１４年はじめのＣＲＥＤＯモバイル社[60]を皮切りに、電話会社やケーブル通信会社のなかにも、透明性レポートを公表する企業があらわれている。しかし、その情報の価値は比較的小さい。たとえば、ベライゾン社は、２０１３年に「法執行機関の要請」を32万件受け取ったと公表したが[61]、同社が３カ月に１回、国家安全保障書簡（ＮＳＬ）を受け取り、２億９０００万人の顧客すべてのメタデータの提供を求められている[62]ことがわかっている。32万というのは、いったいなんの数字なのか？

その一方で、透明性の強化を徹底する企業もある。アップルは２０１４年[63]、（法律により開示が禁止されている場合を除いて）政府からのデータ提供要請すべてについて、当該のユーザーに通知する方針を打ち出した。マイクロソフトとグーグル[64]は足並みをそろえて、アメリカ政府を裁判に訴え、透明性の拡大を認めるよう求めている。ヤフーも同様の行動を取っている[65]。

いわゆる「令状のカナリア」作戦[66]を実行している企業もある。２０１３年、アップルは透明性レポートに「アップルは、米国愛国者法第215条に基づく命令をいっさい受け取っていない」という一文を掲載するようになった。[67]政府からデータ提供の命令を受け取ったときに、その事実を公表することは許されていないが、その際はこの一文を削除することにより、注意深い人が読めばわかるようにする、という発想だ。裁判所はこの手法の適法性についてまだ判断をくだしていないし、そもそも有効なのかも疑わしいと私は思っている。それでも、勇気ある行動だし、賢明なアイデアではあることは確かだ。

テクノロジーの面では、ユーザーや顧客のインターネット接続、自社のネットワーク、自社のデータベースについて暗号化措置を強化する企業が増えはじめている。[68]グーグルのデータセンター間を結ぶ基幹回線上の通信[69]がNSAに傍受されていたことが明るみに出ると、同社はその回線上のデータを暗号化した。ヤフーのサイト上[70]でのユーザーの行動がNSAに監視されていたことが判明したときは、ヤフーとマイクロソフト[71]がデータを暗号化した（マイクロソフトは、自社のユーザーも監視されていると考えたのだ）。いくつかの大手電子メール事業者[72]は、データセンター間を行き来する電子メールを暗号化するようになった。自社と顧客やユーザーの間の通信を暗号化するために、もっと徹底した措置を講じている企業もある。[73]アップルのiPhoneは初期設定でデータを暗号化するようになっており、グーグルもアンドロイド端末で同様の方針を打ち出した。[74]グーグルは、Gメールを発信元で暗号化し、受信者に届くまで転送途中もすべて暗号化しておくサービスを提供しはじめた[75]（ただし、このオプションを選ぶ人はあまりいないだろう。暗号化すると、電子メールの検索や分類ができないからだ）。

次に、企業は裁判の場でも、ユーザーのために戦わなくてはならない。データ提供命令にはすべて裁判所の令状を要求すべきだし、令状で命じられているデータ提供の範囲が広すぎると思えば抵抗すべきだ。すでに、そのような行動を取っている企業もある。ヤフーは2008年[76]、NSAの「PRISM」プログラムへの協力を拒んで、裁判で長期にわたり激しく戦った（結局、裁判所はヤフーに協力を命じた）。2012年には、ツイッターがウォール街占拠運動参加者に関するデータの提供に抵抗した[77]（やはり、ツイッターの主張は裁判所に認められなかった）。また、本書執筆時点でフェイスブックは、400人のユーザーが非公開にしているメッセージや写真などをニューヨーク地区検事――検事は社会保障不正受給の証拠を集めている――に提供するよう命じた裁判所の命令に異議を申し立てている[78]。

企業は、裁判でほかの企業を支援することもできる。先例として自社に影響を及ぼす可能性がある裁判に対しては、すべて意見書を提出すべきだ。2013年、FBIがある1人の人物の電子メール情報を入手するために、電子メールサービスのラヴァビットに対してすべてのユーザーのマスター暗号化キーの提出を求めたとき、グーグルやマイクロソフト、ヤフーなど、大手電子メールサービス業者は1社も意見書を提出しなかった[79]。しかし、提出すべきだった。この問題では、すべての企業が一蓮托生だと理解しなくてはならない。

政府による監視とテクノロジー企業の関係に関しては、インターネットの国際的な性格が問題を複雑にしている面がある。ある企業が本国政府の合法的な要請を受けてデータを提供するとして、ほかの国の政府からの要請にはどう対応するのか？　2000年代前半にヤフーが中国政府の要請に応じて提供した個人ユーザーのデータをもとに、少なくとも4人が「国家転覆」と「国家機密漏洩」を理由に逮捕され、収監されている。[80] ヤフーは、中国政府の要請に応じるべきだったのだろうか？　これが中国ではなく、サウジアラビアなど、アメリカ政府と友好的な専制国家だった場合はどうか？　アメリカのインターネット企業の多くは、オフィスを置いていない国の法律には縛られないと主張している。現実問題としては、アメリカ企業が中国の法律に抵抗するのは不可能かもしれないが、もっと規模が小さく、力の弱い国の要求なら突っぱねられるだろう。企業はさまざまな方法により、どの国の法律に従うかを選ぶことができる。企業は、ユーザーのプライバシーを最大限守る道を選ばなくてはならない。

企業は、政治の場でも影響力を駆使すべきだ。グーグル、フェイスブック、マイクロソフトなどは、アメリカ政府の監視活動を制限する法律の制定に向けて活発なロビー活動を展開している。[81] これは好ましいことだが、そうしたロビー活動をもっと強化する必要がある。ワシントンでは多くの場合、自社の利益を案じる企業の声ほど強い影響力をもつ声はない。

ただし、企業のロビー活動に期待しすぎるのは禁物だ。差し当たりは企業の利害とユーザーのプライバシー上の利害が一致しているが、その状況が永遠に続くとは限らない。企業は長年、自分たちのデータ収集・利用を制限する法律の制定に抵抗し続けてきた。ＥＵはデータ保護規制の厳格化を目指しているが、[82] データの収集をやめたくないアメリカのインターネット企業は、猛烈なロビー活動で抵抗している。ここにきてインターネット企業がＮＳＡに対して気骨を見せているのは、プライバシーの重要性を考えてというより、ユーザーの目を気にしてのことだ。

だから、企業に対しても強力な規制を設ける必要がある。

新しい「マグナ・カルタ」を

WWWの考案者であるティム・バーナーズ＝リーは、13世紀イングランドで王権を制限した「マグナ・カルタ（大憲章）」にちなんで、新しいマグナ・カルタの必要性を説いてきた。[83] 政府と企業の両方の行動を制限し、情報化時代の企業に権利だけでなく責任を課すべきだというのである。マグナ・カルタを引き合いに出したのは上手なアナロジーとは言えないが、主張の基本的な趣旨は検討に値する。私が本書で述べてきたことも、根本的な方向性は同じだ。

第4章では、インターネット企業とユーザーの関係を封建的な関係と呼んだ。企業が封建領主さながらに一方的に優位に立ち、ルールはいつ変更されるかわからないからだ。利用規約は理解困難な法律用語で書かれ、企業側が気まぐれに内容を変更できる。歴史上の封建制は、まさにそういう制度だった。封建領主は農民たちに対して、みずからがあらゆる権利を握り、実質的な義務をほとんど負わない関係を押しつけていたのだ。中世のヨーロッパでは、中央集権国家と法の支配が登場して、封建制に欠けていた柔軟性がもたらされた。

1215年のマグナ・カルタは、統治者の正統性が臣民に由来するという考え方を謳った最初の近代的文書で、国王を法の支配に従わせた。マグナ・カルタ自体は、あくまでも国王に貴族に対して責任を負わせただけだったが、「人民の人民による人民のための政治」への長い道のりの最初の一歩になった。

18世紀、統治者の正統性が国民すべてに由来するという考え方をヨーロッパの国々が受け入れはじめた頃、力をもっていたのはトマス・ホッブスの政治思想だった。[84] 人々が権力と自由を君主に差し出し、その代わりに君主は人々に安全をはじめとするサービスを提供する——そんな考え方だ。これに対し、ジョン・ロックは、この関係が不公正でバランスを欠いていると批判し、政府の権威は「統治される者の同意」に由来すると主張した。[85] このロックの思想がイギリスの名誉革命、フランス革命、アメリカ独立革命を後押しし、フランス人権宣言とアメリカ合衆国憲法の権利章典（修正第1条〜第10条）につながっていく。

ジャーナリストでデジタル上の権利活動家であるレベッカ・マッキノンは、著書『ネットユーザーの同意』（*Consent of the Networked*）でこう述べている。[86]「まったく問題のない企業など存在しない。どんなに善良で高潔な王や女王にせよ、どんなに善良な独裁者にせよ、まったく問題のない君主が存在しないのと同じことだ。問題は、デジタル界の君主たちと私たちの間の社会的契約が、現在のところホッブス流の原始的な王政主義のレベルにとどまっていることだ。運よく善良な君主に恵まれたとしても、私たちはその息子なり、その後継者なりが邪悪な人物でないことを祈らなくてはならない。大半の人がそのような君主制をもはや受け入れないのは当然のことだ。私たちのデジタル上の生活を統制する社会的契約を更新し、ロック流の水準まで引き上げるべき時期に来ている。そうすることにより、私たちの個人情報のあり方と情報へのアクセスのあり方を、ネットユーザーの同意をもっと忠実に反映させたものにすべきである」

tions

21世紀の権力乱用者を縛ることを目的とする新しいマグナ・カルタは、このような内容のものにすべきだ。それに近い文書もいくつか登場している。たとえば、2009年におよそ100団体が署名した「マドリード・プライバシー宣言」[87]（資料5）はいまでも、現代において最も力強くプライバシーの権利を謳い上げた文書だ。

第15章 私たちができること

大勢の人が監視を避けようとすれば、それだけ安全が高まる。プライバシー強化技術が有効で、それを利用する人が多ければ多いほど、それを利用する人たちは安全になる。Ｔｏｒのような匿名サービスも大勢の人が利用するからこそ、全員の匿名性が守られるようになる。

監視は、テクノロジーの問題と法律の問題という2つの側面をもっている。多くの場合、私たちはテクノロジーを活用することにより、監視に対抗できる。データを守り、素性を把握されることを防ぐためのさまざまなプライバシー・匿名化テクノロジーがある。そうした対策に効果はあるが、テクノロジー企業に対して政府の秘密命令が発せられれば機能しない。したがって、私たちはテクノロジーを利用するだけでなく、政治的な戦いもおこなう必要がある。

一方、政治的な解決策は、集団行動が必要とされ、効果が原則として一国内に限定される。それに対し、テクノロジーによる解決策は、効果が世界に及ぶ可能性をもっている。マイクロソフトがＯＳの「ウィンドウズ」にファイルのユビキタス暗号化技術を搭載したり、インターネットで用いられる技術の標準化を推し進めているインターネット・エンジニアリング・タスクフォース（IETF）がインターネット上のデータのやり取りをすべて初期設定で暗号化すると決めたりすれば、世界中のウィンドウズ利用者やインターネット利用者すべてがその恩恵を受ける。

政治的要因がテクノロジーによる解決策の足を引っ張ることもあるし、テクノロジー上の要因が政治的な解決策の足を引っ張ることもある。一方が他方より完全に上に立つことはない。そこで、私たちはテクノロジーと政治の両面で戦うことが必要だ。政府と企業だけに任せてはならない。私たちがすべきことは多い。

監視に対する防御をおこなう

コロンビア大学の法学者エベン・モグレンは、こう書いている。[1]「私たちは間違ったことをしない限り、監視をおこなう権力と私たちの間の伝統的な力のバランスを維持するために、あらゆることをする権利がある。私たちは、素性を隠す権利がある。コミュニケーションの内容を知られにくくする権利がある。監視者が理解できない言葉を使う権利がある。好きな場所、好きなとき、好きな方法で、他人と会う権利がある」。イヤホンをした警察官がそばに来たとき、場所を移して会話を続けるのは、私たちの権利だ。家の前に、カメラを搭載したFBIの車両が停車すれば、私たちは窓のブラインドを下ろす権利がある。

私たちが1人ひとり自分のデータを守り、監視をはねのけるために実行できることは、たくさんある。以下では、それをカテゴリーわけして説明しよう。[2]

監視を避ける

まず、監視を避けるために行動を変えるという方法がある。買い物をするときにクレジットカードではなく現金を使ったり、道路を監視するカメラの目を逃れるために、意図的にドライブルートを変更してもいいし、子どものフェイスブックページをつくらず、オンライン上で子どもの写真にタグづけをしないようにしてもいい。グーグル・カレンダーやウェブメール、クラウド・ストレージ・サービスを使わないのもいい。インターネット検索をするときは、検索履歴を残さない検索エンジンである「ダック・ダック・ゴー」を使うこともできる。なるべく携帯電話を持たずに外出してもいいだろう。不便かもしれないが、これは追跡を避けるための手軽な方法だ。もっと言えば、中国やロシアのような国を訪れるときは、コンピュータと携帯電話を置いていき、インターネットに接続していない機器だけを使ってみる。

　検知アルゴリズムを作動させないように注意して行動することにより、自動監視システムの対象になることを避けるという方法もある。送金する際に、金融機関が当局への届け出を義務づけられている金額を超えないようにしたり、ある種のテーマについて電子メールで論じないようにしたりしてもいい。自動監視が当たり前の中国では、メッセージを紙に書き、それを写真に撮ってインターネット経由でやり取りする人もいる。自分を狙い撃ちにして監視されれば、こんな対策では意味がないが、自動監視はこれでだいぶ難しくなる。とくに問題にされることのない画像ファイルのなかにメッセージを隠す「ステガノグラフィー」と呼ばれる手法も、この発想に基づくものだ。

監視を遮断する

これは、私たちが自分を守るうえで最も重要な対策だ。国家安全保障局（NSA）は、ほかの国の情報機関すべてを合わせたより多くの予算を擁しているといっても、別に魔法を使えるわけではない。言うまでもなく、アメリカ以外の国の情報機関も魔法使いではない。経済学と物理学と数学の原理を活用すれば、監視を遮断する有効な手立てを得られる。大国の国家安全保障機関から監視の標的にされれば、どのような措置を講じても破られてしまうが、標的を絞らない大量監視は、データに簡単にアクセスできてはじめて成り立つものだ。そこで、監視者に標的を絞らざるをえなくさせることが有効な防御策になりうる。監視者は、私たち全員を標的にできるほどの予算はもっていないからだ。

プライバシー強化技術[3]（PET）は、大量監視を遮断する役に立つ。そのために利用できるテクノロジーには、さまざまなものがある。たとえば、手軽に使えるブラウザ・プラグインを用いれば、どのウェブサイトが来訪者のインターネット閲覧状況を追跡しているかを明らかにしたり、そのようなサイトへのアクセスを遮断したりできる。「ライトビーム」「プライバシー・バジャー[4]」「ディスコネクト」「ゴースタリー」「フラッシュ・ブロック」などがその例だ。[5] なお、ブラウザのプライベート・ブラウジング機能[6]は、履歴を残さずにインターネット閲覧をするためのものだが、注意すべき点がある。この機能は、ブラウザ上にデータを残さないだけにすぎない。ポルノを見ていることを配偶者に知られないようにするには有効だが、オンライン上での行動の追跡を防ぐ効果はないのだ。

　最も重要なプライバシー強化技術は暗号化だ。マイクロソフトの「ビットロッカー」[7]やアップルの「ファイル・ボールト」[8]を利用すれば、ほとんど手間をかけずに、それどころか、この機能が作動していることを意識することすらなく、ハードディスクを暗号化できる（私は「トゥルー・クリプト」[9]というソフトウェアを推奨していたが、同ソフトの開発者は２０１４年、唐突に更新の終了を発表した。その理由ははっきりわかっていない）。オンラインチャットの暗号化[10]であれば、「オフ・ザ・レコード」のようなプログラムがある。使いやすいうえにセキュリティも強力なプログラムだ。「クリプトキャット」も検討に値する。クラウド・ストレージ・サービスを利用する場合も、暗号化をおこなっている業者を選ぶべきだ。私の好みは「スパイダー・オーク」だが、同様のサービスはほかにもある。音声メッセージの暗号化に関しては、「サイレント・サークル」「Ｔｏｒフォン」「レッドフォン」「ブラックフォン」などが役に立つだろう。「ＰＧＰ」のような電子メール暗号化ソフトウェアを使ってみるのもいい。いまではグーグルのＧメールも、転送過程全体での暗号化を選べるようになっている。[11] 前述のように、分類と検索の利便性は一部失われるが、プライバシー向上の代償と考えれば悪くないかもしれない。

　ＴＬＳ[12]（旧ＳＳＬ）は、ウェブ閲覧の際にやり取りされるデータの一部を暗号化する仕組みだ。ＵＲＬが「http.」ではなく「https」で始まるウェブサイトにアクセスしているときは、目に見えない場所で自動的にＴＬＳによる暗号化がおこなわれている。このような接続の仕方を選べるウェブサイトは多いが、初期設定でこれを利用するようにはなっていない。可能なときはつねにこの接続方法を選ぶようにしたければ、「HTTPS Everywhere」[13]というブラウザ・プラグインを用いればいい。

以上に挙げたのは、あくまでも一部の例にすぎない。このテーマを深く論じようと思えば本を1冊書かなくてはならないし、そもそも本の情報はすぐに古くなってしまう。テクノロジーはつねに変化しているからだ。インターネットにアクセスして、評判のいいテクノロジーやサービスを探してほしい。[14]

ただし、読者に無理を言うつもりはない。プライバシー強化技術の多くは、一般読者の技能では実践するのが難しい。とくに、電子メール暗号化の「ＰＧＰ」は煩雑を極める。[15]最も有効な暗号化ツールは、「HTTPS Everywhere」やハードディスク暗号化プログラムのように、ユーザーが意識しなくても作動するタイプのものだ。第14章では、企業がユーザーのデータを守るために実践している対策のいくつかを紹介した。ユーザーに見えないところで実行されている取り組みは、ほかにも多い。インターネットの世界のルールづくりを担っている団体の数々は、[16]政府の監視活動に強く反発しており、オンライン上での暗号化をさらに標準化させようと努めている。選択肢が日々充実していることを願いたい。

一方、暗号化によっては守れないものも多いことを忘れてはならない。グーグルは、初期設定でユーザーのGメールへの接続を暗号化し、同社のサーバー上や同社の世界中のネットワーク上で電子メールを暗号化しているが、同社はユーザーの電子メールをデータ分析しており、暗号鍵のコピーをもっている。ＳＮＳに送信するデータにも、同じことが言える。

また、大半のメタデータは暗号化できない。電子メール本文のメッセージ内容は暗号化できても、発信者と宛先の情報は暗号化できないのだ。電子メールが届けられるためには、その情報が必要だからだ。携帯電話の音声通話の場合も、通話内容は暗号化できるが、相手の電話番号、自分の所在地、携帯電話の識別番号は暗号化できない。オンラインショッピング・サイトに、クレジットカードのデータを暗号化して送ることはできる。しかし、購入した商品を送ってもらうためには、住所と氏名を教えないわけにいかない。

それに、暗号化をしても、犯罪者や政府によるハッキングは防げない。ハッキングは大量監視ではなく、標的を絞った監視である場合が多いからだ。つまり、暗号化はデータを守るための重要な手段ではあるが、それですべて問題が解決するわけではないのだ。

ウェブ閲覧の匿名性を守りたければ、現状ではブラウザの「Ｔｏｒ（トーア）」を使う。使い方は簡単だし、わかっている限り匿名性も守られている。ほかにも、さまざまなプロキシサーバー[17]（アクセス元を秘匿するために代理でアクセスするコンピュータ）を使うことにより、監視と検閲を回避する方法がある。Ｔｏｒを使ってファイルを匿名で送信できる「オニオンシェア[18]」というプログラムもある。一部の敵に対しては、プロキシが匿名性を守るための有効な手段になりうるのだ。

もっとローテクな監視遮断方法もある。必要がないときはスマートフォンの位置情報サービスをオフにしたり、どのアプリに位置情報などのデータにアクセスさせるかをよく考えて判断したりするのも有効な対策だ。公開のウェブサイトに、個人が特定できるようなデータを書き込まないように気をつけることもできる。エドワード・スノーデンは、香港ではじめてジャーナリストたちと面会したとき、携帯電話をすべて冷蔵庫[19]に入れさせた。遠隔操作で盗聴装置として用いられることを防ぐために、無線信号を遮断するのが狙いだった。

監視は、驚くほど簡単に遮断できる場合もある。コンピュータのカメラの上にシールを貼れば、遠隔操作により写真を撮られることは防げる。封書を送るときに差出人住所を記さないようにすれば、郵便局に与える情報を減らせる。人を雇って自動車のすぐうしろを歩かせれば、ナンバープレートが自動的に撮影されにくくできる。これは、イランのテヘランの人たち[20]が実践していることだ。ときには、単に「ノー」と言うだけでも目的を達成できる。書類への個人データの記入を断ったり、お店で電話番号を教えることを拒んだりすることも有効だ。

ただし、監視の遮断に有効な方法のなかには法律に触れるものもある。たとえば、自動車のナンバープレートをなにかで覆うことは法律上許されない。お面を被って町を歩くなど、社会生活を送るうえで不適切な方法もある。方法によっては、奇妙な外見になることを覚悟しなくてはならない。監視カメラによる顔認識を妨げるために顔に絵具をペイントしたり[21]、ドローンによる監視を難しくするために特殊な服装[22]をしたりするようなケースだ。

監視を混乱させる

私は、ブラウザをシャットダウンするたびにクッキーをすべて削除する設定にしている。これにより、1日に数回はクッキーを削除することになる。これでも監視を受けることに変わりはないが、監視データが断片的なものになり、それを私に結びつけることがずっと難しくなる。オンライン上で私を狙い撃ちにした広告につきまとわれることは避けられる。スーパーマーケットチェーンのセーフウェイで買い物をするときは、友達の会員カードを使う。その友人に対する店の監視を混乱させるためだ。

こうした手法は、「データの難読化」[23]と呼ばれる。具体的な方法は、頭を使えばいくらでも見つかるだろう。小売店の会員カードを友人や隣人と交換してもいいし、異性が身に着けるような服装をする手もある。コリイ・ドクトロウの2008年の小説『リトル・ブラザー』の主人公は、歩容認識カメラを欺くために、靴のなかに大きな石を入れて[24]、歩き方が変わるようにしていた。

大勢の人が監視を避けようとすれば、それだけ安全が高まる。これは、葉書と封書の関係を考えれば理解できる。ほとんどの人が葉書を使えば、わざわざ封書でメッセージを送る少数の人は疑いの目で見られてしまう。それに対し、大多数の人が封書を使えば、本当にメッセージを秘密にしたい少数の人が封書を使っても目立たない。同じことは、Ｔｏｒのような匿名サービスにとくに当てはまる。大勢の人が利用するからこそ、全員の匿名性が守られるのだ。

フェイスブックでわざとでたらめな人名を検索して、本当は誰と知り合いなのかをわかりにくすることも可能だ。実際、それを実践している知人がいる。うまくいけば、これは部分的な解決策になりうる。データ分析の精度は、シグナル（有益な信号）とノイズ（雑音）の割合に大きく左右されるので、ノイズを増やせば、分析の精度を下げる効果が期待できるのだ。

ウェブ上の入力フォームに嘘を記入したり、尋ねられたときに嘘の情報を述べたりする方法もある（子どもたちは、いつもそれを実践している）。消費者の行動を追跡することが一般化するずっと前から、家電量販店チェーンのラジオシャックは、顧客に住所と電話番号を尋ねていた。私は、最初は教えるのを断っていたが、どうにも気まずい。[25] そこで、「郵便番号20755、メリーランド州フォートミード、サベッジ・ロード9800」という住所を教えるようになった。これは、NSA本部の所在地である。以前、この話を友人にしたところ、その友人は「ワシントンDC、ペンシルベニア・アベニュー1600」という住所（ホワイトハウスの所在地）を教えているとのことだった。それでも誰も気づかないという。

別名でクレジットカードをつくることもできる。これは、別にいかがわしい行為ではない。カード会社に頼んで、自分の銀行口座を引き落とし口座にした2枚目のカードをつくってもらえばいいのだ。小売業者が身分証明書を要求しない限り、そのカードで買い物ができる。

監視を欺く行為は、たまに実行するからこそ効果がある場合もある。モロッコの活動家グループに関する話が印象的だ。モロッコでは、携帯電話を持ち歩いていないことが知られると秘密警察に尾行され、ときには暴行されることもあった。携帯電話を所持していれば、そういう目にはあわなかった。それなら、普段は携帯電話を持ち歩き、本当に自分の行動を隠したいときだけ、携帯電話を家に置いて出かければいい。敵の情報収集経路を完全には閉ざさないことにより、みずからが敵を欺く道を残せる場合もあるのだ。

監視を打ち破る

監視に用いられているテクノロジーの種類によっては、監視システムを破壊できる場合もある。道路上で自動スピード違反探知機の電源コードを物理的に切断することもできるし、監視カメラにスプレー塗料を吹きかけることもできる。ある程度のスキルがあるハッカーなら、インターネット監視システムを無能力化したり、監視データベースを消去もしくは改竄《かいざん》したりすることも可能だ。ただし、以上のような行為はことごとく法律違反だ。

監視を打ち破る手法のなかには、簡単なものもあれば、難しいものもある。それに長けた人もいれば、そうでない人もいる。ウェブ上の入力フォームに嘘の情報を書き込む人は多いが、グーグルが自分について集めている情報を混乱させるために、わざとでたらめなことを検索してみる人はほとんどいない。これを実践している人は、私の知人でも1人だけだ。この類いの行動の多くは、社会的、時間的、金銭的コストをともなう。つねに神経質に振る舞うことの心理的負担も大きい。それに、私は小売店の会員カードをほとんど使わないので、安く買い物をする機会を失っている。私はGメールも使わないし、ウェブ経由で電子メールにアクセスすることもしない。フェイスブックに個人ページもつくっていないので、友達とつながるチャンスをいくらか得そこなっている。その反面、携帯電話は持ち歩いているし、航空機のマイレージは貯めている。ということは、携帯電話会社や航空会社には追跡を許していることになる。どのような線引きをするかは、1人ひとりが自分で決めればいい。[26] プライバシーは重要だ。それを失わないために、私たちは自分のもっている権利を行使しなくてはならない。誰もがそのために可能なことをすべきだ。そして、データの行き先が信頼できるという確証がない限り、ばかげたオンライン・アンケートの類いに回答するのはどうかやめてほしい。

政府による監視を助ける

政府の監視活動を助ける――という提案は、本書の内容を考えると唐突に思えるかもしれない。でも、まずは先を読んでほしい。

法執行機関によるものにせよ、情報機関によるものにせよ、政府の監視活動には正当なものもある。この点は認めなくてはならない。そうした正当な監視は支援すべきだ。政府機関がプライバシーを侵害したり、セキュリティを危うくしたりせず、そして人々が不当に疑われたり見張られたりしない権利を侵すことなく、任務を果たすための方法を充実させる必要がある。法執行機関に犯罪捜査の新しい方法を与えられれば、捜査のためにセキュリティを弱体化したいとは言わなくなるだろう。

地政学的な紛争は、今後もけっしてなくならない。[27] 対外情報収集活動は、そのような紛争に対処するうえで替えの利かない道具だ。本書執筆時点で、ロシアはウクライナとの本格的な戦いに備えて軍隊を集結させており、中国は東シナ海で日本と韓国に対して弱い者いじめをしている。ウイグル族のテロリストは中国の漢民族を殺害しているし、イスラエルはパレスチナ自治区のガザを攻撃している。カタールとトルコはそのパレスチナを支援しており、アフガニスタンは混沌状態に陥っている。リビアでは内戦が激化し、エジプトでは独裁が復活し、イランは核開発プログラムを再開させたように見える。西アフリカではエボラ出血熱が猛威を振るい、北朝鮮はミサイル実験をおこなっている。シリア政府は自国民の命を奪い、イラクの多くの地域は、イスラム教徒を称する過激派組織のＩＳＩＳ（「イスラム国」）に支配されている。このほかにも、ニュースで大きく取り上げられていない問題がたくさんある。本書が読者の手に届く頃、ニュースを騒がせる問題の中身は変わっているだろうが、ことの深刻さは変わらない。はっきり言えるのは、ホワイトハウスのなかに、さまざまな脅威に関するＮＳＡの情報収集を最小限に縮小するよう主張する人物はいないということだ。実際、そんなことはすべきでない。

また、多くの国の政府は、サイバー攻撃への恐怖心をいだいている。たいていは過剰反応だが、真の脅威が存在することも事実だ。そうしたサイバー攻撃に対する防衛は、典型的な集団行動の問題に足をとられている。サイバー空間のインフラの多くは民間が保有しているが、大規模なサイバー攻撃によるダメージは社会全体に及ぶ場合が多い。このような状況下では、長い目で見て民間企業がサイバーインフラを適切に守るとは当てにできない。そこで、なんらかの形で政府の関与が必要となる。２０１３年、ＮＳＡのキース・アレキサンダー[28]長官（当時）はこう述べた。「すべてのネットワークに入れない限り、私たちが国を守ることはできない」。

これがワシントンのアメリカ政官界では当たり前の考え方だ。

私たちは、NSAにどの程度ネットワークを監視してほしいか判断するだけでなく、NSAがすべてのネットワークに侵入したいと思わずにすむように、NSAを助けることも必要だ。敵対国やテロ組織、国際犯罪組織のデータを収集する新しい方法を政府に与えられれば、本書で詳述してきたような極端な情報収集の手段を実行する必要性は小さくなる。新しいアイデア、新しい手法、新しいテクノロジーが求められる。率直に言って、どのような解決策がありうるのか私にはわからない。しかし、両極端ではない中間の道があるはずだ。私たちは、それを探さなくてはならない。

その責務は、すべての人に課されているわけではない。産業界と学界、そしてテクノロジーに精通していて、それに関わる活動をしている人たちの役割だ。しかし、それは重要な課題であり、情報機関と法執行機関に任せておくわけにはいかない。NSAなどの機関にプライバシーを守らせたければ、私たちがそうした機関に新しい方法を与え、情報収集の使命を果たせるようにする必要がある。

味方と敵を選ぶ

法律は、一定の地理的境界の範囲内で適用される。これは、人類の歴史のほとんどの時期を通じて非常に理にかなっていた。しかし、インターネットの世界ではあまり理屈に合わない。

インターネットは、きわめて国際的な性格が強いものだからだ。

あなたは、暮らしている国の法律に従う。これは言うまでもない。しかし、オンライン上ではそう単純でない。[29] あなたは、ハードウェアメーカーの所在地、ソフトウェアメーカーの所在地、クラウドベースのアプリケーション業者の所在地の法律に影響を受ける。さらには、あなたのデータの所在地、そしてデータがインターネット上を移動する際に通過するすべての国の法律にも影響を受ける。

たとえば、米国愛国者法はアメリカ企業に対して、要請があった場合にアメリカ政府にデータを提出することを義務づけている。そのデータがどこに保管されていようと関係ない。あなたがフランス在住のフランス人で、マイクロソフトがあなたの電子メールのデータをすべてアイルランドのサーバーに保管しているとしよう。このようなケースでも、マイクロソフトはあなたのデータを提供する義務を負うと、アメリカ政府は主張する。[30] マイクロソフトがアメリカの企業だからだ。イギリス政府[31]も、同じようにデータにアクセスすることを望んでいる。

私たちは選択をしなくてはならない。

どの国を信頼してデータを託すか？　どの企業にデータを託すのか？

企業の「悪さ」の度合いは、会社によってまちまちだ。電子メール、カレンダー、アドレス帳のサービスは、グーグルも、アップルも提供している。両社とも、政府による一括収集からはあなたのデータを守っているが、法律に基づいて要求されれば、多くの国の政府にデータを提供している。そして、グーグルは、政府の監視からユーザーを守る体制を強化すべく大々的な取り組みを始めているが、同社はユーザーのデータを収集して広告に利用している会社でもある。一方のアップル[32]は、顧客のプライバシーを守ることをビジネスモデルにしている。

あなたは、ユーザーのデータの扱いに関して制約を受けず、しかもＮＳＡとＦＢＩの法的要請に従わざるをえないアメリカ企業を信頼するのか？　それとも、企業による監視活動は厳しく規制されているが、ヨーロッパとアメリカの両方の政府から無制約の監視を受け、データが国境を越える可能性をもつヨーロッパの企業を信頼するのか[33]？　ＮＳＡのバックドアが心配だという理由でシスコシステムズのネットワーク機器を買わないとすれば、どの会社の製品を買うのか？　中国のファーウェイ（華為技術）の製品を買うのか？　第4章では、私たちとハイテク企業の関係を封建制度になぞらえた。あなたは、どの封建領主をましと考えるのか？

このような検討をどこから始めるべきかは難しい。クラウド・コンピューティングの時代には、自分のデータを実際に保管しているのがどの企業なのかわからないことも多い。オンライン旅行会社のオービッツがアトラシアン社のサービスを利用し、アトラシアンがラックスペース社のサービスを利用しているといったケースもある。この場合、オービッツのユーザーは、自分のデータがどこにあるか把握できているだろうか？

私たちは、自分のデータがどこに保管されているかを知り、どの国にデータを保管されたいか、どの国にデータを送られたくないかを指定できるようになるべきだ。それが実現するまでは、自力でできる範囲で最善を尽くすほかない。そして、自分のデータがどの国に保管されているかを把握できていない場合がほとんどだという現実を認識しておくことも必要だ。

一方、政府による監視に関しては、残念ながら、ほかの多くの国の政府に通信を傍受されるくらいなら、アメリカ政府に傍受されるほうがましだと言わざるをえない。

政治的変革を呼びかける

欧州司法裁判所[34]は2014年、電子メールと電話通話に関するデータを最大2年間保存するよう通信事業者に義務づけたEU指令を破棄した。これを受けて、イギリス政府は新しい国内法[35]を急遽成立させることにより、通信企業にデータ保存を改めて義務づけ、警察に市民を監視する権限を新たに与えた。醜悪な政治的突貫工事[36]と言わざるをえないが、興味深いのは、法律の正当性を主張するデーヴィッド・キャメロン首相（当時）がラジオ演説で語った言葉だ。「テロ攻撃が起きたあとで、それを防止するために打てた手がもっとあったのに、と国民に言うような首相になるつもりはない」

恐怖を前面に押し出した主張だが、キャメロンがいだいていた恐怖は、テロリストに対する恐怖ではない。それは、テロ攻撃を受けたときに非難されることへの政治的恐怖だ。職業政治家は、十分な対策を講じなかったと非難されるのを避けるために、あらゆることを実行しようとする。コストも関係ないし、それにより実際に安全が高まるかも関係ないし、どのような弊害が副作用として生じるかも関係ない。9・11後のテロ対策の大半と、NSAによる大量監視プログラムの多くは、そうした政治的恐怖の産物だ。テロ防止のために打てる手がもっとあると情報機関が考えているとき、その措置をすべて実行しなければ国民から非難されると、政治家は恐れているのだ。

私たちは政治家を、さらにはほかの有権者を説得しなくてはならない。政治家に求められるのはあくまでも正しい措置を講じることなのだ、と。

前章で挙げた解決策の大半は、政府が既存の法律を徹底すること、もしくは法律を変更することを必要とするものだ。基本的には、いずれも国民が要求しなければ実現しない。政治家はこの種の議論に消極的だ。政府の監視活動に対して実効性のある制約を課すことには、いっそう腰が引けている。立法機関は概して法執行機関の要望を尊重するし、監視機関と産業界の織り成す巨大な複合体は、みずからの主張を通すために強力なロビー活動体制を築いている。それに、誰だって犯罪やテロに弱腰だと言われたくはない。しかも、アメリカの情報機関が法を犯していたことが明るみに出ても、投獄されるのは、それを内部告発した人物のほうなのだ。

産業界でもロビイスト集団が奮闘し、企業の監視活動を実質的に制約するような改革を阻んでいる。自由市場の原則を盾に、規制を課すべきではないと主張してきたのだ。警察と国家安全保障機関も、企業に私たちのデータを集めさせ、それを企業経由で入手できる状態を維持したいと考えている。

議員たちに、軍と法執行機関、そして大勢のロビイストを擁する企業（私たちを監視してみずから利用するほか、政府の要請に応じてデータを提供している）がもつ強大な力にノーと言わせたければ、私たちがそれ以上に強力な存在にならなくてはならない。そのためには、私たちが政治のプロセスに関わる必要がある。この点に関しては、3つの提案をしたい。

1 監視に気づく

これが最初の一歩だ。多くの場合、監視は目に見えにくい場所で実行されているが、完全に目に見えないわけではない。カメラのサイズは非常に小さくなったかもしれないが、ほとんどのものは、注意して見れば見えないことはない。お酒を買うときに年齢証明書を提示したとき、誰かがそれをスキャンしていないか気をつけることも忘れてはならない。クッキーを監視するためのブラウザ・プラグインをインストールして、どのような企業がオンライン上で自分を追跡しているか確認することもできる。監視活動に関するニュースに関心をもつことも大切だ。監視カメラの設置場所[37]を特定しているウェブサイトもある。多くのことを知れば知るほど、監視活動の実態が見えてくる。

2 監視について語る

次のステップはこれだ。私たちが監視について語れば語るほど、多くの人が監視の実態を深く知り、いっそう監視を気にするようになる。また、公の場所で監視について語れば語るほど、政治家たちは私たちが監視を気にしていることを知る。

私たちにできることは多い。家族や友人、同僚と話そう。SNSでもっぱらこのテーマについて投稿するような鬱陶しい人間になる必要はないが、興味深い記事があれば拡散しよう。

集会に参加したり、請願書に署名したりしよう。地元選出の政治家に手紙を書こう。本書を買って、友達に配ってくれてもいい。自分の意見をはっきり表明すること。それが大切だ。

自国の法律について語ろう。あなたの国では、どのような監視活動が政府に許されているのか？ 企業はどのようにそれに協力しているのか？ 企業には、どのような監視が法律上許されているのか？ 人々は、プライバシー強化技術の利用に関してどのような権利をもっているのか？ こうしたことを調べてみよう。

スノーデンが暴露したNSAの監視活動のなかには、最も妄想癖の強い陰謀論者の主張すら常識的に思えるくらい、常識をはるかに逸脱したものも含まれていた。私たちはうっかりすると、そうしたことをすぐに忘れ、再びのんきに日々の生活を送るようになる。そうならないためには、監視活動の詳細な実態を議論し続けなくてはならない。

3 政治的に結束する

これが最も強力な戦略だ。人々が結束して監視に異を唱えた例は、近年いくつもある。韓国の教師[38]たちが新しい生徒データベースの作成に対して、ドイツの消費者[39]が無線ICタグ搭載ショッピングカートの導入に対して、フェイスブックのユーザー[40]が新しい利用規約に対して、アメリカの旅客便利用者[41]がフルボディ（全身透視）スキャナーに対して抵抗したのは、その好例だ。こうした運動が実を結ぶ場合ばかりではないし、成果も十分とは言えないが、多くの人が足並みをそろえて行動することの意義は、強調してもし足りない。私たちは、この問題を全員に共通する問題と位置づけ、全員のために解決を目指すべきだ。

本書は政治運動がテーマではないし、政治的変革の機運を高める方法を助言するなら、私よりずっと適任の人物がいる。それでも、選挙だけが政治ではないという点は、指摘しておきたい。政治は継続的なプロセスだ。私たちは選挙で投票するだけでなく、日頃から議員に意見を届けたり、抗議活動に参加したり、関連の非営利団体に寄付したりといった行動も取らなくてはならない。電子フロンティア財団、電子プライバシー情報センター、民主主義・テクノロジー・センター、プライバシー・インターナショナル、オープン・テクノロジー研究所といった団体は、プライバシーの拡大と監視の縮小に向けて戦っている。こうした団体を支援しよう。世界の多くのことに関して私たちはなにもできないが、変化を後押しできる分野もある。まずはできる分野から始めて、次第に変化を広げていけばいい。世界規模の変革[42]は、そのようにして実現するものなのだ。

諦めない

諦念は変革の宿敵だ。政府と大企業はあまりに強力だし、多数の政治家は政府と企業の力を抑制したいと思っていないので、現状を変えることなんてできない――。すでにあらゆる場で大量監視が実行されているので、抵抗しても無駄だし、そんなことをすれば目をつけられるだけだ――。こんな諦めの気持ちをいだきやすい。

こうした考え方は正しい部分もあるが、導き出している結論は間違っている。質の高いコンピュータ・セキュリティを導入し、暗号化を広く普及させれば、大量監視を難しくできる。利用する企業を選ぶとき、プライバシー・ポリシーの充実度を基準にすれば、好ましいプライバシー・ポリシーを設ける企業が増えるだろう。それに、人々が政治的に結束すれば、変革を実現するうえで大きな力をもちうる。ビッグデータへの心酔と、テロに対する度を越した恐怖心は、いずれ和らぐ。いつかは、インターネット上で政府と企業の力を制約する法律ができる。

本書で提案しているような大がかりな政策転換は、一筋縄では実現しない。しかし、歴史上の大規模な政策転換はことごとく、最初は達成不可能に見えた。大変革とはそういうものなのだ。だから、政治的変革を求めて戦い続けなくてはならない。勝利を収めるまで戦いを続けるべきだ。その道のりの途中では、いくつもの小さな勝利を手にできるだろう。

数の力は無視できない。世論の声が高まれば、次第に政府と企業も対応せざるをえなくなる。ジョージ・オーウェルの小説『1984年』に描かれたような専制国家や、数多くのディストピア的なサイバーパンクSF小説に描かれているような企業に支配された国家を生み出すことは避けたい。このいずれかの結末がすぐ近くに迫っているとは言わないが、私たちの社会はこの2つの方向に向けて進んでいる。それにブレーキをかけなくてはならない。

第16章

新しい社会規範

私たちは、個人としても社会全体としても、つねにさまざまな価値のバランスを取ろうとしている。完璧なバランスは実現できない。重要なのは、バランスを取るプロセスに私たちが意識的に関わることだ。現実には、利害に突き動かされた政府や企業がバランスの取り方を決めている。

ここまで3つの章では、実現すべき変革をいくつも挙げてきた。政府の変革と企業の変革と個人の行動の変革である。そのなかにはテクノロジー面の変革も含まれるが、多くは新しい法律を、そこまで行かなくても政策の変更を必要とする。現状では、実現可能性の乏しいものが多い。少なくともアメリカではそうだ。この国では、まだ過半数の国民がこれらの変革を望むようになっていない。それ以前に、国民の意思がそのまま法律に反映される状況にもない。

ほとんどの人は、プライバシーの詳細が企業に知られ、利用されているかどうかを気にしていないように見える。そして、信頼できる政府による監視が自分たちの安全を守るうえで欠かせないと思っているようだ。大半の人は、いまでもテロを過剰に恐れている。その一方で、政府と民間企業がどの程度の監視能力を擁しているかを理解しておらず、実行されている監視の規模を過小評価し、政府による大量監視が安全を守るのにそれほど役立っていないことを知らない。そして、無料の電子メール、ウェブ検索、友達とのオンラインチャットのために、秘密性の高い個人データをいそいそ差し出している。

ヨーロッパの事情はやや違う。政府による監視はさておき、企業による監視はアメリカより厳しく規制されている。それでも、ほとんどの側面について世論の心理はアメリカと大差ない。

実効性のある政治的変革を起こすためには、社会規範の一部を改める必要がある。私たちは、大々的な監視の実態を知り、その結果として巨大な権力集中が起きていることを知るべきだ。そうすれば、大半の人は「この状況は問題だ」と思うだろう。私たちは政治的決意を奮い起こし、政府の法執行機関と安全保障機関、民間の政府契約受注企業と監視産業と戦わなくてはならない。そのためにはまず、プライバシー、セキュリティ、自由、信頼、この議論を左右するいくつかの概念について、社会の考え方と価値観を大きく変える必要がある。

しかし、それは容易でない。世論は現実を追認する傾向がある。私たちは、現状を受け入れる達人だ。その現状がどういうものであろうと、どんなに歴史が浅いものであろうと、そのような傾向が見られる（驚きを禁じえないのだが、今日のような監視が実行されはじめてまだ20年に満たない）。私たちは「パノプティコン（一望監視施設）」に慣れはじめている。そのことは、人々が肩をすくめて「しかたないよ」と言うとき、くっきり浮き彫りになる。その縮図と言うべきなのは、フェイスブックでユーザーのプライバシーが縮小されたときの人々の反応だ。最初は文句を言うけれど、すぐに慣れてしまう。

以下で論じることは、すべて私たちの姿勢の変革に関わるものだ。監視社会を乗り越えたいのであれば、これらの点について私たちの感情と思考を変えなくてはならない。

恐怖を再考する

米国愛国者法が大統領の署名を得て発効したのは、2001年10月26日。この年の9月11日に世界貿易センタービルと国防総省ビルがテロ攻撃を受けて、わずか45日後のことだった。これは、警察や情報機関やその他の政府機関の要望をそっくり盛り込んだような法律で、上下両院でろくろく審議もされずに、圧倒的大多数の賛成で可決された。採決前に法案をよく読んだ議員はいなかった。[1] 議員だけではない。国民のほぼ全員[2]がこの法案の成立を望んだ。法案になにが書かれているかを把握してもいなかったのに。

2014年のシンポジウムで、[3] 広告代理店M&Cサーチのティム・ダフィー会長兼CEOは、プライバシーの重要性を訴えるメッセージをより説得力あるものにする必要があると主張し、「(監視を許すかどうかの)線引きはそれでいいのか？」というキャッチコピーを提案した。しかし、人々がテロに脅えていれば、[4] 線引きは多くの監視を容認するものになるだろう。ハーバード法科大学院のジャック・ゴールドスミス教授[5]によれば、国民が脅えている状況では、議会の監督を強化すればするほど、国家安全保障局（NSA）の権限が拡大する結果を招くという。

恐怖は、プライバシーを押しつぶす。[6]テロへの恐怖は、専制政治への恐怖を押しつぶす。強い恐怖は、[7]本書で挙げてきた懸念すべてを押しつぶす。ここで言う恐怖とは、国民にとっては次のテロ攻撃への恐怖だ。政治家にとっては、それに加えて、テロを防げなかったと非難されることへの恐怖もある。いずれにせよ、恐怖心であることに変わりはない。前章で紹介したデーヴィッド・キャメロン首相の発言を思い出してほしい。大量監視がテロの脅威に対して効果が乏しいという明白な事実を政府機関当局者にぶつけると、同様の発言がたびたび返ってくる。いわく、確かに大量監視は成果を生んでいないが、それは保険のようなものだという。政府関係者は、標的を絞り込んだ監視がうまくいかない場合があることを知っていて、大量監視がそのバックアップ機能を果たせると期待しているのだ。実際には、そのような効果を発揮できる確率は低いのだが、国の安全を守るために、そして自分たちの職を守るために、[8]できることはすべて実行すべきだと思っているのである。

脅威の大きさがどうあれ、大量監視は有効な対策になりえない。効果があるのは、警察と情報機関による従来型の活動だ。有効性の有無を度外視して「なにか対策を打つ」ことを望む衝動は抑えなくてはならない。

人々の恐怖心を煽り続けることは、[9]ある人たちにとっては大きなメリットがある。情報機関は人々の恐怖心がみずからの権力と影響力の基盤だとよく知っているし、政府契約受注企業も自社に流れる政府予算の源が人々の恐怖心だと知っている。著述家でインターネット活動家のクレイ・シャーキーが指摘するように、[10]「組織は、みずからが解決する任を負っている問題を存続させようとする」ものなのだ。この場合は、人々の恐怖心を存続させようとするのだ。

恐怖心は、日々のニュースによっても煽られている。恐ろしい犯罪やテロ攻撃が起きたとき、その前にアメリカ連邦捜査局（FBI）や国土安全保障省がフェイスブック内のデータやiPhone内に暗号化されているデータにアクセスできていれば事件を防げたはずだという話が出てくると、国民は疑問の声を上げる――どうして、FBIや国土安全保障省はそのデータにアクセスすることを許されなかったのか？　よく使われる表現を借りれば、どうして「点と点を結ぶ」ことができなかったのか、というわけだ。このような世論を受けて、法執行機関や情報機関の権限を拡大する法律がつくられる。[11] ゴールドスミス教授はこうも述べている。[12]「政府は、国家安全保障上の脅威に完全に対応できるように権力を拡大していく（国民の要求にこたえるために）」

私たちは、安全を取り戻したと感じたい一心で、政府に私たちの自由を侵す白紙委任状を与えるのではなく、テロに対する感情面の反応をもっと適切にコントロールしなくてはならない。それができなければ、よく言われるようにテロリストの思う壺になる。政府の1つの役割は国民の安全を守ることだが、民主主義を守るためには、[13] ある程度のリスクを受け入れる必要もある。犯罪にせよテロにせよ、そのほかの脅威にせよ、安全に対するリスクを完全になくそうとすれば、その社会は警察国家にならざるをえない。そして、警察国家には犯罪やテロとは別の危険がある。

このような状況を生み出した責任は、政治家だけにあるわけではない。[14] メディアにも責任がある。めったに起きないけれど目を引くような出来事をことさら大きく報じる結果、テロが実際以上に頻繁に起きているような印象をつくり出し、私たちがテロを過度に恐れるように仕向けているのだ。また、メディアを通じて流布《るふ》されるプロパガンダを鵜呑みにしているとすれば、私たちも責任は免れない。

最新技術の登場で状況がすべて変わったという発想も見直すべきだ。9・11テロ直後、新しい法律の整備と警察権力の強化について議論していたとき、こんな言葉がよく聞かれた――「アメリカ合衆国憲法は、集団自殺[15]を定めたものではない」。この言葉には、人々の恐怖心が生み出す反応がよくあらわれている。そこに込められた意味は、よく解きほぐして検討すべきだ。この言葉を翻訳すると、こうなる。「法律をつくった人たちは、いま私たちが直面しているような事態をおそらく想定していなかった。したがって、法律が警察権力に課している制約、そして監視活動に対する禁止措置は、今日の私たちには適用すべきでない。目下の状況は特殊であり、法律の規定はすべて無視すべきである」。このような発想に陥る最大の理由は、テロリストの引き起こす打撃がきわめて大きなもので、旧来の法執行機関の手法と事後の訴追では十分に対処できないという思い込みにある。

この考え方は間違っている。現在の状況が特殊で、いま直面している試練が過去に類のないものなので、政府権力を抑制するための社会的な管理をことごとく無視すべきだという発想は、よく見られる心理的な誤りだ。エイブラハム・リンカーン大統領もこの誤りを犯し、南北戦争中に人身保護令状を停止している。ウッドロー・ウィルソン大統領は、第一次世界大戦直後に社会主義者と労働運動指導者を逮捕し、国外追放した。フランクリン・ルーズベルト大統領は、第二次世界大戦中に日系、ドイツ系、イタリア系のアメリカ人を収容所に送り込んだ。そして、冷戦時代にはマッカーシー上院議員の赤狩りがあったし、9・11テロ後にも同様のことが繰り返された。

しかし、私たちは脅威にさらされたとき、恐怖という反応を示さない場合もある。歴史を振り返ると、社会が安全を維持しようとしつつも個人の権利を手放さなかったケースもあった。ノルウェー[16]は2011年、アンネシュ・ブレイヴィークという男が77人を殺害したあとも、自由でオープンな社会という中核的価値観をおおむね維持している。「我々が恐れなくてはならないものは、恐れそのものだけである」と、ルーズベルト大統領も述べている。不屈の精神こそ[17]、テロに対する正しい反応なのだ。

アメリカにも希望はある。[18]アメリカ人は、つねにテロに対して恐怖に突き動かされた反応を示してきたわけではない。現代のアメリカ史をひもとくと、テロに立ち向かった大統領（トルーマン、アイゼンハワー、ニクソン、一部の時期のレーガン、ブッシュ父）は、テロを利用してスタンドプレーに走った大統領（カーター、一部の時期のレーガン、ブッシュ息子）に比べて、テロ対策でも、政治全般でも大きな成果をあげている。リスクを恐れずに、私たちの自由を守る「強い政治家」と、問題を解決できずに、代わりに私たちの自由を犠牲にする「弱い政治家」の違いをはっきり見極めなくてはならない。2001年の9月11日から、すでに10年以上。恐怖を乗り越え[19]、自由と正義というアメリカ社会の中核的価値に回帰すべき時期に来ている。その兆しはある。市民的自由と国家安全保障の二律背反の関係について、アメリカ人の考え方に大きな変化[20]が起きつつあるのだ。

プライバシーを再考する

私たち1人ひとりがプライバシーについてどう考えるかは、文化と状況によって変わる。[21]プライバシーの定義は、100年前と今日では違うし、今日と100年後でも違うだろう。アメリカとヨーロッパと日本とそのほかの国でも、それぞれ違う。[22]世代による違いもある。

今日、インターネットが私たちのプライバシー観をかつてなく大きく変えつつある。それは、インターネットの主たる用途の1つがほかの人について調べることだからだ。弁護士は陪審員候補のことを調べ、[23]求職者は会社の幹部のことを、企業の人事担当者は求職者のことを調べる。恋愛対象になりそうな人がいれば、初デートの前に相手のこと[24]をインターネットで検索する。この種の行為を表現する単語も生まれている。「グーグル・ストーキング[25]」だ。

オンライン上で、私たちは絶えず互いのプライバシーを探り、しばしばプライバシーを侵害し合っている。非常に不愉快な思いを味わわされる場合もある。インターネット上のやり取りは半永久的に残るので、誰かがあなたに不快な思いをさせる機会はきわめて多い。ある人に私信のつもりで送った電子メールでも、簡単に第三者に転送されてしまう（これは、子どもたちが日常的にしていることだ。内輪のチャットや写真やメッセージを他人に転送したり、SNSへのプライベートな投稿を見せ合ったりしている。数秒でメッセージやアプリを消去するアプリがティーンエージャーの間で人気になっているのは、これを避けたいからだ）。昔のウェブページは、いつまでも人々につきまとう。2010年には、内部告発サイトのウィキリークスの創設者、ジュリアン・アサンジ[26]が恋人探しサイトのOKキューピッドで昔作成したプロフィールページがほじくり返され、物議を醸した。

もっとひどいことに、インターネットで他人に恥をかかせたり、嫌がらせをしたりする人間もいる。リベンジポルノ[27]（たいていは、男性が元ガールフレンドのプライバシーを侵すような写真をインターネット上に投稿する行為）は、その極端な例だ。「逮捕者写真恐喝サイト」[28]は、この類いの行為を商売にしている。警察が撮影した逮捕者の顔写真は公的な記録だが、誰でも簡単に見られるわけではない。逮捕者写真恐喝サイトの所有者は、そうした写真を大量に入手し、誰でも見られるウェブサイト上に公開する。そして、写真の削除を望む人から金を取るのだ。恐喝にほかならないが、これを取り締まる法律はない。一部の地域で一部のケースが違法化されることはあっても、この種の行為がなくなることはないだろう。

私たちは、こうした状況への対処の仕方を見いださなくてはならない。誰もが高度な監視機器を入手できる今日、どういうときにそれを使用してはならないかという社会規範が必要とされている。私たちは、互いについて相手が望む以上のことを知るようになった。このような時代には、他人についてなにを知っているかを明らかにするか、知っていることを知らないふりをするかという点について、社会規範を確立しなくてはならない。これがデーヴィッド・ブリンの1998年の著書『透明社会』（*The Transparent Society*）[29]の主張だ。いま訪れつつある網羅的監視の時代に、私たちが適応すべきだというのだ。

インターネットは、ロックンロールの登場以来最も大きな世代間の意識格差を生み出した。前出のクレイ・シャーキーも述べているように、[30]ロックンロールが社会に多くの変化をもたらすという年長世代の予測は正しかったが、変化は予測ほど大きな害を生まなかった。人間は変化に適応する生き物だからだ。それと同じように、すべての人の誕生以来のすべての思考を記録した公開のデジタルデータが存在するようになれば、誰もがそれを当然のことと考えはじめる。テクノロジーの進歩により、他人を不当に非難した発言や恥ずかしいくらい陳腐な発言など、すべての発言が記録され、永久に保管される時代には、私たちはそれを前提に生きていくすべを学ぶほかない。

問題は、私たちが（少なくとも短期的には）適応することがあまりに得意だということだ。監視が当たり前の時代に育った人[31]は、そうでない世代より監視に抵抗を感じない。いまでは、子ども時代の学校への登校時に、身分証明書の確認[32]と金属探知機によるチェックを受けて育った世代もいる。職場で毎日、社員バッジの装着をチェックされている人もいるだろう。アメリカで旅客機を乗り降りする人の大半は、運輸保安庁の保安検査を受け入れている。いまでは、クレジットカード情報の大型窃盗事件のニュースを聞いても誰も驚かない。こうしたすべてを通じて、私たちはプライバシーの縮小に慣れていく。多くの基本的人権がそうであるように、プライバシーの権利は、失われてはじめてその価値に気づくことになる。それは不幸と言うほかない。いったん失われたプライバシーを取り戻すことは、きわめて難しいからだ。

このようにプライバシーがなし崩しに奪われていくことに、歯止めをかけなくてはならない。プライバシー保護の訴えは、根本的には道徳に基づいた主張だ。私たちがプライバシーをもつべきなのは、それが利益を生むとか、効率を高めるからではなく、道徳上好ましいからである。人類がかつて当たり前とみなしていたことのなかには、いまでは唾棄《だき》すべき行為という評価が定着しているものも多い。大量監視もそうした数々の行為と同様に、歴史の屑籠に放り込む必要がある。プライバシーは人権の1つだ。これは、別に最近生まれた考え方ではない。この権利は、世界人権宣言[33]（1948年）やヨーロッパ人権条約[34]（1950年）にも謳われている。

プライバシーの考え方は、アメリカ合衆国憲法[35]にも盛り込まれている。直接的にプライバシーという言葉は使っていないが、修正第4条、第5条、第9条にその趣旨が記されている。2000年のEU基本権憲章[36]（資料6）もプライバシーの権利を認めているし、2013年には国連総会[37]が「デジタル時代のプライバシーに対する権利」に関する決議を採択した。この国連決議は、プライバシーに対する基本的権利が現実世界とオンライン上の両方に適用されること、そして大量監視がこの権利をそこなう恐れがあることを確認したものである。

これらの原則は、各国の国内法と国際法にも謳われている。まずは、そうした法規を守ることから始める必要がある。プライバシーは、安全なときにだけ許される贅沢品ではない。つねに守られるべきものだ。それは、自由と自立、そして人間としての尊厳を守るために欠かせない。恐怖に駆られて安全を確保しようとするあまり、それを譲り渡してはならない。[38]むしろ、真の安全を確保するためには、それを維持し、守る必要がある。この点を肝に銘じるべきだ。しかし、私たちが姿勢を改めない限り、以上で述べたことはなに1つ実現しない。私たちは、自分たちが要求する範囲内のプライバシーしか得ることができないのだ。それより少しでも大きなプライバシーを手にすることはない。

すぐに行動する

変革を起こすのを先延ばしにすればするほど、変革は難しくなる。産業界では、企業による個人の網羅的追跡とパーソナライズド広告が当たり前になっており、企業はその状況を改める動きを完全に抑え込めるだけの強力なロビー活動体制を築いている。カリフォルニア州の州法として追跡拒否法が成立した過程を見れば、その点は明らかだ。この州法は、当初の案には素晴らしいアイデアが盛り込まれていたが、成立したときにはすっかり骨抜きにされていた。第2章で述べたように、監視テクノロジーのコストが下がり、監視が当たり前とみなされるようになれば、将来はますます変革が難しくなる。アメリカでは、とくにそうだろう。

変化に抵抗するのは、企業だけではない。政治家たちも、広告ビジネスをおこなう企業と同じようなデータを欲しがる。それは、人口動態上のデータ、個々の消費者の嗜好についてのデータ、個人の政治的・宗教的な信条についてのデータである。政治家はそうしたデータを選挙運動に利用しており、それを手放す気はない。この種のデータは、個々の有権者に合わせたメッセージを届けたり、「投票に行こう」キャンペーンを有効に実行したりする役に立っているのだ。それを放棄させるのは簡単でないだろう。選挙区割りの恣意的な操作と同じように、これらのデータを利用して選挙を恒久的にアンフェアなものに変える方法が見いだされれば、現状を変えることはいっそう難しくなる。

私が以前出席したシンポジウムで、こんなことを言った人がいる——「(ウェブアクセス解析ツールの)グーグル・アナリティクスは、インターネット界のクラック・コカインだ」。データの利便性に慣れると、ますますデータの利用をやめられなくなるというわけだ。変革を先延ばしにすればするほど、人や組織は私たちのデータを大量に入手できる状況に慣れてしまい、その権利を手放すまいと激しく戦うようになる。

本書で提案したような変革を実現したければ、私たちはいまという時期を逃してはならない。私たちのデータを収集・転売している産業は強力だが、まだ歴史は浅い。そうした産業が成熟し、社会に深く根を張るようになれば、業界のビジネスのやり方を大きく変えることはますます困難になる。

エドワード・スノーデンがNSAやイギリスの政府通信本部(GCHQ)の活動を暴露したことで、政府の監視活動への関心が高まった。その結果、世界の国々の間に異例の緊張が生じている。アメリカとドイツの関係はその最たる例だ。一方、アメリカ国内でも、党派の枠を超えて反発が高まっている。いま、真の変革を成し遂げるチャンスが訪れているのだ。[39]「深刻な危機が起きたときは、それを無駄にしてはならない」と、シカゴ市長で、バラク・オバマ大統領の首席補佐官も務めたラーム・エマニュエルは言っている。[40] まったくそのとおりだ。もっとも、現在の状況が「危機」だと理解している人は少ないだろうが。

アメリカとEUの関係も、いま特別な段階に差しかかっている。両者とも、この種の問題に関するルールをすり合わせ、国境を越えたビジネスを円滑にできるようにしたい。それを目指す場合、方向性は2つある。1つは、ヨーロッパがアメリカ並みに規制を緩めること、もう1つは、アメリカがヨーロッパ並みに規制を厳しくすることだ。いずれにせよ、アメリカとヨーロッパのルールが共通化されれば、あとでそれを変えることはひときわ難しくなる。

今日の世界は、情報化が進展していく過程という面でも特別な段階にある。インターネットがあらゆるものに統合される途上にあり、一時的にそうしたシステムの仕組みが表面に見えているからだ。いまは、数十年先まで影響をもち続ける変革を実行する好機なのだ。

しかし、その一方で、将来にわたって何度も変革を重ねる覚悟ももたなくてはならない。テクノロジーは変化し続け、それにともない、新しいことが可能になり、古い法律が時代遅れになる。私たちのセキュリティとプライバシーと匿名性を今日の脅威から守ってくれるテクノロジーが将来も有効だという保証はない。

変化するのは、テクノロジーだけではない。政治の状況も変わり、法律も変わる。今日導入した解決策が永遠に通用すると考えるのは、愚かと言わざるをえない。それが半世紀先まで通用することもないだろう。アメリカの現代史を振り返ると、25～30年おきに行政府の大がかりな権力乱用が起き、それが大きなスキャンダルに発展し、問題を和らげるための改革がおこなわれるというパターンを繰り返しているように見える。1920年代にはパーマー・レイド（司法省による左翼狩り）、1950年代にはマッカーシー上院議員主導の赤狩り、1970年代にはNSAとFBIの権力乱用が起き、そして2000年代以降は9・11テロ後の権力乱用が続いている。

30年というのは、政府機関における官僚の在職期間とおよそ一致する。私は、これが偶然の一致だとは思わない。改革がおこなわれ、しばらくの間はその改革が必要になった理由が記憶されているが、やがて政府機関で働く官僚の多くが入れ替わり、記憶が失われる。そして、改革が退行させられ、新しいテクノロジー環境の下ですべてが振り出しに戻るのだ。

次のサイクルで生じる権力乱用は、そのときの世代が対処する。しかし、いま起きている権力乱用は、私たちが対処しなくてはならない。

私が心配しているのは、私たちにその準備ができていないように見えることだ。それはいまの世代全体に見られる傾向であり、プライバシーの権利を守るための政策転換の前提となる社会的変化は、次の世代に持ち越されるのかもしれない。今日の世代は、テロに脅えすぎており、企業が欲しがるものをいそいそと差し出しすぎるように見える。私の見立てが勘違いならいいのだが。

ビッグデータの二律背反

本書ではおおむね、個人データの悪用と乱用について論じてきた。しかし、この種のデータは社会に計り知れない恩恵ももたらす。

私たちに関するデータは、大勢のものを集約したとき、とりわけ大きな価値をもつ。私たちの移動記録は、都市計画の参考になるし、金融取引の記録は、警察が詐欺やマネーロンダリングを察知・阻止するのに役立つ。オンラインへの投稿やツイッターの書き込みは、研究者が社会の潮流を理解する助けになっている。私たちの個人データには、実にさまざまな創造的で興味深い使い道がある。それは新しい知識を生み出し、みんなの暮らしをよりよいものにできる。

その一方、個人データは、私たち1人ひとりにとっても大きな価値をもつ。私たちは自分の希望に応じて、データを公開したり、秘密にしたりしたい。ここに、問題が生じる。データの利用をめぐり、個人の利害と集団の利害[41]が衝突するのだ。この避け難い緊張関係は、人類が誕生して以来つねに存在してきた。

「はじめに」で触れた取引のことを思い出してほしい。政府は私たちにこうもちかける——データをすべて差し出せば、犯罪やテロから守ってやろう、と。この取引はペテンに等しい。触れ込みどおりの結果は得られないからだ。これは、個人のセキュリティを犠牲にして、集団のセキュリティを偏重する考え方にほかならない。

グーグルが私たちにもちかける取引も、これと似ている。そして、同じく偏った内容と言わざるをえない。その取引とはこういうものだ――データをすべて差し出し、プライバシーを放棄すれば、見たい広告を表示し、無料でネット検索や電子メールなどのサービスを利用させてやろう。グーグルやフェイスブックなどの企業がこの取引を実行するためには、一定数以上の人がプライバシーを放棄する必要がある。つまり、十分な数の個人がおとなしく従ってはじめて、集団が恩恵に浴せるのだ。

集団と個人の利害がぶつかる取引がすべて、このようなアンフェアな内容だというわけではない。医学界は、いま私たちに同様の取引をもちかけようとしている。健康に関するデータをすべて差し出せば、医療に革命を起こし、すべての人の人生をよりよいものにしよう、という取引だ。私が思うに、これはアンフェアな取引ではない。確かに、私たちの健康に関するデータをすべて1つのデータベースに集約し[42]、研究者がアクセスできるようにした場合に、人類がどの程度の恩恵を受けるのかは、誰にもわからない。それに、健康に関するデータはきわめて私的な性格が強いし、それが想定外の人物や組織の手に渡り、想定外の使われ方をすることは避け難い。それでも、この場合は明らかに、集団としてデータを利用することの優先度のほうが高いと、私には思える。しかし、違う考え方をする人もいるだろう。

集団と個人の利害のバランスが適切に取れているケースをもう1つ挙げておこう[43]。ソーシャルメディア研究者のレイノール・ジャンコは、学生の学習習慣について調べている。テキストの多くはオンライン版なので、学生がどのように、どのくらいの頻度で教材にアクセスしているかというデータを大量に入手できるのだ。ジャンコはそれを補うために、学生のこれ以外のコンピュータ利用状況を監視したデータも用いている。個人のプライバシーに深く踏み込む調査ではあるが、調査期間は限られているし、それによって新しい知見が得られる。成績のいい学生と悪い学生の学習習慣を把握し、学生の学び方を改善する方法を見いだす役に立っているのだ。この場合は、研究成果を通じて集団が恩恵を得ることが、学生たちのプライバシーより優先されるべきだろう。

ジャンコの調査対象となった学生たちは、監視されることに同意していたし、研究は大学の倫理委員会の承認も得ていた。しかし、企業がおこなう実験の場合はどうか？ 恋人探しサイトのOKキューピッドは昔から、ユーザーを対象に実験を実施してきた。プロフィール写真を不表示にしてみたり、相性診断のスコアを操作したりして、それがユーザーの行動にどのような影響を及ぼすかを実験しているのだ。[44] 実験が新しい知見を生み出したことは確かだが、本人に知らせず、承諾も得ずに、このように人々を操作することは、正当化しづらい。[45]

集団の利害と個人の利害の緊張関係は、さまざまな場で繰り返しもち上がる。みんなのデータを集約することには、社会政策の効果を測定したり、市場調査をしたり、行政サービスを改善したり、社会のトレンドを見いだして予測をしたりするうえで価値がある。[46] このような恩恵と監視のリスクを天秤にかけて考えなくてはならない。

重要なのは、みんなのデータを集約して社会全体に恩恵をもたらすと同時に、1人ひとりを守ることができるシステムを、どのように設計するかという問いだ。ゲーム理論で言うナッシュ均衡のように、どの個人にとっても最適とは言えなくても、社会全体としては最適な結果を得られるようなバランスを見いだす必要がある。

問題の核心はここにある。これは、情報化時代に避けて通れない課題だ。この問題を解決することは可能だが、そのためには、個別の問題を慎重に検討し、どの解決策を選ぶと私たちの大切な価値にどのような影響が及ぶのかを道徳的に分析しなくてはならない。

私が話した人のなかには、筋金入りのプライバシー保護論者でありながら、医療データを社会全体のデータベースに提供しない人物を法律で罰すべきだと主張する人がいる。一方、企業がきわめて私的なデータを収集することにはまったく抵抗を感じないのに、政府がその種のデータに触れることはいっさい許すべきでないと考える人もいる。政府による監視は受け入れるけれど、営利目的の監視には全面的に反対だと言う人もいる。そして、以上のことすべてに抵抗を感じない人も大勢いる。

私たちは、個人としても社会全体としても、つねにさまざまな価値のバランスを取ろうとしている。完璧なバランスは実現できない。しかし、バランスを取るプロセスに私たちが意識的に関わることが重要だ。現実には、みずからの利害に突き動かされる政府や企業がバランスの取り方を決めているケースがあまりに多い。

私たちがこのプロセスに関わることの必要性[47]は、政治的な立場に関係なく誰もが理解すべきだ。政府による携帯電話の監視を基本設定でどの程度認めるかは、ＦＢＩやＮＳＡに密室で決めさせてはならない。その種のことは、公開の場での公的な議論を通じて議会が決めるべきだ。インターネットにどのような検閲機能を組み込むかは、中国やロシアのような国に決めさせてはならない。それは、国際標準機関が決めるべきことだ。友達との関係についてどの程度のプライバシーが守られるかは、フェイスブックに決めさせてはならない。それは自分自身で決めたい。こうした決定は、1つの組織に決めさせるにはあまりに大きく、あまりに重要だ。もっと多くの人の声を反映し、もっと多くの人が参加できる機関によって、判断されなくてはならない。国民が公の場で議論し、主権者として意思決定者に責任を問えるようにする。

私の座右の銘[48]の1つに、マーチン・ルーサー・キング牧師の言葉がある。「歴史の弧は長い弧を描くものだが、その弧は正義に向かって曲がっている」というものだ。私は現状を悲観していても、長期的には未来を楽観している。私は、私たちが恐怖心を克服し、プライバシーの価値に目覚め、ビッグデータの恩恵に浴しつつも、いくつかのリスクから自分たちを守るためのルールをつくるだろうと思っている。

いま、プライバシーを基本的人権の1つと位置づけようという力強い運動が世界規模で生まれつつある。既存の多くの公的文書のようにプライバシーを抽象的な権利として認めるだけでよしとせず、実効性のある権利にすることを目指す運動だ。その先頭に立っているのはEUだが、ほかの国々もあとに続くだろう。そのプロセスには長い時間がかかる。もしかすると、数十年を要するかもしれない。それでも、半世紀後の人々は今日のデータの扱い方を時代遅れに感じるようになると、私は思っている。いま私たちが昔の小作農や児童労働、職場の売店などを見るときのような感じだ。現状のデータの扱い方は、倫理に反するとみなされるようになる。このような運動に火をつけたこと、それがエドワード・スノーデンの最大の遺産になるだろう。

本書の冒頭で、私はデータを排ガスになぞらえた。それは、情報化時代を生きる誰もが生み出すものだ。この比喩をさらに進めれば、データは情報化時代の汚染物質で、プライバシー保護は環境保護上の課題ということになる。ほぼすべてのコンピュータは個人データを生み出す。そうしたデータは消えることなく、いつまでも存在し続ける。その状況にどのように対処すべきか――つまり、それをどのように封じ込めたり、除去したりするか――というのは、情報化時代の経済の健全性を保つうえで非常に重要な課題だ。いま私たちは工業化時代の初期を振り返り、工業化社会を築くことに前のめりになるあまり、環境汚染に目をつぶっていた祖先たちの判断に首を傾げる。それと同じように、やがて私たちの孫の世代は、情報化時代の初期に当たる今日を振り返り、データの収集と乱用の問題に対する私たちの対応を批評することになる。

孫たちが祖先を誇らしく思えるように、私たちは行動すべきだ。

謝辞

私にとって本を書くとは、そのテーマをめぐる探検そのものだ。書き終わるまで、どこに行き着くかわからない。このような執筆スタイルの弊害は、出版社を見つけるのに苦労することだ。なにしろ、事前に本の骨子を示すこともできないし、本の題材を確約することもできない。出版社はたいてい、そのような企画には二の足を踏む。

それを考えると、まず、スーザン・ラビナー・リテラリー・エージェンシーの担当エージェント、エリック・ネルソンにお礼を言わなくてはならない。まだ本が存在しない段階でエージェントを引き受けてくれた。「シュナイアーの新作」というだけの情報で有力出版社に本を売り込めると信じ、私と正式な契約を交わすことも求めなかった。版元のノートン社の担当編集者、ジェフ・スリーヴに感謝の言葉を述べたい。漠然としか内容がわからないのに、「シュナイアーの新作」の権利を買おうと決意し、私の執筆スタイルも受け入れてくれた。

私は、本のページの順番どおりに冒頭から末尾へと書き進めることはしない。いわば、下から上へ積み重ねるような書き方をする。つねに本全体について同時に作業しているのだ。書きはじめた直後に原稿は仕上がるが、出来は悪く、執筆を続けるうちに改善されていく。書き続ければ書き続けるほど、原稿はよくなる。スケジュールさえ許せば、永遠に原稿の執筆と改良を続けてしまうので、締め切りが来たときに「完成」とみなすことになる。

このような執筆プロセスを採用しているおかげで、執筆過程全体を通じて、誰かに原稿を読んでもらって詳細な意見や感想を伝えてもらえる。原稿の一部もしくは全体に目を通してくれた人が大勢いる。そのすべての人物の指摘や提案が本書には反映されている。

執筆の過程で計り知れない貢献をした人たちもいる。キャサリーン・シーデルほど有能なリサーチャーを私は知らない。彼女の助けなしに本を書くことなど、もはや考えられない。レベッカ・ケスラーは、二度にわたり原稿を編集し、その都度、重要な指摘をしてくれた。また、この10年間、私が書くものすべての原稿整理をしてくれているベス・フリードマンも替えの利かない存在だ。エドワード・スノーデンにもお礼を言いたい。いま監視について世界中で交わされている議論のきっかけをつくったのは、スノーデンだ。彼の行動がなければ、私は本書を執筆していなかっただろう。それに、長年のNSAウオッチャーの1人として、彼が暴露した最高機密文書を読むのは胸躍る経験だった。

本書の英語版タイトルについてひとこと。*Data and Goliath*（データと巨人ゴリアテ）というタイトルは、編集者も私もすぐに気に入ったが、問題が一つあった。マルコム・グラッドウェルが*David and Goliath*（邦訳『逆転！——強敵や逆境に勝てる秘密』〔講談社〕）という、よく似たタイトルの本を出版したばかりだったのだ。それだけなら大きな問題ではないだろう。しかし、私の前著*Liars and Outliers*（邦訳『信頼と裏切りの社会』〔NTT出版〕）が刊行される直前に、やはりグラッドウェルが*Outliers*（邦訳『天才！――成功する人々の法則』〔講談社〕）という著書を発表していた。二度もそっくり似たタイトルの本を出すのは、さすがにはばかられる。そんな悩みをブログに書いたところ、思いがけず本人から「いいタイトルだと思う！」という電子メールをもらった。こうしてグラッドウェルからお墨つきを得て、推薦文まで寄せてもらった。

本書の執筆期間、私はハーバード大学の「インターネットと社会に関するバークマン・センター」の研究員を務めていた。センターの面々には、どんなに感謝しても感謝し足りない。所員やハーバード大学の教授たち、それに2014年春に私が主催した読書会に参加してくれた学生たちは、私が本書のテーマを掘り下げて考えるのを助けてくれた。また、2014年1月以降、私はレジリエント・システムズ社の最高技術責任者も務めている。同社の人たちへの感謝も忘れるわけにいかない。本書の内容が会社の業務に直接関係しているわけではないが、自由に執筆活動をさせてくれていることにお礼を言いたい。

最後に、「執筆モード」に入っている私のことを我慢してくれた友人たち、そしてなにより伴侶のカレン・クーパーに感謝したい。前著ほどではないにせよ、やはり迷惑をかけたと思う。

みんな、ありがとう。

ブルース・シュナイアー

誠に申し訳ございませんが、紙面の都合上、原注と資料を割愛させていただいております。
以下にてＰＤＦ形式のデータをご覧いただけますので、どうぞご活用ください。

http://www.soshisha.com/goliath/

ブルース・シュナイアー
Bruce Schneier
世界的な暗号研究者であり、コンピュータ・セキュリティの権威。発行するニューズレターやブログの読者は世界中で25万人を超える。ハーバード大学法科大学院のフェロー、レジリエント・システムズ社最高技術責任者（CTO）も務める。著書に『信頼と裏切りの社会』（NTT出版）『セキュリティはなぜやぶられたのか』（日経BP社）ほか。

池村千秋
Chiaki Ikemura
翻訳家。訳書に『ライフ・シフト——100年時代の人生戦略』（東洋経済新報社）『年収は「住むところ」で決まる』（プレジデント社）ほか多数。

超監視社会

超監視社会
私たちのデータはどこまで見られているのか？

2016年12月13日　第1刷発行

著　　者　ブルース・シュナイアー
訳　　者　池村千秋
装 幀 者　佐藤亜沙美（サトウサンカイ）
発 行 者　藤田　博
発 行 所　株式会社草思社
〒160-0022 東京都新宿区新宿 5-3-15
電話　営業　03（4580）7676
　　　編集　03（4580）7680
振替　00170-9-23552
本文組版　株式会社キャップス
本文印刷　中央精版印刷株式会社
付物印刷　中央精版印刷株式会社
製 本 所　加藤製本株式会社

ISBN978-4-7942-2237-4
Printed in Japan　検印省略
http://www.soshisha.com/